死刑囚の有限と無期囚の無限

精神科医・作家の死刑廃止論

加賀乙彦

コールサック社

死刑囚の有限と無期囚の無限——精神科医・作家の死刑廃止論

目次

On imagine cet homme courageux s'il sourit. Mais il sourit de boire son rhum. On ne sait pas qu'il a changé de perspective, et qu'il a fait, de cette derniére heure, une vie humaine.

SAINT-EXUPÉRY

「彼が微笑すると、人はその死刑囚に勇気があるものと思う。ところが彼は最後の時に与えられたラム酒がうまいので微笑しているのだ。他人には洞察できないのだ、彼が遠近法を変え、その最後の時を人間として生きていることが」

（サン＝テグジュペリ『人間の土地』より）

死刑囚の有限と無期囚の無限

——精神科医・作家の死刑廃止論

加賀乙彦

序文　死刑囚と無期囚の研究

加賀乙彦

まず精神科医で犯罪精神医学の研究を小木貞孝の名前で研究論文を公表していた時の思い出を述べてみたい。

一九五五年十一月、私は東京拘置所医務部技官となり、死刑囚や無期囚に数多く面接し始めた。一九五六年より一九五七年にかけては、宮城・大阪・札幌の拘置所を訪問して死刑確定者と面接を重ねた。この死刑囚者の診察の比較群として一九五六年には千葉刑務所において無期受刑者五一名の面接をした。

一九五七年二月には、私はフランス政府給費留学生試験を受験してみたところ、翌三月に試験合格通知を受けとり、十月からフランスで研究生活を続けることになった。

一九五七年九月四日にはフランス快速船に乗ってパリを目差した。十月中旬、私はマルセイユに着き、さらに列車でパリに着いた。この場合、私は死刑囚・無期囚研究の記録・各国の犯罪学者の研究を持参したが、同時にパリのサンタンヌ病院図書館を利用して未見の文献を見ることができた。私は留学中に死刑囚・無期囚の研究を論文発表する決心をした。

一九五七年秋から一九五九年秋までの二年で私は研究論文を書きあげ、世界でもっとも古い研究雑誌に発表することができた。「日本における死刑囚と無期囚の精神医学的・犯罪心理学的研究*」がそれである。なおエピグラフとしてサン＝テグジュペリの『人間の土地』よりの文章を呈示した。

本書は、私の『死刑囚と無期囚の心理』の主要な論文とその他の評論集から死刑囚などに触れた論考と小説『宣告』の一部を再録したものである。この書が死刑廃止運動の基礎文献として寄与できることを願っている。

* ETUDE CRIMINOLOGIQUE ET PSYCHO-PATHO-LOGIQUE DE CONDAMNES A MORT OU AUX TRAVAUX FORCES A PERPETUITE AU JAPON.

Ⅰ　刑死した友へ

一　『文学と狂気』（一九七一年）より

刑死した友へ

一九六九年十二月十二日、『あけぼの』のシスター山本からお電話で正田昭氏の他界を知らされた。驚きとともに涙があふれ出てきた。そばできいていた妻も泣きだした。なんと悲しいことだろう。なんというりっぱな友人を失ってしまったことだろう。

氏からの最後の通信は十二月六日付となっている。それは森有正論ののった『世紀』の十二月号とルカ聖福音書の文語訳で、それについての礼状を出そうと思っていたところであった。実はその二日後に氏はすでにみまかられていたことになる。知らなかった。

十数年前、かけだしの精神科医であった私は東京拘置所の医務部に勤め、そこで氏と知り合った。暇をみては独房の氏を尋ね、しばしば長話をした。が、当時の私は拘置所側の医官であり、氏は死刑囚であった。親しく語り合ったとしても、ふたりの間には立場の差から来るこだわりがどこかにあった。私は、色白のもの静かな一死刑囚としての氏を記憶するにとどまった。

氏との交友が復活した、というよりまったく新しく始まったのは、三年ほどまえ、氏の『黙想ノート』を犯罪学雑誌に連載することで、編集部にいた私が事務連絡をとったときからである。

それ以来、かなりひんぱんな文通が続けられるようになった。だいたい、私は筆無精なほうで人から手紙をもらってもなかなか返事を出さない。しかし、氏のほうは私の手紙を受け取ると、すぐに、まことに間髪を入れずというすばやさで返事を書いてくれた。こうして、文学、心理学、宗教、身辺の雑事について親しみのこもった対話が続けられた。氏は独房にいながら、驚くべき集中と勤勉とで古今の書物を読み深く思索していた。ことに文学や宗教については、私などとても及びもつかぬ、高みに達していたといえる。私にとって氏はたぐいまれなる貴重な友人となった。

そのころ、私は小説を書きだしていたので、氏はたちまち私の熱心な読者となってくれた。雑誌に発表してしばらくすると氏から感想文が送られてきた。氏のことばによって何度も私は励まされつづけてきた。このとし、私は短編集を出版した。当然、氏に贈ろうと思ったが、中途で思いとどまった。なかに一つ、死刑囚を主人公にした作品があったからである。

が、しばらくすると氏から短編集を入手して読んだという手紙が来た。死刑囚の物語についても叮嚀《ていねい》な批評がなされていた。私は後悔した。氏を常の死刑囚と考え、真実を隠したり過度にいたわるような気持が私にあったことを恥じた。氏は死刑囚ではあったけれども、その状況を越えたひとりの人間として私と語り合っていたのである。これからほんとうに、対話ができると楽しみにしていた矢先の死である。

なんという残酷な刑罰であろう。私はなんというりっぱな友を失ったことだろう。氏の手紙の束を前に、今、私は泣いている。

付記　右の文章を書いた翌日、氏が処刑前夜にしたためた別れの書簡が届いた。死を前にして暗い孤独なへやで氏が過ごしたであろう濃密な時間、その重みをこれから私は一生のあいだ受けとめていかねばならない。

（『あけぼの』70年2月号）

死刑囚の思惟

小松川女子高校生殺人事件で刑死した李珍宇の手紙（朴寿南編『罪と死と愛と』三一書房）に次の話がでている。

カミュの『異邦人』の主人公ムルソーが死んだアラビヤ人になお四発の弾丸をうちこんだが、それは果して自然であったかどうか、と或る人が彼にたずねた。すると彼は答えた。ムルソーが更に四発の弾丸をうちこんだことは、一発でやめるよりは更に悪かったかも知れない。けれどもその場合四発をうちこんだ行為は自然であった、と。

人間の行動のもつ独自的な瞬間においては、思惟においては不自然なことも行為においては自然となる、このことを李珍宇は、苦渋に充ちた自己省察の末に発見した。人は行為のあとで行為の理由づけをしようとして反問する、なぜ、あんなことをしたのだろう。しかし、元来異なった論理で貫かれている行為を、思惟で割り切ろうとすれば必ず壁に突当ってしまう。人間の思惟は行為の意味を全的には了解できないのである。多くの人が過去の自分の行為を、現実的なものとしてよりも「夢のようだ」と感じるのはそのせいであろう。いや、「夢」は行為のずっとあとだけに始まるのではない。殺人というような思惟の及びつかぬような行為に於ては、犯行のその刹那から始まるのである。

李珍宇は述べている。「事件を起こす直前まで、多分、私は普通の人のような心の動きをしていたにちがいない。ところが自転車に乗ったまま被害者と共にころげ落ちる間、私はこう思っていたのだった。これは本当のことだろうか、これは夢ではないだろうか、と。このような自問はたしかに馬鹿げている。しかしそれでもその自問はくりかえされたのだった。あたかもこの自分の行為が自分とは無関係になされたかのように。このような現象は、二度目の事件にも起った。私は被害者にナイフをつきつけた時、まさかこれは夢ではあるまい？　と行動と共に思った。」

自分の犯行が夢のようにしか感じられないのに、彼は殺人犯としての責任をとって死なねばならない。自分の手でもののように殺した被害者と自分とのこの関係の不条理さに李珍宇は苦悩する。被害者を遠くの人としてしか考えられぬ自分の思惟の弱さをなげく。そうして、被害者の写真を見ながら、その人を愛し、身近に感じとろうと努力する。独房の闇のさなかで行われた、この若い死刑囚の苦悶の行のすさまじさは読む者の心をうたずにはおかない。そしてついに、自分にふさわしい死は、死をおそれつつ死ぬということではなかろうかと考えるようになる。「若しも正しい立派な人間が見苦しい死に方をしたならば、それは彼にふさわしくはないだろう。しかし私達の死は罪を犯した罰であるから、見せしめということからも、その死をおそれつつ死ぬということは別に見苦しいことではないだろう。そのような形で私達は社会とも結びついていると云えないだろうか。」

おそらく、私は李珍宇の思索の跡をあまりにも簡略化しているのかも知れない。彼の手紙そのものはもっと曲折のある人間的な悩みの点綴であるし、第一、私の読みえたものは彼の手紙のごく一部に過ぎないのであるから。けれども、私の言いたいのは、この二十二歳で死んだ囚人の獄中での濃密な思惟の力なのである。彼は憑かれたように厖大な読書をするかたわら、自分の頭で心で、そしてこれが最も重要なことだが、「肉体で」考えている。殺人行為を反省するのに自慰行為との対比を考えぬくところなどにそのよい例がみられる。もしも哲学というものが、他人の説を紹介したり綜合したりすることではなく、自分の思惟の力で何かを発見することであるならば、李珍宇はまさしく独創的な哲学者といえるだろう。

閉ざされた状況、日常の煩瑣な現象と壁によって隔てられた房内、それは、夜の闇が昼の拡散と混乱の世界にフィルターをかけ凝縮と秩序の世界と変えるのに似ている。しかも、この空間的視野の限定に、真近な死という時間的限定が加わる。彼は明朝処刑されるかもしれない。

それより先の未来は原則として考えられない。このような緊張が若い健康な人間に不断に持続するのである。李珍宇の奇蹟的な独創的な思惟の出現は、死刑囚という状況をぬきにしてはおこりえなかったであろう。この事情は、最近手記（正木亮・吉益脩夫編『黙想ノート』みすず書房）が出版された正田昭の場合でも同じことだと思われる。正田が独房内でつくりあげた思惟の世界は、もちろん李珍宇のそれとは相当に異質なものである。李は具体的な出来事や直観的な骨太の表現にすぐれているが、正田は抽象的な形而上のことにより関心を持ち象徴的で繊細な筆づかいを得意とする。李は朝鮮の独立解放運動に目を開いていくのに、正田は神への祈りと内面の砂漠のような心象を凝視しようとする。にもかかわらずこの二人の死刑囚には多分に似通ったところがある。それは、切迫した死を前にして、たったひとりで濃縮された時間を生きる人間の、力強い思惟だといえよう。そうして、人間の思惟というものが、時空の暴力的な力への、一種へロイックな抵抗だということを、彼ら死刑囚が告げているように思えるのである。

（岩波版『講座哲学9巻』月報68年3月）

二　『虚妄としての戦後』（一九七四年）より

ドストエフスキーと私

『死の家の記録』を読んだときの強烈な感銘を忘れない。あれは小説であって、シベリアで出会った元流刑囚の手記という体裁になっているけれども、読んでいて到底小説とは思えなかった。それは私には事実そのままの忠実な記録、たとえばチェホフの『サハリン紀行』と同じ次元の文章として読めた。

次々に登場する作中人物が迫真の描写であったこともあるし、自分が流刑囚であったドストエフスキーその人の観察眼への信頼のせいもあったろう。が、何よりも私にとってはあそこで描かれた流刑場の状況が事実として自分の目の前に、全く時代も国も異なる現在の日本の刑務所にも見いだされたことが驚きであった。

当時私は精神科医として犯罪者たちを診療する生活をしていた。刑務所というところは職員と囚人の間にははっきりとした公的な立場の差があり、囚人同士の私的な人間関係は職員にはわかりにくいし、まして囚人個人の人間像などには立ち入りにくいものである。しかし、医師というのは、これはドストエフスキーも書いているように、職員とか囚人とかいう立場とは別の対人間という立場に立てる職業であり、この点私は私なりに犯罪者の世界の奥へと探究の足を踏み入れることができたと言える。そしてその体験を基礎に『死の家の記録』を読んだとき私は驚嘆したのである。

小説の世界が現実世界の出来事をさきどりしている。私が日々に見聞し考察している事柄が、そっくりそのまま小説のなかで形象化されている。むろん十九世紀のロシア帝国のシベリア徒刑場と現代日本の近代化された刑務所とでは、制度も環境も違うけれども、その相違を越えて普遍的なものがそこで表現されていたのだ。他人の言うなりになる気の弱いスシーロフ、いっさいの道徳感覚の麻痺したA―フ、頑固で陽気なユダヤ人イサイ・フォミッチみたいな囚人たちやドストエフスキーが「常識の発達した物分かりのいい」と形容したような看守たちは、まさしく私が現実に見知った人々であった。

『死の家の記録』でと同質の感動は他の作品でもおこった。たとえば『白痴』では死刑囚についての透徹した分析を、後期の長篇群では犯罪者、異常性格者、アルコール中毒者についての深い洞察に私は目をみはった。

こう書いてくると私は、まるで小説の世界と事実とを混同していたようだが、確かに当時の私にはそんな気持が濃かった。大体、私が精神科医になったのも、監獄医の仕事にたずさわったのも元をただせば、十代の末にドストエフスキーを耽読した結果だとも言える。かれの作品に影響された私は、精神病者や犯罪者について深く知りたいと思った、精神病者でもなく犯罪者でもなかった私は、精神科医で監獄医という道をえらんだ、むろんそれが唯一の動機ではなかったにしろ、そんな気もする。私の心には、ドストエフスキーの描いた世界の真実性をこの眼でたしかめてみたいということがどこかにあり、私なりの努力をしてこの世の現実を少し知ったあげくにドストエフスキーの作品の細部が自分の経験と一致したことに改めて驚いたふしがある。

ドストエフスキーの小説における仮構の意味を考えるようになったのは、ずっとあとで私が小説を書き出してからのことである。実際の体験はなまのままでは小説の中に吸収され得ず、仮構の世界の一部として純化された時はじめて表現として定着するということを、長い試行錯誤の末に私は会得した。こうして定着した表現は、作者と時空を異にした読者に感銘を与える。現代の日本人である私がドストエフスキーの作品に真実を見たのはそのようなことであったと私は気がついた。

つまり私はドストエフスキーの作品のあり方に小説というものの理想的なありようを見たのである。まず、ドストエフスキーの小説は彼の体験に強く深く根ざしている。しかしその小説の世界は想像力によって彼の実際の生活とは完全に異質化された世界であり、それ自体で独立し完結しており、だからこそ時代や国を越えて真実でありうる。つづめて言えば、実から出た虚は再び実に戻るような虚であることによって真でありうる、そんなことを私は学んだ。

小説の真実性を私は狭く解しすぎているのかも知れない。全く現実ばなれした空想小説というのもあるのだし、現実の描写に固執した私小説や風俗小説というのもある。そういうものの存在を私はむろん認容するし尊敬もする。しかし一人の小説家としては私はドストエフスキーの作品のような実・虚・実という回路を備えた小説が好ましいと思っている。何か私たちの生活において切実な問題がおきた時、呼び起こされその価値を再認識する、そんな小説がすぐれた小説だと考えている。

『貧しき人々』から『カラマーゾフの兄弟』まで、どの小説も私は好きだ。彼ほどの大作家でも作品の出来ばえにむらがあるけれど、その不出来な作品がそれなりに面白い。『虐げられし人々』の捨てばちのユーモアや『地下生活者の手記』の小説的構成を無視した長々しい議論なんか、そこがかえって魅力である。出来のよいほうの筆頭は『悪霊』であろう。この作品は、私には長篇小説の理想型を示していると思える。人物の造型の確かさ、息をもつかずまきおこる劇的場面、人物の葛藤、ユーモラスな会話、意外な転換によって小説の醍醐味の極致が示されている。こんなに笑いながら面白く読める小説はない。その面白さは、しかし、どきりとするほど鋭く私の肺腑を貫く力でささえられている。

血のメーデーから六全協の前夜にかけての混乱の時代に、あるいは最近の大学闘争のさなかで読みたくなったのは『悪霊』である。正確に言えば以前はそれを私自身の体験との照応において読み、さいきんはそれを完全な仮構として読んだのだけれども、読みおわったあとでは、小説が私自身の日常体験を分断し整理し普遍化してくれるという喜びを味わった。まことにおそろしい透視力を備えた傑作ではある。

焼け跡にはことばがなかった

何かを考えるとき、かならず私が立ち返る風景がある。それは敗戦の夏の焼け跡で、白い陽を拒否するかのように黒々と続いている。とげのような枯れ木、ながい年月親しんできた町の欠如、不毛で醜く乱雑にひろがる瓦礫。焼け跡はそのときの私の心にそっくりであった。

戦争中、私はとにかくおとなたちの言うことをまともに受けとめ、戦争に勝つことが、それのみが人間としての生きがいだと思い込んでいた。中学一年生のとき、軍人を志し陸軍幼年学校にはいったのも両親に勧められたためばかりでなく、自分の意志でもあった。天皇は神であると信じ、天皇のために死にたいと本気で考えていた。

しかし戦争に負けたあと、日本を指導した人々は全く責任もとらずにこんどは平和再建をとなえだした。戦争は悪であり、平和が善だと平然として言明した。しかも私が崇拝していた天皇は、神ではなくて人間だと自ら宣言し、自分の名でおこした戦争も実は一にぎりの好戦的な軍人や重臣に強要されてやったのだという顔をした。

十六歳の私は混乱した頭で焼け跡を見つめていた。そのとげとげしい風景は私の心にわだかまる混濁を正確に映していた。おとなたちの破廉恥な態度を恨み、人間というものをいっさい信じないと私は誓ったのだ。

戦後、政府がどんなに正義ぶったことを言っても私には信ずる気になれなかった。民主主義なんてお題目もうさんくさく思えたし、新憲法も空疎な美辞麗句にすぎなかった。とくに私が身震いするほどにいやだったのは、経済的繁栄を第一とする国の再建であった。文化も福祉も経済さえ復興すれば自然にできるという考え方は、かつて軍備さえ充実すれば国民は幸福になれると説いたのと同じことで少しもあてにならない。それは人がパンのみにて生きるという思想なのだ。

こうして、一口に言えば人間不信のかたまりになって私は戦後の歳月を過ごしてきた。頼れるものはおのれひとり、このちっぽけな自我のみであるというかたくなな個人主義者に私はなっていた。

が、数年前からこのおのれひとりという倨傲が少しずつくずれだしてきた。人を信じてもよいという気がしだしたのである。なぜそんな気がしたかを一元的に解釈することは私にはできない。ただ、その一つのきっかけが正田昭君という一死刑囚との出会いであったことは言える。

一九六九年の冬に刑死した正田君の晩年に、私はかなりひんぱんな文通を交わした。私は彼からはかりしれないほど多くのことを教わったが、私がいちばん感動したことは、過酷な極限状況にあって彼が人間への暖かい信頼を失わずにいたことである。他人を信ずるという心境に彼はまっすぐに到達したのではない。彼のおかした罪は明らかに人間不信の果ての破滅的な行為であった。自殺のための犯罪がその初めにあった。しかし彼はその破滅のふちから浮かびあがり、しっかりとした足取りで歩みはじめた。この不信から信頼への転回こそ不信の徒である私を深くうったのである。パンのみにて生きるにあらずと二十年も前から思いつつ、それでは何によって生きるかという何かを正田君は私に示してくれた。

正田君がみまかったあと、私は姫路に住むNさんという未知の女性から手紙をいただいた。生前から正田君と文通していたということで、正田君の書いた小説の草稿を持っているから見てほしいということであった。何日か手紙の往復があったすえ、私は姫路にでかけ、Nさんにはじめてお会いした。そしてNさんから正田君よりもらった三百通もの書簡を見せていただいたときほんとうに、心の奥底からしみわたってくるような感動を覚えた。人を信ずることの美しさ、ながいこと私が心の片すみに抑圧していた気持が、一時に私を満たしたのである。

Nさんは修道院付属の高等学校の英語の先生であった。そこの修道院で不思議な楽しい会合が開かれた。集まったのはすべて生前の正田君をよく知り愛した人々であった。Nさん、修道院の院長さん、シスターY、それに私が、死者を機縁に一堂に集まっているのは何とも不思議なことに思えた。しかも交わされる会話は正田君という明朗でおちゃめな人の思い出にいろどられまことに楽しいものであった。

私の心の中の冷たいものが次々と解けていく思いで、私はNさんあての正田君の手紙を読んだ。三百通はとても一度では読みきれぬ。再会を約して私はNさんのもとを去った。その後N

さんは高等学校をやめ大阪のある修道院にはいり、シスターになるための修業をはじめられた。昨年のクリスマスに私はNさんの修道院を訪れ、心暖まる歓待をしていただいた。

Nさんとの交流を通じて私は、ながく私の求めていた何かが少しずつわかってきたような気がしている。暗黒の中でめしいていた目に何かがうすぼんやりと映っている。その何かの正体はまだ私にはわからず、ましてことばでは表現できないけれども、そこに何かがあるということは確実に感じている。

まずことばから私は学ばねばならない。小説を書き数多くの雑文をものにしてきながら、私にはまだことばの備えるほんとうの姿がつかめていない。たとえばハイデガーは「ことばは存在の住み家である」と言った。その存在（Sein）とは私たちの世界をつつみこみ成立させている根拠のようなものである。ハイデガーに親しんできた私には存在ということばをむろん知っているし、その概念も心得てはいる。しかし、知ること、心得ることは、ことばの了解にとってはまだほんの端緒にすぎないのだ。むしろそういった表面的な知識はことばのもついきいきとした内実を殺してしまいかねない。存在、すなわちアルという自分が日ごろ常用していることばですら私はそのほんとうの姿をつかむことができないのである。まして神とか主とかいう奥深く重いことばに対しては私は何も知らない。その前では私はひたすら沈黙するよりしかたがない。

それではことばを除いて何かよい道があるか。そこには何もないのだ。ことばを失った世界は座標軸のない無限の暗やみのごときものであろう。そこには無差別の非人間的な空間があって、何かを考えたり行動することすら不可能なのだ。それは要するに、あの焼け跡のおぞましい光景にもどっていくしかないのだ。

そう。真夏の焼け跡にはことばがなかった。そこに回復すべき人間的なことがらとはことばなのである。私は正田君の手紙を読みかえすたびにそのことを強く感じる。彼は書くことによってNさんを知った。Nさんも書くことによって正田君の心を知った。そして私は正田君を介してNさんを知り、Nさんから正田君のほんとうの姿を知った。それは私にとってやみに光をさし、道標の文字を読みとるような喜びなのである。

一死刑囚の本

知らずして死の直前に書かれた手紙が筆者の死後とどけられるということはままあることかもしれない。しかし、明らかな死を目前に自覚した人の手紙が来るということはごくまれなことだと思う。正田昭君の遺書はそのありえないことがおこったというめまいを私に与えた。

文字にも文章にもなんの乱れもない。うっかり読めば常のたよりと少しもかわらない。が、その手紙からは黒い死の訪れが、あらがいようもないほど正確に知らされているのであった。

「最後の日が明日と告げられました」「……祈りながら私は〈あちら〉へゆきたいと思っています。」読むうちに悲しみが胸をふたいだ。一九六九年の十二月十三日のことである。

　正田君がみまかられたのは十二月九日の朝であったという。その前日死を知ったかれは、身辺の整理をすますと、知友のだれかれに別れの手紙を書き、母上と最後の対面をした。明け方までの時間、母と親しい美絵という女友だちに手紙を書き続けた。その一つが『母への最後の手紙』である。それは刑場に行く一時間まえまで書きつづられたのである。

　死への恐れは書かれていない。遠い国への旅立ちを前に別離のおもいを述べている、むしろ明るい、ときにユーモアさえ感じられる、不思議な手紙である。「聖しこの夜」の曲をすなおにいいと思い、友人に贈られた五匹のねこの絵が楽しいと笑う。そして一刻一刻が貴重な夜なのに、いつもと同じく眠くなる自分をおやおやとあきれて見ている。そこにあるのはおさな子のように自然であたたかな人間味である。じめじめした暗さや悲観や自棄《やけ》はみじんもない。

　死を間近にして人間がこのような心でいられるのかと、私は心から賛嘆する。そしてこの境地に、到達できたかれのような人を失った悲しみにひたるのである。まことに惜しい人を死なせてしまった。

『母への最後の手紙』にもよくあらわれているように正田君の文章は、平易で簡潔である。それはものごとをべたに描写するのではなく、ものの部分や断面に鋭く光を当て、あとを読者の想像にゆだねる、言ってみれば行間に深い意味のこめられた文章である。なにげない記述の裏に重大な事がらが暗示されることもしばしばである。〈旅〉〈旅装〉〈あのこと〉が死刑の執行をさすことはすぐわかるにしても、〈あらし〉とは何か。それは、ある時期、集中的に刑の執行がおこなわれ、隣近所の独房にいた囚人たちがつぎつぎと姿を消していく状況をさしているのである。

かれが監禁されていた独房のようすも読者にはほとんど知らされていない。窓の外を飛ぶカラスや夜になると水銀燈で照らされる中庭のようすがわずかに述べられるだけである。しかし、想像力のすぐれた読者なら、窓にはがんじょうな鉄格子がはめられており、内庭は高いコンクリート塀に囲まれ、皓々とした水銀燈は囚人の逃亡を夜中監視するためのものであることに気づかれるはずである。

一九五五年から五七年まで、私は東京拘置所の医務部に医官として勤めたことがあり、そこで死刑囚の独房を、かれらの生活を、つぶさに知った。刑が執行されるまでの何年間かに、かれらの多くの者が拘禁の不如意と死への恐怖のために、常ならぬ惑乱におちいっていた。将来に希望がないという苛酷な境遇が、人間をどこまでおとしめるものかを、私はこの目でいやというほど見てしまったのである。いつ訪れるかわからないけれども、そう遠くない未来に確実に、それも不自然な刑という恥辱の形でやってくる死、その死を待つのに与えられた生活はほんの三畳間ほどの金庫のような独房なのである。時間と空間の両方から、非人間的な外力によって制縛されている、それが死刑囚なのである。

この極限状況にいて人間的に暮らすことはまことに至難のわざである。わずかな人たちがそれを果たしていた。そのひとりが正田昭君であった。私がかれに会ったのはかれがカンドウ神父のみちびきでカトリックに入信した直後であった。苦しい懐疑と回心の時を経て、すでにかれは柔和で平静な心を得ていた。同囚の人々と画然とちがう何かあたたかい人間味がかれにはそなわっていた。それができたのは、自身の信仰の力のためでもあるし、獄中のかれをたえずはげまし続けた母上の愛のおかげでもあるし、かれを見守る多くの人たちの声のたまものでもあったろう。とにかく私は、ふつうの死刑囚にはみられない不思議なふんいきが氏にそなわっているのに心ひかれた。

といって、かれはおこないすました聖人のような人であったわけではない。神を問い、祈り、精進しながらも、ときには暗い想念に襲われ、不安で悩み苦しんだのであって、そのことは『獄中日記』のなかにも随所に読みとれる。ただ、そういった苦悩のただなかにあってもかれは、母や師友への信頼と愛を失わなかった。そうして、とくに年少の友に対してはいつも明朗で茶目でユーモラスな態度をくずさなかったのである。それをかれがむりじいな努力でしたわけではない。あくまで自然なのである。余人が発狂していくような状況にいて、自然でいること、そのことがこの手記を読んでいても私が深く感動するところである。

正田君が多くの囚人のなかにあって、ごく自然にふるまうことが、私をしてしばしばかれの房を訪れさせた。話題は豊かであった。医学、心理学、文学、宗教について、かれは実に多くの本を学び考えていた。整とんされた房内の情景、壁にきちんと積みあげられた書物の山、そまつなリンゴ箱の机、おだやかな微笑と巧まずして流れ出る雄弁。私は自分が監獄医でかれが囚人であることを忘れて話しこんだ。奇《く》しくもかれと私は同い年で、しかも誕生日は三日しかちがわないのである。厳格な規律の拘置所内でかれの房だけは、私には玄妙な別世界であった。しかし、私が官の人であり、かれが囚われ人であることが、ふたりの交際にどことなくぎこちなさを与えたことは事実であった。時おり、こだわりが話をとぎれさせた。わたしは悲しくなり、そうするとかれも悲しそうな顔でこちらを見つめていた。

　かれとの交友が一歩進んだのは、私が拘置所の医官をやめてからである。それもここ数年のことである。六五年ごろ、私が犯罪学雑誌という学術誌の編集にたずさわるようになったとき、正田君の獄中記『黙想ノート』を連載することで、事務連絡のための文通がさかんにおこなわれた。六七年の七月には『黙想ノート』がみすず書房から出版されたが、同じ年の八月に、私は処女長篇を出版してかれに贈っており、文学を共通の趣味とするひんぱんな文通が急に始まったのである。そしてこの間がらは正田君の最期まで三年間続いたことになる。私はいままで知らなかったかれのいろんな面について知るようになった。

　それとともに正田君に対する世人の妙な誤解にも心を痛めるようになった。その一つに、『黙想ノート』のなかには罪をざんげする気持が希薄だというのがあった。これは書評にもあったし、知り合いの神父でそういう意見の人もあった。しかし、これは正田君の文章の特質をわきまえない人の言だとしか、私には思えない。かれはすべてを言わず、言外に意味を含ませる人である。口ごもったり言わなかったことのほうが、かれにとって重大で決定的な意義を持つのである。裁判記録や上告趣意書（これは発表されている）を読んでみても、かれほど深く自分の罪におののき、それを憎んでいた人はいないと思える。かれが多く筆を用いなかったからといって、かれがそれを思わなかったと即断するのは酷であろう。

かれが獄中にありながら著書を出版したり雑誌に文章を発表することについてとやかく非難する人もあった。その動機を助命運動や売名と見る人や、情報の乏しい拘禁状況における思いあがりの行為とみなす人もいた。他人の本からの引用が多いことを一種の衒学癖としてきめつける人もいた。しかし、書物を書くという複雑な行為に何かたった一つだけの理由を推測して非難することが、そもそも真実を見ないことではなかろうか。とくにかれが助命嘆願のために文章を書くなど、かれのものを読めばすぐありえないことがわかるはずだ。拘禁という閉ざされた環境はたしかにかれの思想や文章に深い影を落とした。たとえば他人の著作への言及や引用が多いことなどは、閉鎖された環境では書物を友とせざるをえないという事情から了解される。私たちが自由に友を選び、訪問したり、ともに外出したりするかわりに、かれは書物を手にし、それと生ける人のごとくにつき合ったのである。しかし、かれには、閉じこめられた人に特有の思いあがりはなかったと思う。物理的には閉鎖されながら正田君の心は世界に広く開かれていた。たとえば、よい新刊書など、私がぼんやりしているうちにかれのほうが先に知って教えてくれたくらいである。また悩める人、病める人に対して自分のおかれた苛酷な状況にもめげず、つねに献身的な態度で文通を続けたことなど、自分のうちに閉じこもる人にできることではない。

かれの信仰については、私は何も言う資格はない。ただかれと文通し、時にはかれを訪れた何人かの神父や修道女や信者がいて、その人たちが一様に、信仰を通じてかれと奥深い交際を続けていたことは知っている。ことに『母への最後の手紙』にもその名が見え、「……このあと、美絵君にも書いて、またおかさんにも書いて……」と死の寸前まで、かれが手紙を書き続けた、美絵さんというりっぱな女性がいて、そのかたとかれの死後知り合い、かれについていろいろとお話した経験からも、私にはかれの信仰を疑うことはできない。

『黙想ノート』のあと、六八年に正田君は、獄中日記である『夜の記録』を出した。こんどの『獄中日記』には、その後の獄中日記がおさめられている。安らかに眠れる友のために今度の出版を私は心から喜んでいる。生きているあいだかれは多くの人々に深い感動を与えてきたが、なくなってからは人々にとって永遠に忘れえぬ人になりつつある。

三　『死刑囚の記録』（一九八〇年）より

「第二章　東京拘置所ゼロ番区」より

Ⅰ　小菅の拘置所

当時、東京拘置所は葛飾区小菅にあり、通称小菅拘置所とも言われていた。東は綾瀬川、南は旧陸前浜街道、西は荒川放水路に面した六万八千余坪の広い敷地に、鉄とセメントでかためた建物があった。収容人員は二千人余、これに隣接して建つのが小菅刑務所で、こちらは収容人員が六、七百人ぐらいだった。拘置所は未決の被告を、刑務所は既決の受刑者を拘禁する場所である。

北千住を出た東武線の電車が荒川放水路の鉄橋を渡りはじめると、右手の岸に巨大な怪鳥が、ぬっと首をつきだしたような形の塔が見えた。やがて胴と翼にあたる部分に陰気な四角い建物が見えてくる。それが私の新しい職場であった。

もともとこの地は、参勤出府する諸侯を出迎える将軍用の小菅御殿のあった所である。それが徳川家光の代に廃されてからは、しばらく遊猟の宿舎となり、のち、次第に忘れられていった。一時、金貨鋳造がおこなわれたり、米倉や備蓄倉として使用されたが、西南戦争の際、賊軍の収容所として使われたのが監獄のはしりといわれる。

当時の物情騒然として治安悪く、殺傷強盗などの犯罪が多かったため、中央政府としては、取締りを厳格にし、行刑力を強化する必要があった。そこで明治十二年に東京集治監が作られ、刑期十二年以上の重罪犯、つまり地方刑務所では執行困難な〝悪徒〟のみを拘禁することになった。同時に宮城と兵庫にも中央政府直轄の刑務所が設置されたが、東京がもっとも大規模の刑務所であった。

東京集治監は、小菅監獄、小菅刑務所と名が変り、ついで東京拘置所となった。東京拘置所は、その後、一九五八年に小菅から戦犯を収容していた旧巣鴨プリズンに移され、さらに一九七一年からふたたび小菅にもどって現在に到っている。

とにかく、東京拘置所は、権力の象徴として堅固に入念に造られた建物であった。それが完成したのは一九二九年で、関東大震災後六年の歳月が費されている。監獄の機能をよく考えぬかれて設計された、囚人を管理する上ではなかなか合理的な構造をそなえていた。

おのおのK字型の三層の建物が南北に並び、南舎と北舎とよばれていた。大体において北舎は初犯被告を南舎は累犯被告を収容することになっていた。両者の中央に女区、調所《しらべしょ》、官炊《かんすい》、医務部があった。私は医務部に所属する医官で、身分は法務技官、精神科の患者を診察するのが仕事であった。

勤めはじめてから、一、二箇月は夢中で過ぎた。何しろ、今まで私が診てきた患者たちと被告たちとでは、がらりと様相が違い、まごつくことが多かったのである。

一般社会の病院では、家族が患者につきそって来るのが普通である。病気の発病経過についての情報のかなりの部分を、医師は家族から聞き出すことができる。また単独来院者の多くは神経症であって、強迫症状や不安発作を訴える人が多い。

ところが拘置所では、看守が通報してくる少数の異常者をのぞくと、全員が単独来診であった。患者は、あれこれ積極的に訴えてくる。が、その内容がどうもはっきりしないのだった。頭が重い、めまいがする、胸が締めつけられる、心臓がどきどきする、食が進まない、胃がもたれる、背中が痛い、のどに何かつまったようだ、疲れやすい、肩がこる……云々。要するに頭のてっぺんから足の先まで、体のどこかの違和感を訴えるのだ。

患者たちは要求がましく、具合がわるいから何か薬をくれ、房内での横臥許可がほしい、病舎に入れてくれ、裁判所に出す診断書を書いてもらいたい、と言う。一般社会に多い、強い不安や過度の潔癖などの症状をもち、医者に助けをもとめてくる不安神経症とか強迫神経症といった種類のノイローゼとちがって、医者へ攻撃をしかけてくるような具合なのである。

患者の訴えは主観的だから、客観的な診察によって証明できない。頭が重いと訴えてこられれば、こちらはそれを信ずるより仕方がない。つまり、相手はいつわりの病気を作りだせるということだ。事実、診察に馴れるにしたがって、拘置所では詐病が非常に多いことがわかってきた。
拘禁環境では詐病が頻繁にみられるという報告は、すでに一九二〇年代に、ドイツの精神医学者ウィルマンス（K. Wilmanns）がおこなっており、刑務所内のノイローゼの診断には慎重を期すようにと忠告していた。私のみたところ、拘置所の被告たちは、ノイローゼになって裁判官に心神耗弱《しんしんこうじゃく》と判定されて刑を軽くしてもらおうとか、拘置所内での厳格な紀律ずくめの生活から逃れ、病人となって安楽な生活をしたいとか、いろいろな欲望がある。この欲望にもとづいて彼らは詐病をめざすのだった。

すでに文献で知っていた、さまざまな拘禁ノイローゼをここで観察しえた。とくに多く出会ったのは爆発反応であった。ドイツでは懲治場爆発（Zuchthausknall）とよばれ、フランスでも監獄の暴行発作（crise de violence）とよばれた状態で、囚人は壁や扉を乱打し、房内の器物をこわし、看守の制止もきかず叫び、あばれまわる。ときには、ガラスの破片で自分の体をひっかいて血まみれになったりする。

爆発反応の特徴は、反応がおわったあと、囚人が全く自分の異常な興奮と行動について記憶していないことである。この完全な忘却は、爆発反応が囚人の無意識層でおこっていることを示している。言いかえれば、高等な意識は麻痺し、囚人は無意識という肉体と密着した意識の層に落ちこんでいるのだ。人間であることを放棄し、動物になること、これが爆発反応であった。それは原始反応の一種なのである。

爆発反応は、せまい独房の中に拘禁された囚人がおこしやすい。壁また壁の狭い空間の圧迫から逃れようともがく精神が、ついに爆発をおこすと考えてもいい。

もっとも意識的な詐病ともっとも無意識的な爆発反応とのあいだに、さまざまな拘禁反応が分布している構図を思いうかべると、わかりやすい。大石光雄にみられたガンゼル症状群やヒステリー発作はその中間型で、一方ではどこか意図的な詐病の傾向、わざとらしさ、芝居じみた感じがあり、他方では自分の意思ではどうにも制御できない原始的な興奮をともなっていた。

医官の生活はけっこう多忙であったが、やりがいのある仕事でもあった。若かった私は精力的に大勢の囚人たちを診察した。医務部の診察室で外来患者を診るほか、重症者は病舎に収容（これを〝入病〟と言った）して濃密な診療をするし、請われれば監房にとんでいって囚人と面接した。それは、いそがしく拘置所内をとびまわるような生活であった。

そうしているうちに、私が診察する患者のなかにゼロ番囚が多い事実に気がついてきた。ゼロ番囚とは東京拘置所の習慣で、収容番号の末尾がゼロの囚人である。彼らは大体が強盗殺人とか強姦殺人とか、〝強〟のつく殺人犯で、死刑か無期の判決をうける、あるいはうけた重罪犯であった。考えてみれば、くだんの大石光雄もゼロ番囚であったわけで、死刑と彼の拘禁ノイローゼとの関係を、もっと考慮すべきであったかと反省もされてきた。

私はのちに、自分からすすんでいろいろなゼロ番囚に会い、さらに死刑確定者や無期受刑者総合調査にも手をつけたのであるが、拘置所医官になった当初、そのきっかけを与えてくれた何人かのゼロ番囚がいた。大石光雄との邂逅が偶然であったように、彼らとも多くの被告を診察しているうちにたまたま出会ったのである。

Ⅱ　最初の死刑囚

最初に私の注意をひいたのは、松田敏吉という男だった。一九五六年一月の初旬、私が医官室に坐っていると、隣の診察室に一人の小男が連れてこられた。被告には普通自弁の背広やセーター姿の者が多いが、男は浅葱色の官製囚人服を着ていた。長く拘禁された者の特徴で、日焼けしていない白っぽい顔が目立った。さらに目立ったのは、男がのべつに甲高い声でしゃべりまくっていたことである。身振り手振りを混え、内科医にむかって自分の体の変調を訴え、「何とかしてくれよう、先生」「なおしてくれよう。困っちゃうんだよう」と、泣かんばかりに頼みこんでいた。

内科医は拘置所勤務の長いヴェテランで、相手が泣きついていくのを巧みに避けながら診察している。こういう患者に対しては深刻ぶった応対よりも、相手をからかい、茶化してしまうような扱い方がよいらしく、内科医が「お前、このごろ、ばかに色白で、女みたいになってきやがったな」というと、男はケラケラ笑い出した。

「そうだよ。このごろは、朝も立たねえから女とおんなじだあ、うめえこと言うよ、先生は」男は最近俳句を作っている、一晩に三十や四十は出来ると得意げに言い、一転して信心の話になり、浄土真宗とプロテスタントとカトリックの三つを信仰していると笑い、と思うと急に泣き顔になり、「ああだめだねえ。信心するようになっちゃ、もうおわりだね」と涙を出して泣くのだった。

私の注目したのは、男の、何かに追われているように絶えずせかせかと体を動かし、早口で話し、しかも笑ったり泣いたり、気分が刻々に変っていく様子である。ときには、泣きながら笑うというように奇妙な混合状態さえみられた。

男が自分の房にかえってから私は内科医に、あれは何者ですかと尋ねた。内科医は、「松田敏吉という男でね、ゼロ番なんです。うるさい男でね、何かっていうと診察に来る。医務荒しの常習犯ですよ。あいつは精神科関係ですな。一度先生、診てくださいよ」と言った。

私は松田のカルテを調べてみた。なるほどしょっちゅう来診している。囚人たちによくある、さまざまな訴えが多い。が、一般の囚人とちがって目立つのは、不眠や悪夢、憂鬱気分などの強い不安を中核とする症状である。もっとも、内科医のカルテの記述は簡単で、精神医学的にどのような有様なのか詳細は見当がつかなかった。

内科医が松田に話したのだろうか、数日後松田から私に診察願が出た。診察願とはワラ半紙の小片に書かれた願箋で、願を受けた医師は医務部の診察室に呼びだすのが習いである。が、私は監房に直行して房内で診察するのを好んだ。そのほうが、日常生活の実際を感覚でとらえることができたからである。

松田のいる独居房は南舎三階にあり、ゼロ番囚ばかりを集めた特別な一画であった。

いきなり房内に私が現われたので彼は驚いた様子だった。が、すぐ愛想よく私をむかえいれた。たたんだ蒲団を机がわりにして何か書きものをしていた。上告趣意書だという。話題は趣意書から犯罪のことに移り、この前と同じように猛烈な早口でまくしたてた。

犯罪は強盗殺人であった。長野県M郡で叔父の家に押し入り、叔父夫婦と子供ふたりを殺害したうえ懐中時計、腕時計、ズボンなどの衣類を奪ったという。共犯としてやはり叔父の川村春吉と使用人一人がいた。

事件は一九四九年の十月一日で、逮捕されたのは二週間後である。警察ではじめて自分の犯行が死刑に相当する重罪だと教えられてびっくりした。しかし正直に何もかも供述すれば無期か十五年ぐらいになるかも知れぬとなぐさめられもした。それからは夜もよく眠れなくなった。眠るときまって悪夢を見るので、それで眠るのがこわかったせいもある。

被害者の写真を五枚ばかり見ながら供述させられた。無残な有様で、血が飛び、体はねじれ、自分たちがどんなにおそろしいことをしたかがよくわかった。体中に震えがきて、夢中でしゃべった。気がついたら供述調書がとられていて、むこうのいうとおりに拇印を押した。その際、いま供述したことをあとでひるがえすと死刑になるぞとおどかされた。そこで一審では、警察で供述したとおりですと答えた。

ところが五〇年の三月、長野地裁松本支部での判決は死刑だった。警察のいうとおりにしたら助かると思っていたのでこの判決に驚愕し、まっくらな穴に投げこまれて、ずるずる落ちていくような気持だった。

松本拘置所にかえると、看守が一審が死刑の場合は控訴し、控訴趣意書なるものを書くのだと教えてくれ、書式を書いてくれた。しかし、どんな内容を書いていいかわからないので、運動のときに他の被告の意見を聞いて書いた。

二審では、最初、おかしなことに自分が死刑という大層な刑罰を受けるのが嬉しいような気がした。周囲の確定者が、つぎつぎに消えていくのを見ても、こわいというより、自分もあんなふうに消えていったほうが楽だと思った。あるとき、控訴を取り下げたいと発言して、裁判長からたしなめられたのを、うっすらと覚えている。

というのはその頃からの記憶がぼんやりしているからだ。ときどき興奮して房扉を蹴って、看守に取りおさえられ、革手錠（両手を革帯に固定して手の動きを封じる戒具）をかけられた。あるときは、興奮の極、体を傷つけたくなり、壁に頭をぶつけて割ってしまおうとした。

五五年十二月、控訴棄却の判決がおりた。法廷では平気で聞き流したが、帰って判決文を読んでみたら急に頭がはっきりした。判決理由が自分の実際におこなった犯罪とちがう。今まで弁護士にまかせっきりで、事実関係がどういうふうに裁かれているのかに無関心だった。

いそいで判決謄本や裁判記録をとりよせて、はじめからよく読んでみた。全く事実と相違する犯行を裁判官も検事もつくりあげて、強引に判決を下している。そこで、あわてて上告趣意書を書き始めたんだが、うまく書けないので困っている……。

ここまで一気に話すと、松田は書きかけの上告趣意書を私に渡し、読んでくれと言った。私が読んでいるあいだ、落ち着きなく立ったり坐ったりし、「ア」「ウーン」とうなる。戸棚の上にあった大学ノートを取って、「これ、おれが作った俳句です」と言い、「ごめん、先生、早くそっちを読んでください」と頭をかいた。

上告趣意書の内容は、要約すれば、松田は叔父川村春吉の言いなりになり、仲間に加わらなければ殺すと首を締められて、恐怖のためいやいやながら犯行におよんだ、主犯はあくまで叔父であり、自分は従犯だというのである。一審二審でなぜこの主張をしなかったかといえば、警察で自供したことをひるがえすと死刑になるとおどかされていたため、あえて新しい供述をする勇気がなかったからだ。しかし、一審はともかく二審まで死刑となった今、自分は目が覚め、思いきって真実を告白する気になった……。

松沢病院で出会った大石光雄のように真犯人は別にいるという無罪の主張まではいかないが、自分の罪を軽くしようという意思において酷似している。私は、本人の主張を信ずるふりをして、いろいろと質問した。松田は熱心に雄弁に、しかも早口で話した。

ところで、共犯の川村春吉に会ってみると、これはまた完全な無罪の主張で、犯行は全部松田がおこない、罪を叔父である自分になすりつけたというのである。いったいどちらが正しいのか。一審二審とも裁判官は、二人を共同正犯とみとめて、死刑の判決を下している。私は迷った。が、一人の精神科医として当面あきらかなことは、ゼロ番囚には無罪を主張したいという強い気持があるということである。

松田は、それから、頻繁に私に面接を依頼するようになり、私もできるだけ時間を割いては彼の房を訪れた。

愛想よく私を迎え、例によって裁判と上告趣意書について語り、興奮して警官や検事の悪口をいうかと思うと、一転してしんみりと幼年時代の思い出にふけり、生活能力は乏しくて早死した父のこと、病弱な母のこと、六人の姉妹のこと、勉強ぎらいな小学生時代の生活など、とりとめもなく喋り続けた。

機嫌よく近作の俳句や教誨師にもらった観音像をみせ、笑っているかと思うと、不意に不安の表情となって、不眠や悪夢を訴えた。

三月の末、彼から特別面接願の願箋がまわってきたので行ってみた。扉を開く音に、蒲団にくるまっていた彼が、パッと起きあがり、「アー」と叫んだ。しばらく茫然とこちらを見ているので、「どうした松田、ぼくだよ」と肩をたたくと、やっと明瞭な目付になって、「ア、先生かびっくりした」と言った。

私が畳に坐るやいなや、彼は堰を切ったように話しだした。早口がこうじて、頭に浮ぶ想念をそのまま口に出すようで、話の脈絡がつかみにくい。

「もうたまらないだ、ウン。もういやになったよ。今ね上申補充趣意書を書いているとね、誰かが来たでしょ。ア、川村春吉の生き霊が来たと思って、どきっとしたら、先生でよかった」「眠れないよ、ぜんぜん眠れないよ、助けてよ。いい薬でぐっすり眠らしてよ」「もう頭がまとまらないんだよ。上申補充趣意書だって書いても書いても書き足りないみたいで、書けないんだよ」「夢を見たよ。川村春吉がおれを殺す夢だよ」

極度の不安が顔にあらわれ、肩や両手を小刻みに震わし、冷汗をかいている。早口に話しているうち、ついに汗まみれになり、自分でも何を言っているのか分らない様子で、もう闇雲にパクパク口を動かし、言葉を吐きだすのだった。

しかし、この不安な興奮は長続きしない。二、三日後に会うと、機嫌よくにこにこ笑いかけてき、まるで別人のように威勢よく啖呵を切った。自分の裁判の不当を訴える運動に学生たちが共鳴し、支援してくれている、裁判長や検事の悪辣なやり方に対して、やがて世間は目を開かれ、自分は高裁に差戻されるはずだ、と胸を張った。

またあるときは、看守の悪口を唾を飛ばして話し続けた。

「おれだって一人前の人間だよ。それがここじゃ人間らしい扱いをしてくれねえじゃねえか。ここ二、三日、ちっとも眠れず風邪気味でよ、苦しくて仕方がねえから診察をうけようとしたら、何のかのと言って、ちっとも聞いてくれねえだ。おれはね、そりゃ人殺しをした男さ。しかし、好きこのんでやったわけじゃねえ。仕方なしにやったことだ。それをさ、お前はもう決った人間だからとか、どうせ助からねえ男だからとか、人の顔を見ると言いやがる。おれはもういやになった。こんな所にいられるかい」

「それでは、どうするんだ」と尋ねると、松田はさっと顔を赤らめ、血走った目で私を睨んだ。

「なんだよ、先生まで、おれを馬鹿にするのかい。どこにも行き場所がねえから困ってるんじゃねえか。どこかへ行くにゃ、死ぬよりしようがねえけど、死ぬのはこわいよう。裁判をやり直してもらうのがいいが、もう駄目だよ。一審の死刑は、まだ先があると思って我慢ができたよ。しかし、二審がおわったら確定も同様だ。三審は書類審査だけだから、おれはどっちみち、助かりっこねえだよ」

私は今、この稿を書くのに、当時の面接記録を開いている。それは、私が面接した他の死刑囚よりも分厚く、私が彼と頻繁に会っていたこと、私も熱心に彼の話を聞いて記述したことを示している。

彼において私は死刑囚の典型的なありようを見出す。

まず、極端な精神の不安定である。あるときは笑い、あるときは泣き、喜びから絶望のどん底へと目まぐるしく移りいく、笑い泣きともいえる混合状態がある。

つぎに、自分の裁判への強い関心である。そこに、無罪とまではいかなくても、何とか刑一等を減じたい、死刑から無期へと変りたいという切なる願いがみられる。共犯者に罪をなすりつけたいという赤裸な気持も現われている。

自分の陥った困難な状況から脱出するすべを彼は知らない。大石光雄のようなヒステリーへの逃避の方向に、今一歩で彼は踏みこんでしまう。ときどき、発言内容が理解できぬような興奮に入り、ただ目茶苦茶に叫ぶような状態がそれである。そのあいだ、自分の叫んだ言葉を彼はおぼえていなかった。

これは、あとで問題にする事実だが、死刑囚一般にみられる、濃縮された時間も松田に見出される。彼がたえず忙しく話し動き作句し、一種軽躁状態ともいえるように、活動的に生きていたことに注目したい。

とにかく、松田敏吉を通じて、死刑囚のおちいっている状況が私には鮮かに、感覚的に分ったのだ。彼を死刑囚の典型とみなす気持に今でも変りない。

もっとも、松田が典型例だと分ったのは、のちに多くの死刑囚を見た結果である。（以下略）

「第七章　死刑囚と無期囚」より

I　拘禁ノイローゼ

総合調査への道

話を一九五五年までもどそう。ゼロ番囚のあいだに私の患者が増えていくにつれて、私は彼らをもうすこし系統的に訪問して、できればゼロ番囚全員に会って、彼らの拘禁心理を研究してみたい、彼らから診察願や面接願が出た場合だけでなく、こちらから彼らの房に出掛けて話しこみたい、と思うようになった。

さいわい、ゼロ番区の区長や担当とは、診察を通じて親しくなっていたから、ゼロ番囚の訪問は、そう難しいことでもなかった。私は仕事の暇なおりを見付けては、ゼロ番囚に面接してまわった。誰かを診察しに行ったついでに、近所にいる者をたずねることもあったし、午後、とくに退庁前一時間、つまりどこの官庁でも仕事が一段落してエアポケットのように人びとがぼんやりする時間に行くこともあった。

面接する相手について、私はあらかじめできるだけの情報を仕入れておいた。まず身分帳を精読した。

身分帳には在監者ひとりひとりについて、その関係書類が綴じ込まれてあった。入所のさいの移送指揮書から始まって、起訴事実、判決文など裁判関係の文書、担当看守や区長が所内での行動を記録した動静経過表、発信受信の手紙の内容検閲の結果を報告した書信表、面会のさい立会いの看守が会話の要点を記録した接見表、懲罰の記録等々があった。身分帳を保管している庶務課の職員に熱心な人がいるらしく、犯罪についての新聞記事や週刊誌の切抜きが貼付してある被告もあって、そういう有名人はゼロ番囚に多かったから、調法した。記録する人の立場や主観によって文章の形式も内容もさまざまであって、いわば断片の集積といえたが、そのことがかえって私には興味深かった。判事や検事は犯罪のみに注目し、看守は保安戒護の側面のみを見、新聞記者はもっぱらセンセーショナルな事実のみを追っている。そこで反省すれば、私は精神科医として囚人の異常な精神状態を中心に眺めていた。

ところで、ゼロ番囚の状況を知るには、たんに異常への注目だけでは不充分だと私は気がついてきた。もっと視野をひろげ、彼らを人間として了解していく努力を積み重ねなくてはならない。つまり医師対患者ではなく、人間と人間との付合いを通じてでなければ、彼らの内面に入っていけないと思った。そこで、私は、ふつう人が人を訪問するような気持で彼らを訪れてみた。

彼らに会った際の会話の詳細を、帰ってくると私は記憶をたどってすぐ記述した。精神科医としてカルテの記載に慣れていたので、この操作は別に難しくはなかった。しかし、面接よりも記述のほうがはるかに時間がかかった。一時間の面接記録を作ろうとすれば二時間もかかるのだ。それは相当に忍耐と努力のいる仕事だった。職員たちが退庁したあと、ひとり机に向って記述に精だすようなこともしばしばだった。

五六年の春、私は死刑囚調査用紙を考案して印刷し、その後はそれに記録するようにした。それはゼロ番囚によって話の内容がちがい、こちらが知りえた内容に偏りが来るのをふせぐためであった。調査用紙には所内番号、生年月日、公判経過、犯罪歴、家族歴、生育歴、家庭や学校での状況、性生活、趣味、職業歴、病気についての既往歴、酒煙草、その他の嗜好品、体型、面会者と会話の要点、主な文通者と手紙の要点、所内の動静経過、面接時の印象などを書く欄をつくり、別に生活歴と犯罪歴と所内経過を一覧できるような大きな年表をつけた。あらかじめ身分帳を読んで調査表のうまる部分はうめておき、面接のとき、まだ不充分にしか知りえてない部分に留意して会話をすすめることにした。むろん、この用意は私の心づもりであって、私が調査に来ていることは相手にさとられぬように、会話も何げない世間話の体裁をとるようにした。一人について二、三回会えば、調査表がうずまってしまう場合もあったし、数十回会っても不充分な場合もあった。が、一つの決った項目にしたがって、質問し回答をとるという、心理学者が慣用するアンケート調査の形式を私は嫌った。

調査用紙を作るために、私は死刑囚についての過去の研究業績を調べてみた。日本ではこの種の面接による直接の調査研究は皆無であった。ただ刑法学者が文献によって書いた論文はあった。たとえば平野龍一の『死刑』（日本評論社刊、一九五一年）は、死刑囚の実態が刑法学の立場から述べられていて参考になった。

外国ではドイツに二、三の研究があった。オッペ（Oppe　一九一三）は数例の死刑囚についての処刑直前の精神状態を観察していた。しかし、偶然出会った死刑囚についての、外側からの観察で、内面生活に立ちいった洞察はなされていない。戦後は、一九五六年、オーム（A.Ohm）の『死刑の人格への影響』という研究と一九五三年、ナス（G. Nass）の『死刑の心理』があるが、ともに事例が多いわりに表面的な浅い考察しかおこなわれていないのが私には不満だった。Index Medicus といって、全世界の医学論文の著者と題名を記載した索引で、ずいぶん探してても見たが、いずれの国でも死刑囚についての精神医学的研究をひきあてることはできなかった。私は自分がやろうとしていることが、どうやら前人未踏の領域らしいと気がついた。

死刑の宣告をうけた被告の調査ならば東京拘置所で充分にできた。しかし、死刑確定者となると、仙台送りになってしまうため数がすくなかった。ほかの拘置所へもでかけて面接調査をする必要を私は感じてきた。

また、文献によって無期囚が特別な拘禁心理をもっていることを知ったので、死刑囚と比較する意味で、無期囚の一斉調査をしようと思い立った。

つまり、私が目標としたのは、未決時代の死刑囚としてゼロ番被告、死刑確定者、無期受刑者の三種類の囚人の比較研究であった。ゼロ番被告は、最終段階で死刑か無期の判決を受ける者がほとんどであるから、ゼロ番被告の延長線上に、死刑確定者と無期受刑者がいるわけだ。

そして、死刑が人間に及ぼす影響は、対極にいる無期囚との比較により、はっきりするはずと私は考えた。

この総合調査の準備のため、私は法務省刑事局総務課へいき、一九五六年二月十日作成の『死刑確定者一覧表』をもらってきて対策を練った。この一覧表には六十一名の確定者が載っていたが、私がそれを見た五六年の秋には、すでに九名が処刑されて赤線で抹殺され、その後加わった二十名がペン書きで付加されていた。つまり全国で死刑確定者は約七十名いることがわかった。

私は総合調査の計画を練り、法務省矯正局長宛に調査依頼書を提出した。調査の許可がおりたのは五六年十月で、ただちに実行にかかった。

東京大学精神医学教室の先輩や同僚たちが援軍としてかけつけてくれた。総合調査の場合、すぐチーム作りができるのは、私の恩師吉益脩夫先生の門下生の美点であった。私自身も他の人びとの調査に何度も協力している。いわば、研究調査のための相互扶助のシステムができていたのである。

こうして、五六年十一月、無期受刑者五十一名の調査が千葉刑務所でおこなわれた。死刑確定者のほうは、私が東京拘置所で面接した十名のほか、五七年の三月宮城刑務所で十九名、同年五月大阪拘置所で十二名、同年七月札幌刑務所で三名、計四十四名の調査がおこなわれた。これに、私が東京拘置所でみた重罪被告（将来死刑か無期かが確定すると予想される未決囚）

五十名を加え、百四十五名の調査が完了した。五五年の十一月に調査を志してから約二年間の成果であった。

山積した調査結果を論文にまとめるのになお二年間かかった。折からフランスに留学していた私は、それをフランス語の論文にまとめて発表した。[*]『日本における死刑確定者と無期受刑者の犯罪学的および精神病理学的研究』というのがそれで、この論文は私が小木貞孝の本名で書いた単行本『死刑囚と無期囚の心理』に訳載されてある。

以下この論文の要旨をなるべく分りやすく紹介してみたい。

＊ Kogi, S. : Etude criminologique et psycho-pathologique de condamnés à mort ou aux travaux forcés à perpétuité au Japon, Annales Médico-psychologiques, 117, T. II; 377, 1959.

東京拘置所のゼロ番区にいた被告たちは、私が最初に松沢病院で出会った大石光雄のように、全体としてつねに興奮している、動きの多い状態を示している者が多かった。彼らのほとんどは死刑の判決を受けていたが、まだ最終判決は下っていない、不安定な境遇にあった。死は、明日処刑されるという切実な恐怖としてはまだなくて、裁判の行方がもっぱら関心事であった。彼らの一部は無期の判決を受けて受刑者として千葉刑務所のような長期刑務所におくられるが、大部分は死刑確定者となる。私はこれを重罪被告のグループとして区別した。

ところで、死刑確定者と無期受刑者の二つのグループの比較をする場合、彼らが、以前重罪被告であったときには、どのような状態にあったかが問題になる。もしも、重罪被告時代から、死刑囚は死刑囚らしく、無期囚は無期囚らしくあったのなら、彼らが現在死刑囚あるいは無期囚として示している特徴は、死刑とか無期刑とかという状況への反応ではなくて、もっと性格や気質に根ざした現象とみられるからである。

拘禁ノイローゼの頻度

まず言えることは、重罪被告には拘禁ノイローゼになっている人が多いことである。私が拘置所で勤めていた全期間に、診た患者の数から割り出してみると、拘禁ノイローゼをおこした率は、一般の被告では〇・八七％（約百人に一人）、一般の受刑者では〇・一六％（約六百人に一人）であるのに、重罪被告では五〇％（半数）であった。二人重罪被告がいればすくなくとも一人はノイローゼになっているというのは驚くべき事実であって、私が精神科医として、つねにゼロ番区に呼びだされ治療にあたったのも当然であったということになる。死刑確定者では三六％、無期受刑者では四一％である。いずれにしても一般の被告や受刑者にくらべて、極端にノイローゼが多い事実が認められる。

しかも彼らにみられる拘禁ノイローゼには、きわめて多彩な症状を示し、症状の動きの多い反応がみられるのだった。まず爆発反応だが、これは重罪被告の八名、死刑囚に三名みられた。とつぜん独房のなかで憤怒の発作をおこし、極度の混乱におちいり、無目的な運動を乱発して暴れまわる。壁や扉を乱打し、房内の器物を破壊し、看守が制止しようとするとつかみかかってくる。

顔は真っ赤になり、呼吸はあらく、ときにはガラスの破片で体を傷つけて血だらけになる。この爆発発作は、一、二時間でしずまることもあるが、ときには二、三日おさまらないこともある。発作がさめてから、本人は自分が何をしたかを全くおぼえていない。

爆発反応は、諸外国の文献にも監獄爆発と記載されていて、人間がもっとも原始的な状態に退行した姿とみなされる。精神医学では原始反応として分類されている。原始反応というのは、灯火にひかれてきた蛾が目茶苦茶な暴発運動をおこすのに似ていて、人間が危険から逃げだそうとして焦った場合の、極端な興奮状態とみなされる。

平生、知能がすぐれ、理性によって判断することができる人が、原始反応におちいっているときには、知能も理性も麻痺してしまい、ただ原始的な衝動の支配下に屈してしまうのである。

原始反応のもう一つの極は、まったく死んだように動かなくなってしまう状態である。これは危険に遭遇した昆虫、クモ、カニ、ヘビなどがおこす擬死反射にそっくりである。

ドイツの精神科医レッケは一九〇一年に五例の奇妙な囚人を記載した。一般にレッケの昏迷といわれているのがそれで、囚人は突然に動かなくなり、房内に茫然として立っていたり、倒れたまま動かなくなる。外部の刺激（つねったり、たたいたり）には反応せず、死んだような有様だが、呼吸や脈搏や神経反射に異常がない。

レッケの昏迷は、重罪被告に一名、死刑囚に四名みられたのみで、無期囚には発見されなかった。そういう意味では重罪被告と死刑囚の特徴をあらわすノイローゼだといえる。

大石光雄がおこしたようなガンゼル症状群（的はずれ応答と道化じみた仕種）は、重罪被告中では四名、死刑囚に一名みられた。意識の障害をともなうヒステリーの一種であり、一般社会ではみられない症状として注目された。こういう激烈な症状は無期囚にはまったくみられなかった。

自分の犯罪、とりわけ殺人を否認する者は、重罪被告に十二名、死刑囚に九名、無期受刑者に五名みられた。重罪被告と死刑囚では、大体五人に一人が無罪を主張している。これが真の冤罪の主張なのか、それとも虚言なのかの判定はむつかしい。確かなことは、彼らが一様に自分の犯罪を否認したがっていること、その否認がときには病的妄想（無罪妄想）にまで発展しているものが多い事実である。大石光雄のように虚言が妄想へと移りゆく空想虚言型のタイプでは、無罪妄想とガンゼル症状群とがわかちがたく結びついていた。

被害妄想をいだくものも多い。重罪被告に十三名、死刑囚に十二名、無期囚に一名である。大山晋作や上木俊助のように、彼らの周囲にいる看守がまず妄想の対象になり、それは検事、警官、裁判官とひろがっていく。

憂鬱な気分におちいった者は、重罪被告には十四名、死刑囚に十四名で、それぞれ三人に一人の率だが、無期囚では四名とすくない。気分の異常なおちこみが、重罪被告と死刑囚の特徴であることがわかる。

　興味のあるのは、躁病のさいみられるような極度の上機嫌が、重罪被告十四名、死刑囚に八名みられたことである。大声でしゃべりまくり、歌い踊り、さわぎたてている囚人の姿は、彼らがおかれている状況から推して、異様な感じをあたえる。私がみた最初の死刑囚、松田敏吉のように、毎日を多忙のうちに暮し、俳句を一晩に三十も四十もつくるかと思うと、たえずせかせかと話し、歩きまわっている。それは上機嫌であるとともに、たえず誰かに追いたてられている不安の表出ともとれる。実際、上機嫌はたちまち反対の極の悲哀感に落ちていき、笑いは泣きに、喜びは悲しみに変ってしまう。この変りやすさが、重罪被告と死刑囚の気分の目立った様態であり、躁から鬱へ、鬱から躁へとめまぐるしく変るため、しばしば躁と鬱が同時に存在するような奇妙な様子となる。松田敏吉にみられた泣き笑いがそのよい例である。

　いままでのべたような、言ってみれば、はっきりした症状のほかに、何となく記述しにくい、不明確な症状も頻出する。「何となく疲れやすい」、「頭がもやもやする」、「脳が重い」などという訴えである。これに、不眠、注意集中困難、めまい、食欲不振、便秘など、いわゆるノイローゼめいた違和感を訴える。この種の訴えは、重罪被告に二十三名、死刑囚に二十三名、つまりおのおの半数にみられたが、無期囚ではわずか三名にみられただけだった。

死刑囚と無期囚の差違――引かれ者の小唄考

以上のべたことをまとめてみると、重罪被告と死刑囚とは、拘禁ノイローゼの発現の仕方がよく似ていて、ほとんど区別がつかない。

両者に多いのは、原始反応（爆発反応とレッケの昏迷）をはじめ、ガンゼル症状群、ヒステリー発作など、全体として多彩で急激におこり、動きの多い反応である。ことに目立ったのは反応性の躁状態であり、囚人は上機嫌で騒々しく多弁で、歌い笑い、冗談をとばし、まったく意思の抑制を欠いたかのようである。この躁状態は、彼らのおかれている困難な状況からは直接には了解できない。古くより死刑囚が処刑寸前の引回しにおいて、笑ったり歌ったりする様子を〝引かれ者の小唄〟といい、自暴自棄の極、わざと平気をよそおうこととされているが、私が死刑囚に見出した反応性の躁状態は、〝わざと〟おこなっている行為ではなく、彼らのおかれている状況を吟味することによって、あとで私が試みるようにもっと深い了解ができるように思われる。

反応性の躁状態は、きわめて周囲の影響をうけやすく、気分はめまぐるしく変転し、今笑っていた者がたちまち泣きじゃくり、鬱状態に移行したりする。ときには躁と鬱の転換が早く、笑顔に悲哀の涙を浮べるような奇妙な混合状態すらみられる。

ところで、重罪被告のうち、ある者は死刑囚に、ある者は無期囚になっていくが、ここで彼らの拘禁状況に示す反応は大きく二つに分れていく。死刑囚の拘禁ノイローゼは、今までのべてきたように、重罪被告のそれと非常によく似ている。重罪被告の延長線上に死刑囚がいることが事実によって証明されている。

しかし、無期囚は重罪被告と全く異なった、動きのとぼしい、心身の不調を訴えたり抑鬱気分におちいったりする、言ってみれば鈍重で生彩を欠いた拘禁ノイローゼにおちいっている。

ここで死刑囚と無期囚の拘禁ノイローゼの差が、彼らの性格や気質の差から来るものでないことを私は強調しておきたい。そもそも三つの異なったグループの囚人について調査をおこなった理由は、三つのグループの差が、囚人の性格気質より来るのではなくて、彼らのおかれた状況によってひきおこされる点を確かめるためであった。ここでわずらわしい数値は省略するが、性格や気質をはじめ、年齢、遺伝負因、病気の既往歴、犯罪の形態、手口、動機、出身家庭、学歴、職業歴、結婚歴、体型などのすべてにわたって、死刑囚と無期囚と重罪被告のあいだに、大きな差違はみられなかったのである。

この三つのグループは、殺人犯として全く同じタイプの集団であった。すなわち、大体八〇%が強盗殺人犯、あと少数の強姦殺人と単純殺人犯であった。（無期囚には八%の強盗累犯が含まれていたが、グループ全体の本質を変えるほどの数ではなかった。）そして、彼らの拘禁ノイローゼの差、とくに死刑囚と無期囚の差は、いつにかかって彼らのおかれた状況から来たと言える。

無期囚では、拘禁ノイローゼがすくないし、あってもきわめて鈍重で動きのあまりみられない種類のものにすぎなかった。これは彼らが全体として、きわめて囚人らしい囚人であったという印象と無理なくむすびつく事実である。

長期受刑者を収容する千葉刑務所をおとずれた際の異様な印象は、いまだに忘れられない。丘の上の、赤煉瓦の建物は、明るくあかぬけしていて刑務所というより貴族の城館を思わせたが、一歩、コンクリート塀の内側に入ると、押し殺したような静けさが支配していた。青い囚人服の受刑者たちが看守に引率されて二列縦隊で歩いたり、構内の作業に従事していたが、よく飼い馴らされた羊のようにおとなしい。東京拘置所の、どことなくざわめきたつ所内風景を見てきた目には、しんとした静寂が珍しかった。

無期囚たちに面接してみると、最初の印象はさらに具体化された。彼らは一様に、〝無期囚らしい〟特徴を持っていた。腰が低く、ペコペコとお辞儀をし、一見愛想がよいが、こちらが質問すること以上は答えようとせず、黙りこくっている。自発性をもって、どしどし活潑に話しかけてくる死刑囚たちとは大違いである。何か鈍感な子供を前にしているような感じであった。

無期囚たちのおちいっていたのは、長いあいた刑務所にいた人に、おしなべてみられる〝刑務所ぼけ〟(prisonization)といわれる状態であった。刑務所ぼけは、感情の麻痺と退行の二つにわけて考察しうる。囚人たちは、厳格で単調な刑務所での生活になれきり、人間としての自由な精神の動きを失ってしまう。この外部と隔絶した施設内では、いつも同じ人間、同じ場所、同じ規則の反復にかこまれているから、囚人たちの感情の起伏はせまく、何ごとに対しても無感動になる。ふつうの人間であったら耐えられぬような単調な生活に彼らが飽きないのは、実はこの感情麻痺があるからだといえる。

さらに子供っぽい状態への退行がみられる。それは、刑務所の職員が囚人を子供のように取りあつかうところから了解できる。大家族の中の子供たちのように彼らは一様な待遇をうけ、全員がある特定の人物——担当看守——を尊敬しその命令にしたがうようにしつけられる。子供がそうであるように、衣食住の一切が、個人の意思とは無関係に外からあたえられる。金銭の使用、手紙、排泄行為までが制限され、監視されている。囚人たちは、子供になりきって、大人である看守たちにたより、彼らに服従せざるをえない。

このように刑務所ぼけした無期囚たちも、かつて重罪被告であった時代には、たえず興奮し、派手な爆発発作や昏迷をくりかえし、陽気にさわいだり、数多くの要求を看守につきつけたりしていたのである。いわば溢れ出るエネルギーを狭い独居房の中に充満させて、発散させていた。それは彼らの身分帳を調べてみて、確かめることができた。ところが、無期受刑者となって、数年経つと、一種の〝鎮静作用〟が始まり、人が変ったようにおとなしい囚人となっていくのだった。

ほぼ十年を経過するとほとんどの囚人は、囚人らしい囚人の状態に定着し、刑務所ぼけを完成していた。十年一昔というが、十年の歳月が人間におよぼす作用の強さは目を見張らせるものがあった。

それではなぜ、死刑囚と無期囚のあいだに、こんなに大きな差違があらわれるのだろうか。この問題を解く鍵は、彼らの状況を時間の観点から見直してみると与えられるように思う。

II　死刑囚と無期囚の時間

〝濃縮された時間〟と〝うすめられた時間〟

死刑囚の拘禁ノイローゼの種々相を了解するためには、彼らの時間がきわめて限定された未来しかもたない事実から出発せねばならない。

現行の刑事訴訟法には、死刑の執行は、法務大臣の命令により、判決確定の日から六箇月以内におこなうと定められている。しかし実際には、多くの死刑確定者が上訴権回復や再審の請求、非常上告、恩赦の出願などの手続きをとるし、法務大臣によっては執行命令を出さない人もいるので、刑の執行は六箇月以上にのびてしまうのがふつうである。私の調査では確定後平均二年四箇月は経っていた。

しかし、いかなる手続きをしていようとも、死刑の執行が法務大臣の命令があればただちにおこなわれうるのが、死刑確定者の現実である。ある日、不意に、〝おむかえ〟が来る。刑の執行は、午前十時頃で、その直前に、予告がおこなわれる。刑の予告は、大阪拘置所では前日の朝おこなっていたが、宮城刑務所や札幌刑務所では、その日の朝おこなっていた。現行監獄法では、大祭祝日、一月一日、二日および十二月三十一日におこなわないと規定している。しかし実際には日曜日にはおこなわない習慣がある。そうすると、刑の執行がおこなわれる可能性は、その日の朝、おむかえがなければ、週日なら二十四時間後、土曜日や祭日の前なら四十八時間後にあるということになる。

未来が、二十四時間から四十八時間に限定されている。ごく短時間後に生の終りを想定して日日に生きねばならぬのが死刑囚の状況である。彼らの拘禁ノイローゼの、激烈で、動きの多い反応の基盤には、この限定された未来がある。ある死刑囚は言った。「死刑の執行が間近いと思うと、毎日毎日がとても貴重です。一日、一日と短い人生が過ぎていくのが、早すぎるように思えます。それにしても社会にいたとき、なぜもっと時間を大切にしなかったかと、くやまれてなりません。もういくらも時間が残っていない。だから急がねばなりません」

多くの死刑囚は、短歌、俳句、執筆、読書、おしゃべりと忙しく日々をすごしている。ぼんやりとして無為に日を送る者はわずかである。彼らは、残りすくない人生を、大急ぎで有効に使おうと精出しているかのようである。躁状態にあって溢れるような連想と多弁で動きまわる者は、言わば〝濃縮された時間〟を生きているのだ。それは生のエネルギーがごく短い時間に(むろん空間のうえでもごく狭い空間に)圧縮されている状態である。

死刑囚の濃縮された時間を的確に記述したのは、自身で死刑宣告をうけた経験のあるドストエフスキーである。『白痴』のなかに、ムイシュキン公爵の口をかりて、彼は自分の死刑囚体験を語っている。詳しくは、この中公新書の私の『ドストエフスキイ』を読んでいただきたいが、ここにはごく要約した記述だけをあげてみる。

処刑台にのぼらせられ銃殺刑を宣告された男は、二十分後に特赦の勅令によって罪一等を減じられた。しかし、それまでの十五分間、彼は自分が幾分かの後に、ぽかりと死んでいくことを信じていた。いよいよあと五分後に刑の執行という瞬間になったとき、「この五分間が果てしもなく長い期間で、莫大な財産のような思いがした。最後の瞬間のことなど思いわずらう必要のないほど多くの生活を、この五分間に生活できるような気がした」という。

死刑囚の濃縮された時間の対極に、無期囚の〝うすめられた時間〟がある。無期囚では刑の終了が事実として無い。現行の刑法処遇令では、無期囚といえども所内の行状がよければ十数年後に仮出獄の恩典をうける場合がある。しかしこの場合でも、無期囚としての身分に変更はないし、社会においてどんな微罪をおかしたとしても、ふたたび無期囚としての長い刑務所暮しをしなくてはならない。

未来につらなる刑務所の生活は、来る日も来る日も寸分たがわぬ、単調なくりかえしにすぎない。そこでは一切の自由は失われた灰色の時間が、ゆっくりと流れるだけである。人間らしい自由を望んだり、自発性をもって行動すること、まして創造的な生活をおくることは許されない。もっとも楽なのは、刑務所のうすめられた時間を受けいれ、それに飽きないように自分自身を変えていくことである。彼らがおちいっている刑務所ぼけの状態こそ、うすめられた時間への適応を示すものである。

〝近い未来〟と〝遠い未来〟

すこし見方を変えて、未来へのかかわりという点から時間を考察してみよう。

私たちが時間の持続を感じるのは、ある行為を始めて、それを終えようとする努力の感情によってだと言ったのは、フランスの心理学者ピエール・ジャネである。彼の、『記憶と時間観念の展開』（一九二八年）という本には、人間の体験する時間が、現在との関係でいろいろに段階づけられている。むろん、感情にどっぷり漬っているのは現在だが、続いて昨日という〝近い過去〟や明日という〝近い未来〟も感情によって色濃く染められている。ところが現在から遠ざかるにしたがって感情との関係は稀薄になるので、たとえば十年、二十年という〝遠い過去〟や〝遠い未来〟は、現実味がうすく無感動に考えられるだけである。

死刑囚の死は、常に〝近い未来〟にある。明日や明後日に迫っている死は、現在、思ったり感じたりしている出来事の続きである。いまつくる短歌は、いつも辞世になる可能性があり、明日はもしかしたら歌は詠めない。『ある若き死刑囚』（ちくまプリマー新書）の歌人であった純多摩良樹が「一首一首の短歌を辞世の歌として詠んだ」気持は、痛切である。死刑囚には、いま、自分がしている行為がすぐ死に連なっている感覚がある。食事をしても、入浴しても、誰かと話をしても、それがこの世の最後の行為になると思えば、おのずから緊張をともなうだろう。この緊張が結果として濃縮された時間を作りだしている。

ところが、無期囚の死は、〝遠い未来〟にある。自分の死は、無感動に想像できるだけである。死まで連なる未来の時間は、しかも、現在と同じ灰色の刑務所生活である。〝遠い未来〟から現在までの長い長い時間は、必然的にうすめられた時間である。現在、無感動にすべてをうけいれている囚人は、未来も無感動にうけいれるしかない。

〝近い〟とか〝遠い〟とか、時間を空間化した表現でとらえてみたついでに、もうすこし考えをすすめてみよう。人間の時間に対する感じかたに二つのタイプがあると言ったのはアメリカの精神分析学者タフトである。彼は『精神療法における時間要素』（一九三三年）という本の中で、時間に対する二種類の恐怖を記載している。競走する場合、私たちは、たどりつけないような遠くのゴールをこのまないと同時に、通過できず、そこで競走がおわってしまうような障害もきらう。無限定の時間も限定されすぎた時間も、どちらも不安をよびさます。無期囚の死も、死刑囚の死も、あまりにも遠すぎ、またあまりにも近すぎるという点では、人間の死のもつ曖昧さをもたず、不安をよびおこすのだ。

同じくアメリカの精神分析学者フェニケルの著書『神経症の精神分析理論』（一九四五年）には、二種類の時間恐怖ノイローゼが記述されている。ひとつは時間の喪失をおそれる恐怖症患者である。日々の仕事があまりにも多すぎ、過去も未来も現在に迫りかかっているように感じられ、閉ざされた時間に追いまわされている人である。これは、せまい空間に閉じこめられるのをおそれている閉所恐怖に似ていて、〝時間の閉所恐怖〟である。この反対に、無意味に続く時間や、暇な時をおそれ、いつも時間がすきすきでいるように感じられ、何とかそこから逃げだしたいと思っている人がいる。怠惰に日々を送りながら、ちょっとした気晴しで、急に生きいきとしたり、退屈のあまり何かに熱中しようとしたりする。これは〝時間の広場恐怖〟とも言うべき状態である。死刑囚と無期囚の時間が、これら二種類の時間恐怖に似ていることは明らかである。

死刑囚の時間と私たちの時間

人間の死はいつ来るか分らない。しかも私たちの未来に確実におこる出来事は死だけである。とすれば、死刑囚と私たちとは、時間のあり方の本質においては同じだと考えられないか。人間を死刑囚になぞらえる考察は古くからおこなわれている。有名なのはパスカルの『パンセ』一九九の比喩である。

ここに幾人かの人が鎖につながれているのを想像しよう。みな死刑を宣告されている。そのなかの何人かが毎日他の人たちの目の前で殺されていく。残った者は、自分たちの運命もその仲間たちと同じであることを悟り、悲しみと絶望とのうちに互いに顔を見合わせながら、自分の番が来るのを待っている。これが人間の状態を描いた図なのである。（中央公論社刊「世

界の名著」『パスカル』前田陽一訳、一五五ページ）

人は死を宣告されている以上、死刑囚と何ら変らないとパスカルはいう。そのように確実な死である以上、死より出発して人間のありようを考えようとしたのがドイツの哲学者ハイデガーである。『存在と時間』のなかで、死は「自分の死であって、誰も代理ができない」こと、たとえ誰かの代りに死ぬ場合でも「その死は自分の死である」ことを強調している。とすれば、人間は死にむかってある存在であり、人間の時間は常に死とかかわりあっていることになる。死刑囚の時間を知っている私たちには、ハイデガーの考えはきわめて分りやすい。彼の時間論においては、常に未来が重視され、現在から未来へむかっての投企が問題にされている。

こういったハイデガーの考えに疑問をなげつけたのはフランスの哲学者サルトルであった。『存在と無』のなかで、サルトルはパスカルをひきあいに出しながら、ハイデガーを批判している。

毅然として処刑に対する心がまえをなし、絞首台の上で取り乱さないようにあらゆる配慮をめぐらしている一人の死刑囚が、そうこうするうちに、スペイン風邪の流行によってぽっくり連れさられるような例に、われわれもなぞらえる方が至当であろう。（人文書院刊『存在と無』III、松浪信三郎訳、二二九ページ）

サルトルは、現在の時間を重視する人だ。ジャネの言葉をかりれば、ハイデガーが〝遠い時間〟の死を存在論の基盤にすえたのに、そのような死は〝近い未来〟つまり、さかんに活動し、行動している人間には無縁なのだと言おうとしている。

どちらが正しいか。人間は、死刑囚であるのか、それとも死刑囚とは無縁なのか。若い頃、ハイデガーやサルトルの諸著作に親しんだ私は、よくこの問題で考えこんだものだった。今でも考えていて、まだ結論がえられないでいる。しかし、事柄が比喩ではなくて、実際の死刑囚ということになれば、人間は、その時間の構造からみればパスカルのいうように死刑囚であるが、しかし、私たちの日常生活は、死刑囚と違うと言いたい。大体、パスカル自身が次のようにも言うのである。

人間は、死と不幸と無知とを癒《いや》すことができなかったので、幸福になるために、それらのことについて考えないことにした。(前掲書、一三六ページ、『パンセ』一六八)

死よりのがれるために人間は気ばらしをする。が、気ばらしができ、死を忘れうる人間は、それだけでも、すでに死刑囚と違うのではないだろうか。不断に死とむかいあっている死刑囚は、死について考えないようにすることも、気ばらしに身を投じることもできない。そこで死刑囚は、ノイローゼになることによって死を忘れるのである。そこにある濃縮された時間のなかで、彼は、陽気さと病的な気ばらし——多忙と多産と運動過剰——をつくりだす。躁状態になることによって、つまり毎日を動きの多い生活で充たすことによって、やっと彼は死よりのがれるのだ。気ばらしは彼らにあっては拘禁ノイローゼそのものなのだ。

さらに、一般の人の死が、病気や老いの形をとるのに、死刑囚においては健康な若い人が突如として死を与えられる事実がある。このことを常に考えたのはほかならぬ正田昭であった。

彼は、日記に「死刑囚は四六時中死刑囚であることを要求されている」「死刑囚が存在することは悪であり、生きていることは恥である」と書きつけている。死刑囚の死は、絞首という不自然で、しかも恥辱の形をとった死であり、それ故に、一般の人の病床の死や事故による死とちがうと彼は考えている。

「死刑囚であるという状態は、悪人として死ねと命令されていることだ」とも書いている。彼は、自分の死を恥じねばならない。いったい、一般の人びとが、自分の死を恥ずかしく思うであろうか。

だから、死刑囚の死は、私たちの死とは違うのだ。それはあくまで刑罰なのであり、彼はさげすまれて死なねばならないのだ。正田昭のように罪を悔い、信仰をえて、神の許しをえた人間も、死刑囚としては大悪人として、絞首を——実に不自然な殺され方を——されねばならない。彼は、最後までこの矛盾に苦しんでいた。死を静かに待ち、従順に受け入れながらも、自分の死の形を納得できず、恥じていたのだ。

「死刑囚であるとは、死を恥じることだ。立派な死刑囚であればあるほど、自分の死を恥じて苦しまねばならない」とも彼は書いている。

にもかかわらず、パスカルの比喩は、有効であると私は思う。なぜならば、死刑囚もまた人間であり、人間である以上、彼が死とかかわるやり方は私たちに共通する面が多分にあるからだ。パスカルの比喩、これは、おそろしい逆説なのである。

Ⅱ　『死刑囚と無期囚の心理』（一九七四年）より

一　拘禁反応の心因性

心因という言葉は、体因（内因や器質因）とともに、ある精神異常状態の病因を想定している言葉であろう。この場合、ある準備要因すなわち体質、素質、心的発達などをもった人間が、心的体験、すなわち環境からの作用をうけそれに反応するという力動的な見かた（たとえばE・ブラウンやE・クレッチマーのヒステリー論）が臨床的にはひろくうけいれられている。したがって、心因とは心的体験を指し、心因反応は、一般に刺激と反応の図式で云々され、心因反応の特徴として、その成立が機能的であることやその経過が可逆的であることが暗々裡に認められているふしがある。

たしかに、この刺激と反応の図式、すなわち「準備要因＋心的体験＝心因反応」という公式は、研究および臨床の実際上便利でもあるし、事実、私たちが拘禁状況における精神異常に注目し研究をはじめたときも、この図式が念頭にあったわけである。けれども、私たちが研究をすすめていくうちにこの図式だけでは解決できない現象に出あうようになり、拘禁反応の心因性という問題を根本から考えなおさねばならない仕儀になった。そこで、以下、私たちの経験を述べながら、心因性という問題を考えていきたい。

私たちが最初に手をつけたのは、死刑確定者（以下死刑囚という）四四名、無期受刑者（以下無期囚という）五一名、および死刑か無期になるおそれのある重罪被告（以下重罪被告という）五〇名の比較検討であった。ここで私たちが驚かされたことは、これらの囚人において、いわゆる拘禁反応の発現率が、非常に高かったことである。拘禁反応は一般被告で〇・八七％、一般受刑者で〇・一六％であるのに、死刑囚で六一％（二七名）、無期囚で七一％（三六名）、重罪被告で六八％（三四名）にもみられた。もちろん、拘禁反応の内容をどこまで限定するかによって、これらの率は多少の上下はあるにしても、一般の囚人よりも、より困難な状況におかれた囚人が、拘禁反応を起こしやすいということは、明らかにいえる結果である。しかし、ここで注目すべきは、拘禁反応の発現率ではなくて、むしろその内容である。

重罪被告には、一般に、原始反応や反応性もうろう状態などきわめて多彩で急激に起こる病状の動きの多い反応が多い。すなわち監獄爆発（Zuchthausknall, crise de violence）といわれている原始的爆発反応、レッケの昏迷、ガンゼル症状群、教科書に記載されているような典型的ヒステリーなどがみられ、これら諸症状の背景には、つねに不安定な動揺する感情状態がうかがえる。かれらは落着きなく、いらいらと不機嫌になりやすく、ありとあらゆる心気的訴えや神経症様の自覚症状をもって拘置所の医務部を訪れてくる。数は少ないが反応性妄想者もあり、看守や検事・裁判官に対する系統的な被害妄想を示すいわゆる好訴者や、妄想内容がどちらかというと非現実的・空想的なビルンバウムの妄想様構想（wahnhafte Einbildung）もみられる。これら神経症、原始反応、もうろう状態、気分変調、反応性妄想などは、ひとりの重罪被告に重積して現われるのが特徴である。たとえば、ある重罪被告は、強盗殺人・窃盗被告として拘置所に拘禁中、ガンゼル症状群やヒステリー性けいれんを伴う多彩な幻覚もうろう状態を起こし、しだいに犯行時の行動に関する健忘と他人から無実の罪をきせられたという無罪妄想が前景にでてくるようになった。すなわちこの一人の人間に拘禁反応として私たちが知っているほとんどすべての症状がみられたのである。

重罪被告は、一般に被告である期間がながい。それは、かれらに宣告せられる刑が死刑か無期であり、したがって、一審で判決に服するものは少なく、多くは二審へ控訴、三審へ上告と最後まで上訴をつづけるためである。したがって短いものでも一〜二年、ながいものでは数年にわたって被告生活を送ることになる。この被告としての長期拘禁が、かれらに特有な多彩な拘禁反応をひき起こす要因となっていることは想像にかたくない。

一般に被告においては、受刑者よりも、明らかに心因反応が多いし、その病像も多彩で流動的であることは、多くの著者によって指摘されている。その理由として裁判過程に影響された不安定な気分、拘禁環境に不馴れなための順応不全、比較的自由な身分などがあげられている。私たちの重罪被告においても、これらの要因がたしかに認められ、ことに判決の前後に心因反応を起こす傾向がみられた。私たちは、拘禁状況を囚人たちが体験する諸相として、家族への気持・所内反則・被害者への態度・夢・判決への態度などをくわしく調べてみたが、このうち判決および裁判の推移が彼らのもっとも主要な関心事であり、重罪被告の心因反応と重大な了解的関連を持っていることを知った。とくに被告としての拘禁状況の特徴をこまかく調べていくことにより、彼らの不安定で不機嫌な気分と、かれらの示す動的な反応との関連はかなり了解しうる事実となった。

重罪被告のうちあるものは死刑囚に、あるものは無期囚になるのであるが、ここで彼らの拘禁反応は大きく二つの様相へと分化していく。すなわち死刑囚の、どちらかといえば重罪被告の拘禁反応の継続とみられる活発で動きの多い病像と、無期囚の慢性で動きの少ない心気的訴えや抑うつ性の神経症状態や感情鈍麻（いわゆる prisonization または Zermürbung）との二つの方向に分かれていくのである。ここで死刑囚と無期囚の拘禁反応の差異が、彼らの素質的諸要因、つまり前述した準備要因の差異にもとづくものではないということを私たちは強調しておきたい。そういいきれるために、私たちは準備要因として考えられるかぎりの諸要因を検討してみた。年齢・遺伝負因・既往歴・犯罪生活曲線・犯罪の手口と動機・欠損家庭・貧困家庭・家庭のしつけ・学歴・職業歴・結婚歴・体型・性格のすべてにわたって、両群に顕著な差は認められなかった。つまり、両群の囚人において準備要因はほぼひとしいとみなされたのである。したがって、死刑囚と無期囚の病像の差は、いつにかかって心的体験、とくに拘禁状況におかれてから現在までの心的体験に求めねばならなくなる。

死刑囚の拘禁反応は、いわば重罪被告のそれの継続発展といったおもむきをそなえ、原始反応から反応性妄想にいたる拘禁反応の種々相を示しているが、この場合重罪被告とちがった特徴として、反応性躁状態があげられる。一般には持続的な反応性の気分変調としてはうつ状態のみが現われるという意見があり、たとえばK・シュナイダーなどは反応性躁状態の存在を否定している。しかし私たちは、死刑囚においてその典型的なものにしばしば遭遇した。囚人は騒々しく、多弁で、歌い、笑い、冗談をとばし、まったく抑制を欠いて興奮しつづける。看守に対しては一見従順であるが、ときにはかなり思いきった反則を行なう。オイフォリー（多幸症）と精神運動性の興奮が前景を占めるが、軽い躁状態ですこし多弁な人という印象をうけるだけの者もいる。この反応性躁状態において特異なことは、この状態が外界の影響をうけて変りやすく、ときにはかなり容易にうつ状態に変化しうることである。この変化が急激にくる場合には躁状態とうつ状態とが同時に起こってくることもある。この混合状態においては、死刑囚は多弁多動でありながら苦悶・悲哀の表情を示したり、笑いながら泣くのである。それは内因性躁うつ病の混合状態に類似しているが、もっと症状の動揺がはげしく、ふたたび躁またはうつ状態へと転化していく点が相違している。

死刑囚の拘禁反応は、刑の執行と切りはなして考えることはできない。かれらは死刑の判決が確定した瞬間より、不断に刑の執行におびえる。わが国では、死刑の執行は日曜・祭日以外の週日の午前一〇時ごろに行なわれるが、執行の予告は、その数時間前になされるのがふつうである。したがって、午前一〇時までになにごともなければ、死刑囚は翌日の午前一〇時までは生きられる希望がある。こうして彼らの生は、毎日、二四時間（週日の場合）から四八時間

（日曜・祭日の前日の場合）に限定されてしまう。彼らの拘禁反応、ことに躁状態を中核とするテンポの早い、激烈な反応は、この状況から了解しうる。たとえば、ある死刑囚は、躁病様の興奮状態から、しだいに、不機嫌を混えた躁状態へ移行し、ついで躁うつ両病相の混合状態へと変っていったが、注目すべきはこれらの基底にある躁的気分が私たちにかなり了解しうることである。まず独特な時間体験がある。「死刑の執行が間近いと思うと、毎日毎日がとても貴重なのです。一日、一日と短い人生が過ぎていくのが早すぎるように思えます。それにしても社会にいるとき、なぜ時間をもっと大事にしてかからなかったのかと、くやまれてなりません。もういくらも時間が残っていない。だから急がねばならない。いつ仙台（絞首台がある）へ移送されるかと毎日はらはらしてるんです。過ぎ去った年月は早かった。一年が一日よりも短いくらいだ。それでいて、いまというときはなにか不思議です。いまこうやって先生と話していても、私は死人の世界にいるのです。だからすべてが現実的でなく夢のように過ぎてしまいます。」

この時間体験の特徴はなによりも体験された時間が極度に圧縮されており、残った人生に対する態度が躁的反応以外のなにものでもありえないことを示している。なおこの死刑囚は、身近な死刑執行に対する軽薄な態度もみられ、拘禁中カトリックの洗礼をうけながら、神父の悪口をいい、誇大的で多弁多動である。しかし、このような躁状態は状況によって容易に抑制可能で、神父の教誨の際にはしんみりした態度で「鉄格子をみても、十字になっているところが神の十字架を連想させられ、深く考えさせられます」といったりしている。

さて、死刑囚の拘禁反応に比べると、無期囚の示す反応は、これがかつて重罪被告として死刑囚と同じような傾向の反応を起こしていたとは思えないほど異なっている。とくに、かれらの大部分にみられるプリゾニゼーション（拘禁症）は、馴れた刑務所職員なら、長期囚特有の刑務所ぼけの状態としてすぐみわけがつく。この状態は感情麻痺と退行の二つに分けられる。無期囚は拘禁状況の特殊なタイプにはまりこみ人間的な自由さを失ってしまう。彼らは外部との接触をなるべく少なくしようとし、感情の起伏はせまく、すべてに対して無感動である。施設側の役人に対しては従順そのものであり、強制労働や厳格な規律には唯々諾々と従う。身のまわりの些事に視野や関心が集中し、単調な生活に飽きることがない。さらに、子どもっぽい状態への退行がみられる。これは自主性の欠如と拘禁者への依存傾向に認められる。この状態はそもそも拘禁状況において、職員が囚人を幼児的に取り扱うことから了解されよう。刑務所においては大家族のなかの子どものように全員が一様な待遇をうけ、全員がある特定の人物を尊敬するように強制される。家族のなかの子どもがそうであるように、食物・住居・衣類などがもはや個人的問題とされず権威によって外部よりあたえられる。金銭・排泄までも制限され監視される。すなわち幼児的退行は、この特殊状況への順応そのものとみなされるのである。

無期囚では、刑の終了が事実的にない。現行の累進処遇令では、無期囚といえども所内の行状がよければ十数年後に仮釈放の恩典をうける場合がある。しかしこの場合でも無期囚としての身分は一生を通じて変わらないし、どんな微罪をおかしたとしても、ふたたび無期囚としてながい拘禁生活をおくらねばならないのである。彼らの、慢性で単調な神経症状態やプリゾニゼーションは見方をかえてみればこの「灰色の未来」にぬりつぶされた状況における反応とも表現できよう。

　ここで、重罪被告・死刑囚・無期囚のおのおのに特有な拘禁反応がどのような状況の差を反映しているかをまとめて考察してみよう。Ｐ・ジャネは、彼のいう現実機能と時間体験の序列とを対比させ、近い未来や近い過去は現在と感情的（émotionnel）な結びつきをもち現実機能が高いが、遠い未来や遠い過去は感情的結びつきが稀薄で漠然と（vague に）体験されるという。これを私たちの囚人にあてはめると、重罪被告においては不安定な近い未来（ジャネのいう futur émotionnel）が、死刑囚においては確固として、決定的な恐怖にみちた近い未来が、無期囚においては漠とした遠い未来（ジャネのいう futur vague）の連続があるといえる。ところで、近い未来にしろ遠い未来にしろ、それが不快な死や単調で自由のない生である場合に、囚人たちはどこかへ逃げこまずにはいられなくなる。これが死刑囚や無期囚の起こす二つの反応であるともいえよう。Ｊ・タフトは有限な時間と無限な時間に対するおそれについて記述した。かれによれば有限のあるいは無限の時間に対する人間の反応は、その人のもっとも深い life-pattern を露呈するという。同じような考察は哲学者によっても行なわれている（たとえばニーチェ「悦ばしき知識」）。Ｏ・フェニケルは有限と無限の二つの時間に対する恐怖について言及している。一つは時間がない、やるべきことがたくさんありすぎる、忙しすぎて動きがとれないという恐怖にとりつかれる人である。かれは、自分に自由になる時間が未来と過去の両方から現在に迫ってきて、動きがとれないと感じる。これは空間における狭所恐怖に対応するものとして時間における閉所恐怖（claustrophobia in time）というべきものである。もう一つは、時間のあき・ひま・空虚な時間をおそれる人で、その恐怖をおそれるあまりつぎからつぎへと仕事にかりたてられていく人である。かれにとっては、空虚な時間は、ある種の広場恐怖の広々とした空間に対するおそれと同じ意義をもっている。すなわちこれを時間の広場恐怖ともよべる。フェニケルのいう時間における閉所恐怖が死刑囚の時間体験を、時間の広場恐怖が無期囚のそれをよく表現していることを、私たちはかれらとの面接によって確かめることができた。ところで、ジャネは、躁病者・うつ病者・神経症者においては現在という感覚が欠如し、いつも空虚なる現在（présent vide）しか持たないことを指摘した。ジャネのみならず多くの人々が神経症者に生き生きとした現在の体験がないことを指摘している（たとえばゲープザッテルのパスカルの時間）。現在の空虚、そして未来における閉所恐怖と広場恐怖、これが死刑囚と無期囚において典型的（あるいは、もっとも極端な形であらわれる）時間の変容なのである。少なくとも、拘禁状況の特質は、この時間体験を主軸にして考察するときにもっともよく記述されうるし、また囚人の起こす拘禁反応の構造も理解しやすいものとなるといえよう。

しかし、ここでひとつ疑問がおこる。それは、死刑囚や重罪被告のように、心的体験が明らかに意識的・反省的であって、かれらの体験と心因反応との関連が、了解しやすい場合と、無期囚のように、心的体験が日常生活のなかにうずもれてしまい、あえていえば非意識的・非反省的なものである場合とを、一律に論じてよいかということである。この問題を私たちの症例を通じて考えていくまえに、一応現在までに拘禁反応の成立をめぐって展開された諸学説を簡単にふりかえってみよう。

ふるくE・ジーフェルト（一九〇七）は、それまで諸家によって単純に詐病として取扱われてきたもののなかに多くの心因性精神病の存在することを指摘し、それらを変質性拘禁性精神病として一括記載した。かれは、最初の詐病産物が変質的基礎の上に発達して、自我意識や意欲から離れた例外状態になると考えた。ジーフェルトのこの見解は、K・ビルンバウムをはじめとする多くの人々によってうけつがれ、拘禁反応の成立機序についての指導的見解となった。

これらの優勢な見解に対して、「拘禁反応は詐病なり」の意見をつよく主張したのは、K・ウィルマンスである。かれによれば、ガンゼル症状群・昏迷・ビルンバウムの妄想様構想の大部分は意識的な詐病であるという。そして、意識的詐病からヒステリー性例外状態に移行していく可能性については懐疑的であった。

ジーフェルトをはじめとする拘禁反応の例外状態説と、ウィルマンスの詐病説を綜合しようとする第三の見解、これが私たちが冒頭で言及したE・ブラウンとE・クレッチマーの学説なのである。ブラウン（一九二八）は疾病か詐病かという一方的な議論ではなくて、どの程度に器質的疾患がどの程度に心因反応がどの程度に詐病が存在しているかというふうに病状に即して考察すべきだとした。M・ライヒャルト（一九三三）はブラウンの説に賛同し、ヒステリー反応と詐病とは、より包括的な概念である目的反応のもとに統一されるべきであるとした。この方向への議論をその独自の層理論的力動学説の立場から展開したのがE・クレッチマーである。かれの周知の学説はほぼつぎのように要約できよう。一方の極には目的のためにする欺瞞（精神的上層機構）がある。他方の極には下層意志的－下層知性（精神的深層機構）の直接発現としての原始反応やもうろう状態がある。ヒステリー反応にはこの二傾向がさまざまな結合をして起こる。ヒステリーは特定の人格すなわち原始的な人格に現われやすいが、反応を起こすにたる強さの体験があれば、どんな人格にも現われる。これに反して反応の成立に人格全体が強力的に意識的に参与すれば人格反応、すなわち心因妄想が起こる。クレッチマーのこの学説は、たしかに拘禁反応の実際によくあてはまるすぐれた意見である。とくに、重罪被告や死刑囚の、原始反応から種々の反応性妄想にいたる多彩な病像を整理しうるような理論は、クレッチマーのものをおいてはちょっと見あたらないくらいである。しかし、かれの理論を無期囚にみられたプリゾニゼーションにあてはめようとすると、一つの困難につきあたるのである。無期囚は自分のおかれた状況について必ずしもはっきりとした体験をいだいているわけではない。しばしばかれらは拘禁状況の特色も自覚していないし、そこにおいて自分がうけた影響の内容に対しても盲目である。にもかかわらずかれらははっきりそれとわかる異状を示しており、それは拘禁状況ときりはなしては考えられないのである。おそらく、プリゾニゼーションを心因反応にいれるということは、心因反応の概念を拡張することになり、従来の心因反応理論ではわりきれないのが当然だという反論がでるかもしれない。しかし、私たちとしては、そこにこそ実は拘禁反応の心因性を解明するための鍵がひそんでいるとみるのである。

少なくとも、ここで一般に心因とみなされている心的体験を単に人間が体験した恐怖・心配・不快感などに限定するだけでは不十分であるといえそうである。つまり、心的体験というものの意味内容を非反省的体験にまでひろげる必要があると考えられる。これは幼児の体験・社会文化的体験などが、その個人にとって反省的に意識されているとはかぎらず、多く非反省的体験にとどまっているのと似ている。そうして、この非反省的体験が、本人が知らないうちに人間をいつのまにか変えてしまい、私たち社会にいるものが拘禁状況にある無期囚を訪問して、明らかに心因反応と認める病像を発見するようなことが起こるのである。もう少し端的にいえば、ここで非反省的体験などという、主観的なニューアンスのある言葉もおかしいのであって、主観と客観、あるいは体験と環境などの二分法をこえた単に状況（situation）という言葉をあてたほうが、より事実に即しているのかもしれない。こうみてくると、いわゆる「準備要因＋心的体験＝心因反応」という図式は、心的体験を主観的なものとみた因果決定論的な単純化をしすぎているといえる。私たちの考えでは、準備要因・心的体験・非反省的体験・状況などをふくめた新しい現象学的記述が必要であり、これが行なわれたとき初めて心因反応の了解が行なわれる。そして主観的心的体験を指す心因という言葉は、なるべくなら使わないほうがよいように思えるのである。

さて、死刑囚・無期囚の研究に引き続き、私たちは、刑期八年以上の長期受刑者（以下長期囚という）と刑期五年以下の短期受刑者（以下短期囚という）の比較研究を行なった。この研究の目的は、無期囚で見出されたプリゾニゼーションの意味を、もうすこし非反省的体験あるいは拘禁状況に即して調べてみようということであった。そのため対象として、拘禁状況に完全に適応した模範囚と、もっとも非適応状態にある所内の頻発反則者の二群がえらばれた。

まず、短期囚においては、模範囚四五名と反則者一〇〇名を比較してみた。その結果、前述の用語でいえば準備要因において両群に極端な差異が見出された。模範囚にくらべると、反則者には脳疾患の既往歴・覚醒剤使用歴・貧困家庭・学校中退などが多く、犯罪生活曲線の上では早発・進行・多種方向・持続型の傾向が顕著である。いいかえると、模範囚では意志薄弱型の精神病質者が主体であり、反則者では情性欠如・爆発などの精神病質者が多くみられたのである。この事実は拘禁状況に適応するかしないかという問題に対して、囚人の準備要因の占める役割がいかに大きいかを示している。

つぎに、長期囚においては、模範囚四九名と反則者四九名とを比較してみた。短期囚にみられたのとほぼ同様の差異が模範囚と反則者とのあいだにみられた。しかし、ここで注目すべきは、長期囚の場合、拘禁状況が個人におよぼす強力な影響が認められることである。これは、社会における犯罪と所内における反則とを、生活曲線の諸カテゴリーによって分析比較することによって明らかとなった。すなわち、短期囚においては、犯罪早発と反則早発、犯罪方向と反則方向、犯罪内容と反則内容との間に親和性がみられたのに、長期囚においては、この親和性がきわめて稀薄であった。ところが、長期囚においても、拘禁初期の数年のみに着目すると犯罪と反則との間に一致した平行関係が見出せた。これをいいかえると、社会における犯罪傾向が所内における反則に反映するのは、たかだか数年間の拘禁のみで、それ以上長期の拘禁になってくると、長期拘禁状況特有の力――これを順化力といってもいい――が個人にはたらき、反則者はしだいに模範囚へ、つまり拘禁状況に順応した方向へと変えられていくということである。この拘禁状況のもつ順化力は、主観的な心的体験の次元においては表現しにくい。なぜならば、反則者から模範囚へ変わった囚人自身にとってもなぜ自分がそのように変化するかを反省的に表現できないことが多いからである。そうして、拘禁状況の順化力を表現するにはいまのところ、犯罪生活曲線や反則生活曲線など、囚人の行動を指標とする「行動科学的研究」のほうがより有効である。

　私たちは、人間は状況におかれており、まず状況そのものを非反省的にうけとめており、あるきっかけでこれが反省的な次元に転化され、いわゆる心的体験となると考えている。無期囚や長期囚が拘禁状況において示すプリゾニゼーションは非反省的体験による反応であるが、このプリゾニゼーションの基礎の上に無期囚の無罪妄想や慢性の神経症的状態など、いわば反省的体験による反応が起こってくると考えられる。重罪被告や死刑囚のように、反省的体験が強烈であって、したがって反応も急性で劇的な場合には、どうかするとその基礎にある非反省的体験が見失われがちである。しかし、重罪被告や死刑囚においても、非反省的体験反応の表現はみられるので、それがかれらの気分なのである。たとえば死刑囚におけるオイフォリーは、別に拘禁反応を起こしていない「正常な」死刑囚にもひろくみられる。そして死刑囚自身にもなぜそのような状態におちいるのかを反省的に説明はできない。第一、その気分がなにかの反応であることすら自覚していない場合が多いので、多くは「自分はもともと陽気な人間なのです」というふうに思いこんでいる。しかし、同じ素質傾向をもった人間が無期囚になるとまったく異なった気分――多くは軽い抑うつ気分――を示すことを知っている私たちには、死刑囚のオイフォリーはやはり状況に対する反応とみえるのである。さて、気分の記述のほかにこの非反省的体験を表現するもう一つの手がかりは、さきに述べたように時間体験の記述である。死刑囚における時間の狭所恐怖が彼らのオイフォリーへと転化し、無期囚の時間の広場恐怖がかれらの軽うつ状態や感情鈍麻へと転化していく道ゆきはかなり了解しやすい。なぜなら、切迫した、時間がないという気分は、テンポの早い躁的な態度でなければ解決しえないし、その逆に、時間が漠とした未来までひろがっているという退屈感は、自分の態度を抑制し鈍化することによって解決されるだろうからである。私たちは、死刑囚と無期囚の状況と反応を記述し了解することによって、その二つの恐怖（または不安）がたんに拘禁状況のみならず、私たちのだれにもひそんでいることを示しうると考えている。もともと不安はラテン語の angustiae に由来し、呼吸空間の狭隘、息苦しさというほどの意味である。しかし不安の逆の根拠も提出しうるのであって、不安は限界のない拡がりのなかに放りだされた状態によって、いかなる輪郭も、到着できそうないかなる目標ももはや存在せざる無限なるものへの迷いこみによって生ずる。ロシアの広々とした風景や大洋のただなかに漂流する人間などの不安がそれである。ところで、私たちが強調したいことは、この意味の不安はじつは、人間存在の存在様式（Seinsart）としてつねに非反省的に体験されているということである。ここでとくにハイデッガーやサルトルの不安の哲学を持ち出さなくても、人間存在が死によってつねに限定されていること、その死が予測不能でいつも漠とした未来にあることという二重構造は意識的にもとらえうることである。そうして、私たちの日常生活ではこの死がおおいかくされ、非反省的体験としてとどまっており、なにかの契機――たとえば病気・事故――などによって初めて反省的体験となることも確かなことといえよう。

以上、拘禁反応の研究を通じて、私たちは心因反応の刺激と反応の図式のうち、「心的体験」の現象学的記述と解釈に批判の目を向けてきた。そこでつぎに心因反応の経過が機能的であるとか可逆的であるとかいわれている点を考察してみよう。この考察の根拠は、長期囚や無期囚の観察である。私たちは、長期囚や無期囚の慢性化した単調なプリゾニゼーションが人格そのものまでも変えてしまうのではないかと思われる症例（たとえば長期囚の反則者のような例）によく出会ったし、無期囚で仮釈放になったものが社会生活にまったく適応しえず、ふたたび拘禁されたいために犯罪をおかした例もみた。

前者の典型的な例（池○輝○、千葉刑務所、反則者）として、犯罪生活曲線のうえでは、進行・早発・多種方向・持続型のもっとも悪質な犯罪者であり、入所初期には他囚暴行・逃走・窃盗などの所内反則を起こし、入所後三年間の反則生活曲線のうえでは、犯罪生活曲線と同じ進行・早発・多種・持続といった悪質な傾向を示した長期囚の場合があげられる。この例は、拘禁四年目からしだいに反則が少なくなり、反則内容も暴力犯的なものから財産犯的なものに変わってき、ついにはまったく反則傾向のない典型的な模範囚になった。面接してみると明らかにプリゾニゼーションを起こしており、前にも述べたような長期囚の型に完全にはまりこんでいた。本人は、「年のせいでしょう」とか「自分の性格がまるくなったのです」というのみで自分が変化した理由を適確につかんでいないし、担当の看守は、矯正教育の実があがったせいだと考えていた。

私たちは、この例のように、長期の拘禁が人間の性格傾向をこえて強力に作用をおよぼす例をしばしばみるのであるが、この場合にみられたプリゾニゼーションが単に一過性の反応のみでなく、もっと長期に作用する例にも出会った。それが、後者、すなわち無期囚で仮釈放になった（あるいは長期囚が出所した）場合である。この例としてつぎのようなケース（蔵○俊○、千葉刑務所、無期囚）があげられる。

本例は、二八歳のとき、戦時強姦致傷および戦時強盗致傷の罪で無期の判決を受け、約一一年間受刑したのち、所内の行状が模範的であるため仮釈放となって社会に出た。故郷の長野県に帰り商店に勤めたが、長年の拘禁生活になれた身には、社会生活への順応がむずかしかった。妻子にも再会し、近所の人もよくしてくれたが、どうしても社会生活がこわく、結局窃盗をはたらいてふたたび刑務所で無期囚となった。本例は、知能も高く、たとえば鷗外・藤村などの作品をよく読んでおり、他囚とのおりあいもよく、作業にも熱心な模範囚である。しかし、総体に鈍感で卑屈、ものごとへの関心の狭い典型的な無期囚の状態である。前科身分帳によって、無期囚となる前の性格傾向をみるとかなり活発でどちらかというと発揚型の敏捷な暴力犯であったことがうかがえる。

これら、長期拘禁の影響力については、外国でも二、三研究がある（古くはE・リューディンのもの、最近ではA・オームのもの）が、この点についてとくに考えさせられるものとして、ナチの強制収容所生存者が戦後十数年たってから起こしたいわゆるK. Z. Syndrom（強制収容所症状群）の研究があげられる。強制収容所抑留者は拘禁中あるいは拘禁直後に感情鈍麻・無為傾向・不関症など、いわば私たちが長期囚のプリゾニゼーションとして観察し記述してきた反応を示した。ところでここで問題になっているK. Z. Syndromは、彼らが解放されかなりの月日がたってから起こってきた不安・抑うつ気分・植物神経異常・悪夢・強迫症状など、しいて従来の診断名をつかえば反応性うつ病とでもいえるような諸症状を特色とするものである。拘禁反応あるいはひろく心因反応の理論に対してK. Z. Syndromの提出した問題はきわめて重要である。従来、心因反応とは、環境からの刺激に対する人間の反応であり、刺激がとりさられれば反応は消えてもとの状態にかえるものとされてきた。そこから心因反応が完全に治癒しうるものであるとか、脳になんらの痕跡ものこさない機能的で可逆的なものであるという機械的な考え方が一般化されてきた。このような考え方は、もちろん人間学的立場からみればおかしいことは一目瞭然なのであるが、いまだにある種の教科書には記載されているし日常の臨床場面でも使用されてきた。K. Z. Syndrom はこのような機械論でわりきれない問題を提出したのである。

K. Z. Syndrom をめぐる意見は大きく三つに分けられる。第一は心因反応や神経症についての昔ながらの機械論で割り切ろうとする意見で、E・C・トラウトマン（一九六一）のそれが代表的なものである。かれは K. Z. Syndrom を環境の個体への作用による外傷神経症とみ、逃避的な傾向を示す群（自己不確実感・疲労感・仕事への嫌悪）と自己主張の強い傾向を示す群（被害体験を誇張し、ヒステリー的・詐病的色彩の濃いもの）とに分けた。トラウトマンと同じような考え方の人々は、K. Z. Syndrom を強制収容所生存者に支払われる賠償金目あての年金神経症とみたL・レヴィンガー（一九六二）やH・クラインらがいる。これらの「心因論」に対して、K. Z. Syndrom を、収容中の脳侵襲によるとする「器質論」がある。もっとも極端な器質論者はノールウェーのL・エイティンガー（一九六一）で強制収容所出身者の九六％になんらかの脳髄膜障害がみられたといっている。かれはその原因として、収容所では大部分のものが三年以上の長期拘禁を強制され、囚人の三〇％以上には栄養障害による体重減少が顕著であり、脳炎・チフス・頭部外傷の機会が多かったことをあげている。P・チョドッフ（一九六三）もほぼ同様の意見である。以上の「心因論」と「器質論」に対して第三の「人間学的立場」の人々がいる。すでに一九四九年、H・シュトラウスはナチの犠牲者たちの精神状態に対して年金神経症の名を冠することに疑いの目をむけている。かれは、K. Z. Syndrom を人間存在の根源をゆりうごかされた人々の起こす状態であるとして根こそぎ抑うつ（Entwurzelungsdepression）とよんだ。同じ観点からK・コレ（一九五八）は、それを疎外反応（Entfremdungsreaktion）とよんでいる。根こそぎ抑うつや疎外反応というのは単に名まえをつけただけでなく、K. Z. Syndrom の背景にある集団的迫害・長期にわたる拘禁・故郷喪失・家族喪失などの状況が、一人の人間の実存的連続を絶ち切ったことを表現しようとしているのである。P・マトゥセック（一九六一）、W・ヤコブ（一九六一）、E・シュトラウス（一九六一）、W・フォン・バイヤー（一九五七）らもこの線にそった主張をしている。ことにフォン・バイヤーは人間学派のうちもっとも総合的な意見を持っていると思われる。かれは、K. Z. Syndrom を、実存的意味の喪失とみ、歴史的社会的人間性そのものを問題とした。症例をぬきにしていきなりかれらの結論だけを述べるといかにも抽象的哲学的にきこえてしまうが、かれら人間学派の人々の仕事は、私たちが本論のはじめに述べた状況の現象学にとってきわめて示唆の多いものである。おそらく、将来の拘禁反応の研究が人間学的研究によってすすめられていくことは疑いないであろう。

以上のようにみてくると、心因反応における刺激と反応の図式、「準備要因＋心的体験＝心因反応」というのは、きわめて疑わしくみえてくる。まず、心的体験というものに反省的なものや非反省的なものがあり、さらには主観的体験としては表現不可能で「状況」とでもよぶべきものまでがあり、とうてい単純に心因として原因めいた意義を与えることができない。つぎに準備要因とよばれているものにしても、体質・心的発達などで十分にいいつくせない面を持ち、ある場合には準備要因の変化をさえ推測せざるをえないことになる。そして心因反応が不可逆的な経過をとる症例がでてくると、もはやこれを反応といってよいのかどうかさえ疑問になってくるのである。私たちとしては、現在のところ体因性（内因性および器質性）精神異常状態に対して心因性のそれを云々することは、臨床上はやむをえないとは思うが、心因および心因反応という言葉は、どうも事実と相違し、理論的には偏った意味内容をもつので好ましくないと思うのである。もししいて名をつければ「状況因反応」とでもよぶべきであろうか。

（「精神医学」第九巻第六号、一九六七）

二　拘禁中の精神状態と行動についての心理学的研究

1　反応型

精神病理学的にみた精神状態の研究にもとづいて、ここでは被拘禁者心理の一般的傾向を観察することにしよう。私たちは、環境に適応するために疾病観念、つまり詐病観念が生じ、これが多様な防衛反応をひきおこすことを見た。そこで私たちは、拘禁時の一般的心理を広義の防衛反応として研究できると考えるものである。彼らの行動の経過と、精神科医の印象から、彼らの防衛反応は以下の四型に分類される。

a　敏感型　受動的で周囲に非常に敏感であるが、自分の心配を外に表出することが少ないタイプである。精神病理学的反応としては、原始反応での昏迷、ヒステリー状態での被害妄想、病的気分としての抑うつ状態およびある種の神経症状態が含まれる。正常者では、これらの反応症状は弱い形であらわれる。刑務所に適応すると、通常、大変扱いやすい受刑者である。しかし、彼らは愚痴っぽく気むずかし屋で、しばしば大げさな印象を与え、たやすく憂うつな状態におちいってしまう。彼らの感情表出は抑制され、晦渋なので、看守との葛藤が頻発する。

b　誇張型　能動的で周囲には鈍感であり、むしろ自分を過大評価しているタイプ。彼らが示す反応は、爆発反応、無罪妄想および好訴妄想、上機嫌、それに詐病の色彩をもった大部分の神経症状態などである。彼らのうち正常な者に特徴的なことは、出会う人に何事かをたえず頼みこむことであるが、満足が得られないとたちまち怒りだしたり、しつこく要求を繰り返したりする。通常彼らは退屈しており、看守にとってはやっかいな被拘禁者である。感情表出は直接的で唐突であるため、彼らはしばしば看守や他の被拘禁者といさかいを起す。所内反則は多く、懲罰を加えても、矯正不能となることがある。老練な看守のうちには、彼らをとり静める方法を心得ている者がいるが、これは彼らがたえず訴えを繰り返しているにせよ、周囲との接触は保たれているためである。

c **麻痺型**　中性的なタイプであって、周囲には鈍感であると同時に感情表出も少ない。彼らは外部の現実との接触を制限しているのである。感情麻痺という鈍化した感情が、典型的である。したがって、彼らは刑務所の単調で厳しい環境に適応し、その感情のために、看守の命令には非常に従順である。とはいえ、所内反則で懲罰を受けたり他の刑務所に移送されたりするような、日常生活の変化がおきると、彼らは自分の感情を統御できずに、たやすく不安な状態におちいってしまう。これは、とりわけ仮釈放を前にした無期受刑者にみられる現象である。

d **混合型**　前三者の特徴を混合して示すタイプ。

＊＊＊

以上四型の基礎には、たとえば敏感型には分裂病質や意志薄弱、誇張型には発揚情性といった性格傾向の存在が考えられるとはいいながら、これらは単に記述的な視点からのみ選ばれていることに留意する必要がある。その分布は上の表のとおりである。

敏感型は未決被告と死刑確定者に相対的に多く、麻痺型は無期受刑者に特に多くみられる。この差は統計的に有意である。心因反応についての研究ですでにみたとおり、この特徴的な差異は、拘禁中の心理と行動を理解するために、きわめて重要なものである。

	「零番」囚		死刑確定者		無期受刑者	
敏感型	9	18.0%	11	25.0%	8	15.6%
誇張型	18	36.0%	17	38.6%	13	25.5%
麻痺型	8	16.0%	7	15.9%	24	47.1%
混合型	15	30.0%	9	20.5%	6	11.8%
合計	50		44		51	

2 家族に対する感情

先にみたとおり、私たちの対象者の家庭環境は、一般に好ましいものではない。半数の者は欠損家庭や貧困家庭、あるいは不道徳家庭で生育したのである。さらに、彼らのほぼ六〇％は独身である。とのため、家族との連絡は稀であると考えられようが、実際には、面会記録や書信を研究したり、彼らの会話の印象などから、家族についての感情を評価してみると、両親、兄弟姉妹、妻などとの深いつながりに驚くことが多いのである。主観的なものではあるが、家族についての感情を、その深さの程度によって分類してみると、半数の者（未決被告の四四％、死刑確定者の六六％、無期受刑者の六一％）が、深い感情を抱いていると思われた。彼らの愛情は一般に、原始的で小児的であり、自己中心的で裁判の援助や差入れのみを目当てにしているものが多いけれども。

3　被害者に対する感情

原理的には、被拘禁者は裁判所での審理中や服役中、あるいは刑執行を待つあいだに、自分の犯罪を思い出さざるを得ない。彼らの殺人の被害者は、理論的には重要なものであるはずである。ところが実際には、彼らの半数は被害者をごく稀にしか思い出さないのである。彼らにとっては、犯行の瞬間をたびたび思い出すことは不愉快なことであり、このメカニズムは精神病理学的状態にもあらわれ、被害者が幻覚や妄想の対象になることはまったくないのである。彼らの道徳的反省は、常に真剣味を欠く。熱情的犯罪者である七名の者は、被害者に対する憎悪を抱き続けており、彼らにとっては、過ちをおかしたという感情は熱情的な憎悪に押し潰されているわけである。

4　所内反則

刑務所内でおかされる様々な反則行為は、行刑上の大問題であると同時に、拘禁心理学にとっても重要なことがらである。所内記録についておこなわれた調査は、反則行為と懲罰のある局面を示してくれる。

三群の被拘禁者における反則行為の頻度を比較するには、拘禁期間と各群の人数を計算する必要がある。反則行為の総数を、拘禁年数の合計で商すれば、その結果は一年あたりの反則頻度をあらわす反則行為頻度指教と呼ぶことができる。その結果は次頁の表のとおりである。

もっとも頻度の高いのは、未決拘禁中の死刑確定者であり、これに「零番」囚が続いている。もっとも低いのは、未決拘禁中の無期受刑者である。これら二種の受刑者の未決拘禁時の差異は、

	「零番」囚	死刑確定者		無期受刑者	
		未決拘禁時	受刑時	未決拘禁時	受刑時
A. 反則総計	59	45	30	12	93
B. 拘禁期間総計	136年	99年	101年	62年	300年
$\frac{A}{B}$ 反則頻度指数	0.43	0.46	0.30	0.19	0.31

その心理の反映として興味ぶかいものがある。拘置所に慣れると、被拘禁者は所内規則に反抗するようになり、反則行為をおかしはじめる。慣れと反抗というこの二要因は、とりわけ未決拘禁の長い死刑確定者にみられるのであり、一般に第一審の判決に服することが多い無期受刑者では未決拘禁の期間が短い事実と対照する。被拘禁者の全体についてみられることであるが、反則者のうちには、多くの精神病質者と累犯者がみられる。特に問題となるのは、情性欠如型と発揚情性型精神病質者である。発揚情性型は、無期受刑者よりも、死刑確定者に多いことを銘記しておこう。

判決確定後では、無期受刑者に反則行為が増加することが認められる。これは死刑から解放されたという感情と、長い拘禁生活からくる慣れに原因していると考えられる。

さて、反則行為は次の六種類に分類される。

身体的暴力による反則、すなわち看守に対する反抗、暴行、傷害、他の被拘禁者に対する暴力行為ないし違犯行為など。

利欲による反則、すなわち禁制品の所持、禁制品――多くの場合、煙草や書籍の収授である。金属製品や鑢の場合には、特に厳しい懲罰が加えられる。

脱走およびその未遂による反則。

器物損壊および不法侵入による反則。

性的反則、すなわち性的倒錯、とりわけ同性愛。

その他の反則、すなわち反則行為の教唆、所内徘徊、秘密の手紙による交信、いれずみ、拒食、詐病、自傷行為、自殺企図。

	「零番」囚	死刑確定者		無期受刑者	
		未決拘禁時	受刑時	未決拘禁時	受刑時
反則行為者数	20	16	15	7	32
暴力	26	16	11	3	30
利欲	23	13	14	5	28
脱走	1	3	1	3	7
器物損壊	3	3	2	0	2
性的反則	0	0	0	0	10
その他	6	10	2	1	16
反則行為総計	59	45	30	12	93

ここで各群に共通の現象は、暴力反則と利欲反則の頻度が高いことである。同性愛行為は、無期受刑者に一〇例あるにすぎないが、実際には、同性愛はさらに多く存在すると見なければならない。独房に拘禁されている「零番」囚と死刑確定者では、この種の反則行為は不可能である。とはいえ、性的倒錯にもとづく反則行為はしばしば見られる。他の被拘禁者との秘密の恋文の交換や、嫉妬による喧嘩などがこれである。

自殺企図ならびに自殺はみられなかった。重監視下の被拘禁者における、この種の反則行為

	「零番」囚		死刑確定者		無期受刑者	
毎晩夢を見る者	27	54%	20	45.5%	11	21.6%
時々夢を見る者	20	40%	22	50.0%	39	76.5%
まったく夢を見ない者	3	6%	2	4.5%	1	1.9%
合計	50		44		51	

はきわめて稀であると思われるし、私の知るかぎりでは、一九四五年以来、東京拘置所で自殺したのは、「零番」囚に一名あったにすぎない。自殺が稀なのは、看守の監視が非常に行き届いていることと共に、防衛反応状態への逃避によるものである。言いかえればこれは行刑の結果であり、同時に被拘禁者自身の心理の結果なのである。

ここで注意すべきことが二点ある。ひとつは、反則行為者の六〇%から九〇%が反則行為時に反応状態にあったことであり、もうひとつは、自傷行為や拒食などのような、精神病理学的反応として精神医学的に評価しうるある種の反則行為が、時として行刑上の理由から罰せられていることである。

所内反則の予知、予防、それに懲罰については、精神科医の関与が重要であり、かつ必要であろう。

5　夢

夢の頻度は上の表のとおりである。

毎晩夢を見る者は、「零番」囚にもっとも多く、反対に無期受刑者にもっとも少ない。不眠をともなう場合が多い。心因反応をおこしている者のうちには、いつも夢を見る者が数多く存在する。

夢の内容は様々である。犯罪の記憶はかなり稀である。未決拘禁の当初では、家族や社会生活についての夢が多くあらわれる。しかしこれは次第に減少してゆき、判決確定後には、所内の生活についての夢が前景に立つようになる。性欲や性交についての夢は、頻繁にみられる。ある死刑確定者は、何度も刑の執行の光景を夢にみたが、そのたびに絞縄が切れたり、彼の母親があらわれたりして、助かるのであった。願望夢の変型と考えられる幼児期の夢も、また多くみられる。悪夢は稀ではない。被害妄想のある者は、しばしば迫害者が他の人物や動物に変化するという被害的な夢をみる。

私たちはまた、夢と色彩との関係を研究してみた。所内で色彩をもった夢をみている者は、一般に拘禁される前から、そのような夢をみていた。したがって、色彩をともなう夢はむしろ素質にかかわる現象と考えられる。これは「零番」囚に一四名（四七名中の三〇％）、死刑確定者に八名（四二名中の一九％）、無期受刑者に一二名（五〇名中の二四％）みられた。

6　判決に対する感情

無罪を主張する者が、判決に不服の念をおぼえるのは当然である。これらの者のほかにも、判決に非常に不満な者がかなりいて、すでに一度は判決を受けている「零番」囚三四名中一六名（四六％）、死刑確定者四四名中二二名（五〇％）、無期受刑者五一名中一四名（二七％）にみられた。これはかなり大きな比率と言えようが、それは他の一般受刑者についての結果との比較を待って、はじめて確定的に言えることである。反応性精神病を示す者では、この判決に対する不満の割合は、平均的被拘禁者よりも大きい。したがって、彼らの判決に対する感情は、心因の点からみて重要と思われる。

判決に対する彼らの不満は、ひとつには彼らの道徳観の低格によるものであるが、死刑や終身拘禁のおよぼす心理的圧迫によるものでもある。私たちは死刑の問題について質問を試みたが、その結果は興味がある。死刑廃止の必要性については、「零番」囚一一名（二二%）、死刑確定者二二名（五〇%）、無期受刑者二七名（五三%）がはっきりと肯定しており、これは心理的にまったく同情できる結果である。しかし、半数の者が死刑確定者でさえも、死刑の存在を容認し、彼らは自分の犯罪が罰せられて然るべきものであることを、よく承知していると称している。

時間の精神病理学

私たちの対象者のうち、ある者は法によって限定された時間しか生きられない状況におかれ、これとは反対に、無限定で果てしない時間を特に厳しい条件下で生きてゆくという状況に置かれている者もある。このような状況にあっては、時間は強制され、奇妙な変化をこうむる。そしてこれに適応しようとすると、人間は時間の変様を感じないわけにはゆかない。この異常性や困難さは、正常な世界つまり普通の社会生活との比較において研究されている。広義の強制状況は、あらゆる種類の被拘禁者、たとえば刑務所の受刑者や戦争捕虜などに適用される。しかしながら、狭義の強制状況とは、時間が極度に制限されている絶対的な強制状況をいうのであり、それは、死刑確定者や無期受刑者、それにナチの強制収容所の囚人がおかれている状況をさすのである。

ここで問題となるのは、ベルグソンの心理的持続としての心理的時間、ジャネの時間の感情、ミンコフスキーの生きられる時間、ドレーの自閉的時間などである。

私たちが時間の持続を感じるのは、ある行為を始め、そして終えるための努力の感情によってである。ジャネは言う。「行動はある一定の段階、すなわち私たちが始動期とよぶ時期に始まり、解放的刺激まで続く。そこにみられるのは、期待の状態である。つまり、期待とは行動の能動的調整なのであるが、これは準備的刺激と解放的刺激という二種の刺激を分かつのである。そしてこの二種の刺激は、準備期ないし始動期において、行動をその間に保持している。準備、保続、行動の解放は、期待が構成する作用である」。さらに彼は続けて、「焦慮はすでに期待の一変種、その複雑化したものである。これは悪質で辛い期待であり、成り行きに任せるのを困難にする。ひとは一度は棄てた期待を、ふたたび取り戻すのだ。結局、困難をともなって生み出される期待、これが焦慮と呼ばれるものなのだ」

死刑確定者では、その主な行為は準備的刺激つまり判決確定によって始まり、解放的刺激つまり刑の執行によって終わる。判決が言い渡されるや、彼らはつねに処刑されるのを待っていなければならなくなる。日本では、刑は週日の朝に執行され、刑務所長はこれを数時間前に受刑者に予告するのが、慣例になっている。* したがって、処刑の予告が朝になってもない場合には、彼らは翌日の朝まで二四時間、あるいは、日曜日や祝祭日の前日ならば翌々日の朝まで、四八時間生きていられるという希望を持つのである。そのたびごとに、彼らの人生は二四時間ないし四八時間に制限され、彼らはその最期を、ジャネによれば現在と強い感情的関係を持っていると言われる「近い未来」に予期せざるを得なくなる。彼らは絶えず「私はもうすぐ処刑される」と考えるのを強制され、誰もがそうであるように最後の解放的刺激ではあるが辛い刺激である死を待つことを強制される。そのうえ、死刑は、実際には判決確定の六ヵ月後には執行されないのだ。要するに彼らは、毎朝の死への辛い期待と、長い拘禁期間中におけるこの期待の反復という、二重の困難の前に立たされているのだ。

無期受刑者では、判決の言い渡しが彼らにとって準備的刺激となるが、解放的刺激は決して実現されることはないのである。一〇年後に仮釈放の可能性があるとはいえ、彼らはその生

＊大阪拘置所では、この予告は例外的に刑執行の二、三日前におこなわれていた。そのあいだに受刑者は家族と会ったり、遺書を書いたり、私物を整理したりできるわけである。

涯の終りまで無期受刑者の名のもとに生きてゆかざるを得ず、このため社会に容れられることがむずかしくなる。彼らはあてどなく待っており、その未来は無限定である。彼らにとっては、死は「遠い未来」に存在するが、これはジャネの表現によれば、「漠然とした未来」であり、現在と感情的関係を持たないものなのである。

前者における制限された未来と、後者における無制限の未来という、これら二群の受刑者の状況の差異は、判決が確定した時点から始まる。もちろんこの時点以前には、「零番」囚の不確定の状況がある。彼らは判決あるいは解放的刺激を、不安を抱きつつ待っているわけだ。受刑者では未来が絶対的に制限されているのに対し、彼らの未来は相対的に制限されているのである。

これが被拘禁者の強制的状況である。彼らの時間と空間は、法によって強制的に変化をこうむり、判決確定や仮釈放や死といった、不快な解放的刺激を待つことを余儀なくされる。このため彼らは多大のエネルギーを消費する。言いかえれば、彼らは焦慮の状態に置かれているのである。

これら被拘禁者の様々な反応は、正常なものであれ病的なものであれ、この強制的状況がその主な原因となっている。なぜなら、これら三群の被拘禁者には、その遺伝的素因と社会環境についての注目すべき差異が存在しないにもかかわらず、刑務所での精神状態と行動には、大きな差異が存在するからである。そしてこれは、その状態の差異に依存しているとみることができるのである。

原始反応、ヒステリー状態、慢性妄想、神経症状態といった精神病理学的反応は、「零番」囚に典型的にみられ、死刑確定者がこれに続くが、無期受刑者では稀である。前二者にあっては、反応は急性で不安定であるが、後者では慢性で安定している。その反応型をみると、状況によって異なる現象がみられる。すなわち、前二者では、柔順なタイプ、および能動的ないし受動的なタイプが目立ち、後者では頑固な麻痺型が多い。ここにみられるすべての反応は、現在や期待の行為の困難さからのがれるための、防衛現象である。ここで、これら被拘禁者の主観的時間が問題になるが、私たちはこの点について調査を試みた。私たちは、時間についての感情を、次の三群に分類した。すなわち、緩慢に過ぎてゆく時間、早く過ぎてゆく時間、それに時間についての感情の欠如である。

一般的にみて、彼らはみな、現在は空虚であり、そこでは時間は非常に早く過ぎてゆくと感じている。彼らは刑務所で退屈することはまずないが、現実感が欠けている。彼らは、現在を現実に生きることよりも、むしろ現在そのものからのがれるために、精神病理学的状態に陥るのだ、と言えるかもしれない。そうではないとしても、彼らはつねに困難で不快な現在を忘れさせてくれる気晴らしを求めている。「零番」囚はしばしば、法で許されている所内労働に興味を示す。もちろん、面会や手紙は大きな喜びをもたらす。死刑確定者では、その生活の一般的傾向は、被告とほぼ同様なものであるが、それは、刑の執行前には彼らは被告と同様な方法で処遇されるためである。無期受刑者は、毎日労働をしなくてはならない。彼らにとってこの強制労働は、苦痛というよりむしろ気晴らしであって、これによって単調で辛い生活からのがれることができるのである。

さて、これら被拘禁者に蔓延している現在についての空虚感は、ある種の恐怖症者や神経症者にも見られるものである。

タフトは、限定された時間と無限定の時間についての、二種類の恐怖を記載している。彼によれば、制限された時間ないし無限定の時間に対する私たちの反応は、私たちの生きかたを明らかにするという。私たちは、到達することのできないゴールを好まないのと同時に、それ自体が終りであり、かつ通過できないゴールも嫌うものである。死刑確定者と無期受刑者にあっては、この時間恐怖の二傾向が人工的に誇張されているのである。

フェニケルもまた、二種類の時間恐怖を記述している。ひとつには、時間の喪失をおそれる恐怖症者がある。彼は仕事があまりに多すぎ、過去と未来との間の非常に短い時間に追いまわされている、と感じる。これは閉ざされた空間の恐怖（閉所恐怖）に比すべき状態であり、「時間における閉所恐怖」と呼ぶことができる。もうひとつは、これとは逆に「時間の長さ」や余暇や間隔を恐れ、これを避けるために働き続けざるを得ない、というタイプの恐怖症者が存在する。彼にとっては、自由な時間は広場恐怖における自由な空間に対応する。フェニケルのいうこれら二種の恐怖は、それぞれに死刑確定者と無期受刑者の時間恐怖によく似ている。とはいえ、これら恐怖症者は自分自身でその「変様した状況」をつくりあげるのに対し、受刑者では、この状況は外部から課せられたものであることに注意すべきである。

これら執拗に時間に拘泥する恐怖症者とは対照的に、時間を避けたり忘れたりする精神障害が存在する。ジャネは、躁病者、メランコリー患者それに神経衰弱者には、現在の感情が欠けていることを指摘した。彼らにとっては、現在はつねに空虚なのである。現在の困難さを避けようとするこの傾向は、神経症者全般にも見られるものである。たとえば、フランクリン・S・デュ・ボイスによれば、神経症者はいずれも現在の時間から顔をそむけているという。彼らが神経症の状態や、白昼夢や空想や、中毒に陥るのは、ただ時間の現実性から逃避するためだけなのである。

時間の恐怖症者は、時間において状況が変化していると主観的に感じており、これに反して神経症者は辛い現実を避けているわけである。前者は現在の空虚を恐れ、後者はこれを好んで選ぶのである。被拘禁者における時間についての感情を注意深く観察してみると、この二傾向が彼らにも見られることがわかる。すなわち前者は、心理的反応を示す「正常」な被拘禁者にみられ、後者は、拘禁反応を示す精神病理学的被拘禁者にみられるのである。制限された時間に対する恐怖が、死刑確定者や「零番」囚でみられた急性で不安定な心因反応をひきおこし、無制限の時間に対する恐怖が、無期受刑者における慢性で安定した心因反応の原因となるのである。

◎Ⅱ－二「拘禁中の精神状態と行動についての心理学的研究」を収録した論文「死刑確定者と無期受刑者の研究」（原典＝フランス語）の参考文献

1. Arai (N.). — Etude sur les psychopathes abouliques. *Psychiatr. Neur. Jap.*, 1952, pp. 379-424. **2.** Baker (A. T.). — A clinical study of inmated sentenced to Sing-Sing Prison for murder 1st degree. *Amer. Journ. Psychiatr.*, 1934-1935, pp. 783-790. **3.** Bergson (H.). — *Matiére et mémoire*, 54e édition, 1953. **4.** Birnbaum (K.) — *Psychosen mit Wahnbildung und wahnhafte Einbil dungen bei Degenerativen*, 1908. **5.** Bonhoeffer (K.). — Ueber den pathologischen Einfall. Ein Beitrag zur Symptomatologie der Degenerationszustände. *Deutsch. Med. Wschr.*, 1904, pp. 1420-1423. **6.** Braun (E.) — Psychogene Reaktionen. *Handbuch der Geisteskrankheiten de Bumke*, V, 1928, pp. 112-217. **7.** Delay (J.). — *Les dissolutions de la mémoire*, 1942. **8.** Delbrück (A.). — *Die pathologische Lüge und die psychopathisch abnorme Schwindler*, 1891. **9.** Du Bois (F. S.). — The sense of time and its relation to psychiatric illness. *Amer. Journ. Psychiatr.*, 1954, pp. 46-51. **10.** Ernst (K). — *Ueber Gewalttätigkeitsverbrecher und ihre Nachkommen*, 1938. **11.** Exner (F.). — *Kriminologie*, 1949. **12.** Fenichel (O.). — *The psychoanalytic theory of neurosis*, 1945. **13.** Glueck (S. et E.). — *500 criminal Careers*, 1930. **14.** Gruhle (H. W.). — *Hoches Handbuch d. gerichtl. Psychiatr.*, 1934, pp. 379. **15.** v. Holtzendorff. — *Das Verbrechen des Mordes und die Todesstrafe*, 1875. **16.** Janet (P.). — *L'évolution de la mémoire et de la notion du temps*, 1928. **17.** Knigge (F.). — Ueber psychische Störungen bei Strafgefangenen. *Arch. f. Psychiatr.*, 1932, pp. 127-148. **18.** Kretschmer (E.). — *Hysterie, Reflex und Instinkt.*, 5e édition, 1948. **19.** Kretschmer (E.). — *Der sensitive Beziehungswahn*, 1927. **20.** Minkowski (E.). — L'anesthésie affective. *Ann. méd.-psychol.*, 1946, t. I, pp. 80-88. **21.** Minkowski (E.). — A propos de l'affectivité. *L'évolution psychiatrique*, 1947, fasc. I, pp. 47-70. **22.** Minkowski (E.). — Les conséquences psychologiques et psychopathologiques de la guerre et du nazisme. *Archives suisses de neurologie et de psychiatrie*, 1948, pp. 280-302. **23.** Minkowski (E.). — *Le temps vécu*, 1933. **24.** Morioka (T.). — Certaines caractéristiques des détenus de longue peine. *Instruction corrective*, Tokio, 1954. **25.** Nakata (S.). — Un aspect sur les crimes avant et après la guerre. *Revue criminologique*, Tokio, 1955. **26.** Nakata (S.) et Kogi (S.). — Ein Fall von Haftreaktion mit spezifischer Wahnbildung. *Neur. Psychiatr. Jap.*, 1956, pp. 235-246. **27.** Okazaki (B.). — *Etude statistique sur les condamnés à mort exécutés au Japon*, Tokio, 1957. **28.** Porot (A.). — *Manuel alphabétique de psychiatrie*, 1952. **29.** Reichahdt (M.). — Die psychogenen. Reaktionen, einschliesslichl der sogenannten Entschädigungsneurosen. *Arch. f. Psychiatr.*, 1933, pp. 1868-1914. **30.** Riedl (M.). — Studen über Verbrecherssämmlunge, Spätkriminelle und Frühkriminelle und über deren sozialprognostische und rassenhygienische Bedeutung. *Arch. Krim.*, 1933, pp. 7-13. **31.** Rohden (F.). — *Einführungin die kriminologischer Methodenlehre*, 1933. **32.** Rüdin (E.). — Eine Form akuten halluzinatorischen Verfolgungswahn in der Haft ohne spätere Weiterbildung des Wahns und ohne Korrektur. *Allgemeine Zeitschrift für Psychiatrie*, 1903, pp. 852-888. **33.** Runge-Kiel. — Beitrag zur Pathogenese der Haftpsychosen. *Zentralblatt für die Gesamte Neurologie und Phychiatrie*, 1926, pp. 351-352. **34.** Schneider (K.). — *Les personnalités psychopathiques*, trad, en français par Demers (F.), P.U.F., 1955. **35.** Schröder (H.). — Ueber Psychosen in der Haft, mit einem Beispiel einer degenerativen Haftpsychose. *Allgemeine Zeitschrift für Psychiatrie*, 1933, pp. 347-359. **36.** Siefert (E.). — *Ueber die Geistesstörungen der Strafhaft*, 1907. **37.** Straüsser (E.). — Haftpsychosen, Simulation, Hysterie. *Wien. Med. Wschr.*, 1930, pp. 329-334. **38.** Stumpfl (F.). — *Ursprünge des Verbrechens*, 1936. **39.** Sugamata (J.). — Psychatrische und kriminalbiologische Studen über rückfällige Betrüger. Ein Beitrag zur Typologie und Prognose der Pseudologischen Psychopathen. *Psychiatr. Neur. Jap.*, 1956, pp. 458-509. **40.** Sutherland. — *Principe of criminology*, 1947. **41.** Taft (J.). — *The dynamics of therapy in controlles relationship.* **42.** Wallner. — Studien zur Lehre der Verbrechensmotive. *Arch. Krim.*, 1914, pp. 81-119. **43.** Wilmanns (K.). — *Die sogenannte verminderte Zurechnungsfähigkeit*, 1927. **44.** Wilmanns (K.). — Ueber Morde in Prodromalstadium der Schizophrenie. *Z. Neur.*, 1940, pp. 583-662. **45.** Yoshimasu (S.). — *Crimino-psychologie*, Tokio, 1952.

Ⅲ　『ある死刑囚との対話』（一九九〇年）より

一　「まえがき」より

ここに集められたのは、死刑囚Aと私との間に取り交された往復書簡である。一九六七年八月一五日から六九年一二月七日まで、つまり彼が処刑される前日までの二年四箇月間のものである。

六七年の八月と言えば、Aは、五三年一〇月に強盗殺人犯として逮捕されてから、すでに十四年間も獄中にあり、六三年一月の最高裁の最終判決で死刑が確定してから六年を経ており、いつ処刑されるかわからぬ日々を巣鴨の東京拘置所（現在のサンシャインシティーの場所にあった）で送っていた。

また、私は六五年四月から東京医科歯科大学犯罪心理学教室の助教授をしており、犯罪学の研究と教育にたずさわるかたわら、小説を発表し始めていた。

この往復書簡集は、一九六七年八月に上梓された私の最初の長篇『フランドルの冬』をAに送ったときに始まり、私が六九年四月上智大学文学部心理学教室の教授となってから八箇月後、Aの突然の処刑で中断されている。つまり、Aという死刑囚の最晩年と私という小説家が出発した最初のころが交叉している。

この期間、二人のあいだには集中して手紙の取り交しがあったが、実は私がAと知り合ったのは、もっと以前、一九五六年の四月、私が東京拘置所の医務部に医官として勤めていたときであった。

ほんの駆け出しの精神科医として、私は二千人余の収容者を持つ拘置所で多忙な毎日を過ごしていた。拘置所の一角には死刑囚を収容する〝ゼロ番区〟（収容番号の末尾がゼロの重罪犯の監房区）があった。死刑囚のあいだに拘禁ノイローゼが多いため、私はしばしばゼロ番区を訪れているうち、ある日、Aの名札を房扉に見出して訪ねてみる気になった。

独居房の鉄扉を担当看守が開くと、縁無し眼鏡をかけた色白の青年が、いぶかしげな眼付きで顔をあげた。「きみと話をしたくて来たんです。いいですか」と私が言うと、「どうぞ」と笑顔になって、自分が机がわりにしていた布団を、座布団として私に差し出した。彼が読んでいたのは、カレルの『人間この未知なるもの』であった。

独居房とは三畳間ぐらいの細長い空間で、窓のあたりの板の間に衣裳戸棚、洗面所、便器が並んでいた。洗面所は板蓋をかぶせれば机に、便器は板蓋を閉めれば椅子となる。奥、つまり廊下寄りは二畳ほどの畳である。Aは窓側の板の間を〝洋間〟、畳の部分を〝日本間〟と呼んでいた。

そこは死刑囚を閉じ籠めておくために特別に工夫されて作られたコンクリートの箱であって、窓には、囚人が直接手でガラスに触れられぬように金網が張ってあり、天井の電球も、囚人に割られぬよう金網で覆われていた。鉄扉には、上のほうに覗き窓（囚人用語でシキテン窓）がうがたれていて、廊下から担当が蓋をあけて中を〝視察〟できるようになっていた。鉄扉の下のほうには、食事や書類の受け渡しなどをするやや大き目の穴があった。

房内に入ると、狭い壁の圧迫感とともに、ここに監禁されたら、絶対逃げられないという強い実感が迫ってくる。鉄扉を通して、廊下を歩く看守の足音が、権力者の代表が自分を支配しているぞと絶えず告げるように、響いてきた。

Ａの独居房を私がなぜ訪ねたか。それは彼に対して私がいささかの興味を持っていたからだった。

彼が犯した強盗殺人事件は、一九五三年七月のことである。大学を出て、ある証券会社に勤めた彼は、金融業兼証券外務員Ｈを、あるバーに誘いこみ、共犯二人とともに殺害し、現金四十万円を奪った。主犯として指名手配されながら逃走し、一〇月に京都で逮捕された。

東京まで護送される電車内で、彼は、罪の意識などかけらもないとうそぶき、新聞記者たちを唖然とさせた。一九二九年生れ、つまり私と同年の青年が、大学を出ながら罪悪感をすこしも持たずに殺人をおこなったということが、私の魂を震撼させた。

一九五三年と言えば、戦後まだ十年を経っていない時期であった。街に戦争の廃墟が残っていたように、私の心にも敗戦で受けた心の傷が癒えずに残っていた。一口に言えば、それは人間不信、とくに、自分に軍国主義を教育し、いっぱしの軍国少年に育てあげた大人たちへの不信の念であった。Ａの車内での言動に、私は、まさしく自分と同じ人間不信を見出した。自分の犯罪の動機は、「進んで破滅を求めたのです」と、上告趣意書に彼自身が書いている。「〝大人〟といわれるひとたちをこころから憎み、怖れておりました」

「〝大人〟はずるくて、薄情で、残虐で、嘘つきで、エゴイストなんだ。私の、この拭い難い不信と憎悪の対象である〝大人〟の中に、たまたまHさんがおいでになっただけでございます」とも書いている。

しかし、Aは、獄中でキリスト教の信仰に目覚め、カトリックのC神父の手で洗礼を受ける。それは一九五五年七月のことであった。C師との出会いが、一人の不信の徒を神の愛に目覚めた信仰の人へと百八十度の転換をもたらした。そして、私がAに会ったのはその翌年、すでに彼が敬虔なキリスト者となっていたときであった。

私は市ケ谷の日仏学院でC神父からフランス語を習ったことがある。Aに会った最初から、C神父が共通の思い出となった。また、以前私が研修生として過ごした松沢病院で彼が精神鑑定を受けたこと、鑑定医が私の犯罪精神医学の恩師Y先生であったことなどから共通の知人がつぎつぎに話題となった。

死刑囚には、迫り来る死の恐怖に耐えられず、拘禁ノイローゼにおちいっている人々が大勢いた。精神科医としてそういう患者たちを往診するついでに、私はAの房をしばしば訪れ、話し込むのだった。ほかの死刑囚が不安動揺し、奇妙な種類のノイローゼを示す人々が多いのに、Aは、いつも冷静で、しかもにこやかであった。一九五六年一二月一五日、東京地裁で死刑の判決がおりた直後も、別に不断と変った様子はみられなかった。

一九五七年の四月末で私は東京拘置所をやめ東大病院精神科助手となった。そして九月、フランスで精神医学を勉強するため旅立った。私が帰国するのは一九六〇年三月で、そんな事情からAとの交際は一時とだえてしまった。一九六四年から六六年にかけて、Aは死刑囚の獄中手記を「犯罪学雑誌」に連載し、そのころ同雑誌の編集にたずさわっていた私は、Aと事務連絡の手紙を頻繁に交すようになった。この手記は、六七年七月、『黙想ノート』として刊行された。

ところで私がAと、事務連絡のほかに、もうすこし濃密で個人的な手紙を交すようになった切っ掛けが私の処女作『フランドルの冬』の出版であった。文学を通じて、二人の心に何かが働き、心がより深く通い合うようになったのか、それとも今はキリスト者となった私の言い方によれば、神のうながしがあったのか、理由はわからない。突然彼は私に熱心に書き始め、私もそれに答えていく現象が生じたのだった。

今、二十年経って書簡集を読み直してみると、彼がすでにキリストの教えに従って立派な信仰者として立っていたのに、私は神へのあこがれを心に抱きながら、その一歩手前で立ち止まっていた有様が読み取れる。また、死刑囚として、処刑の恐怖を前にしながら、彼が過酷な現実にめげず清朗な思索の毎日を生きている事実にあらためて感嘆するとともに、私が抱いていた小説家としての初心や、やや青くさいながらも理想を追っている姿に懐しい思いもする。

この書簡集は、人間の記録として、何ら手を入れず、当時の文章のままに発表することにした。個人的な手紙のため、状況が分りにくいところにはなるべく注を入れたり、現在の私の感想を書き加えたりしたが、本文はあくまで、生の往復書簡で、それ自体を読み取っていただければと願っている。

二　書簡より

一九六七年八月一五日

K先生

前略　先日来、『黙想ノート』[*1]のために沢山の御力添えをいただいたK先生に御礼状をお出ししなければと思いつつ、初夏以来とりかかっていた大事な原稿に忙しくて、つい心ならずもそれが遅くなっていましたところへ、今朝、『フランドルの冬』をお送りいただいて、恐縮しながらも嬉しゅうございました。この書名は最近特に心を引かれており、近く求めたいと思っていたのですが、それというのも、題名が近頃の本にない詩情をたたえているからでした。

本を開ければ、初めに私への献辞を著者がお書き下さっているのも嬉しく、はてしかし、この方がどうしてK先生を通して私に御著書を下さったのだろうと訝りながら、巻末の著者の略歴を見て、本当に驚きました。

加賀乙彦という新鋭作家とはK先生その方だったのですから！

先生、処女作の御出版、おめでとうございます。埴谷雄高さん[*2]は、私がかねてからひそかに尊敬申上げている方ですが、ゆきづまりを見せている日本の現文学界に於て此の御作品は、確かに一つの方向を示すものでしょう。最近では大江健三郎さんの『万延元年のフットボール』

が唯一の緊張をもたらす作品に思えますが、今ここにK先生の秀作を手にすることが出来て、嬉しく思っています。皆さんにもうんと言弘め、読むようにすすめるつもりです。

あとになりましたが、『黙想ノート』のことでは、お忙しいにも拘らず、特にこのような長篇を御執筆中だったのに、ノートを原稿に移写するなどをはじめ、多大の御尽力を私のためにして下さいましたことを、改めて深く御礼申上げます。どうぞ私が一層謙遜な心で生きてゆけるよう、お祈り下さい。一九二九年に先生と同じく生を享けながら、このように恥ずべき状況に在って生き続けることに、時々、いいしれぬ自己嫌悪を感じますが、生きていられることで先生方の恩愛に接することも出来るのだと明るく考えて、今日も第一義のことに目を注いでいたいと、しみじみ望んでいます。ではまたそのうちに――Y先生にお会いの折は、くれぐれもよろしくお伝え下さい。今日は本当にありがとうございました。御清健をお祈りしつつ。

A

＊1　『黙想ノート』は、一九六七年七月にAがみすず書房から出版した獄中日記である。現在絶版で入手困難。

＊2　埴谷雄高氏は、私の『フランドルの冬』の帯を書いて下さった。

一九六七年一一月一日

A様

この前は拙著をお贈りしたことについて御懇切な御返事をいただきありがとうございました。また、『黙想ノート』の印税を犯罪学会に御寄付下さるとのこと。その御志にも感謝いたしております。

まず用件から書きますと、あなたの上告趣意書を「犯罪学雑誌」に連載するようM・Y両先生から命じられ、今原稿用紙に書きうつしているところですが、これを出版するときの副題で何かよい題がないでしょうか。私としては前の『黙想ノート』や『エルゼとともに』のようないかにもしゃれた題があればと思っています。内容からいうとあなたの生いたちと犯罪についてのものなので、『罪と愛』『暗い心』など考えてみましたが、ぴったりしません。ついでにいえば、この文章は今まであなたが書かれたもののなかで、もっとも犯罪の核心に正面から立入ったものとして迫力もあり説得力もあり、文学としてもすぐれたものと思っています。

『黙想ノート』についての感想などものべたいし、それからあなたの小説『サハラの水』を読んで感心した話もしたいし、考えてみると、こんな事務的な用件のみでなく、あなたとはもっと魂の奥深いところで対話をしたいと考えております。

文章を書くという点ではあなたと私とは全く対等ですし、人間実存の認識についての志向も似通っていますね（これは私の勝手な断定）。それから私は一九二九年四月二二日生れ、たしかあなたとは三日ぐらいしか誕生日[*1]がちがわぬはずです。

K

＊1　誕生日――Aは一九二九年四月一九日生れ。

一九六八年一月五日

K先生

快晴のうちに三箇日もすぎ、いよいよ今年も活発に動き始めましたが、先生には、さぞ良い年をお迎えのことと存じます。

実は昨日、回覧の朝日新聞の広告欄で、メルロー＝ポンティ著、小木貞孝・竹内芳郎訳『知覚の現象学』が一四〇〇円もすることを知って大いに驚き、そんなに高価な御訳書なら御言葉に甘えすぎたのでは……と思っておりましたところ、今朝その御訳書と辻邦生さんの『夏の砦』の二冊が届き、ただもう恐縮したり大喜びしたりしています。特に御訳書には御署名までして下さり、嬉しさも一入です。

先生、立派な本を本当にありがとうございました。私の大切な宝です。

この前にも一寸お話しましたような、現象学という学問があることをC師の御著書で知っていらい、若干の書物によってそのうわべを学びましたが、今この御訳書を手にし試みに解説を拾い読みしていましたところ、「現象学的還元」という一項に目がとまり、忽ちフッサールのいうエポケとかノエシス、ノエマが思い出され、しらずしらずのうちに自分がひごろ、殆ど無意識裡にそれを行って来ていたことに気づき、少々驚いてもいます。

そういえば、ずっと以前、この現象学的還元ということが禅的なものの見方によく似ているな、と思ったこともありました。たしかに哲学というものは、ある人々にとってはあらずもがなの学問かもしれませんが、しかし人間の意識を明澄に保つためには不可欠のものだと、強く感じます。

良い本を本当にありがとうございました。おかげさまで、快い知的緊張のうちに、この貴重な日々をすごすことが出来るでしょう。嬉しくてなりません。

『夏の砦』の著者、辻邦生さんの作品はまだ一作も拝見したことがなく、之がはじめてですが、さっきその書き出しをみて、大そうひかれました。今晩から早速読みはじめるつもりです。

この間、K先生も仰有っていたように、私も最近ますます人間というもの、すなわち自分が分らなくなって来ています。以前より随分理解が深まって来ているはずなのに、内なる闇は逆に濃さを増すばかりです。マルセルはしかし、

〝〈聖なるもの〉を感じる〟

というのです。マルセルがいう〈聖なるもの〉とは、沈黙に結びつく、名詞化してはならぬも

のであり、それは、

〝ある種の改心に助けられなければあらわれ得ない〟ものであり、単なる心理的傾向にすぎぬものを絶対に超越する実在に準拠するものであるというわけです。ですからマルセルがいう存在の秘義とは、深くこの〈聖なるもの〉に結びついており、人間存在はそこに根ざすことで真に実在するということになるでしょう。

それはそれで分りますが、マルセルがいう、

〝感じとられた（又は感じとられる）秘義〟

とは、換言すれば、

〝〈聖なるもの〉を感じる〟

というのと同じことになり、しかもここにいう〝感じる〟というコトバは、ふつうの知覚をこえたものでもあるらしいので、たとえばテレジアのような神秘家にのみ了解可能なことなのかもしれません。

ただ、それを祈りの次元でいう、あの超自我的な曰く言い難いものといってよいなら、私にもマルセルのいわんとしている事が分らなくもないのですが、しかし、

〝手を合わせるという動作〟

にこめた意味を文字にする能力は、ピカートのようにすぐれていない私などの能く為しうるところではありません。

今日は本当にありがとうございました。また近いうちにお便りさせて下さい。御清健をお祈りしつつ

A

P・S

五日夕、お葉書を嬉しく拝見。

『夜より』のこと、ありがとうございます。また、『T・S・エリオット』を入手なさいました由、例のヨハネに関することと併せて、その批判をお聞かせ下さい。

たのしみにしています。

なお、私の『日記』は例の「あけぼの」に二月号から今年一杯連載予定で、是非先生にも御批判いただきたいので、編集部からもらう数冊の中の一冊を、これから毎月お送りしたいと思っております。大体、毎月の月末頃になるはずです。どうぞごらん下さい。

一九六八年一月二〇日

A様

まずビジネスから。『夜より』の別刷三部同封します。これはY先生の御命令です。あと半分は二月に発行の雑誌にのせる予定です。これは雑誌の編集者としての希望ですが、そのほか

に何か手記のようなものを書いておられるのでしたらみせていただけないでしょうか。Y先生のところに夢の記録をお送りになったのは知っており、いずれ先生はそれを何らかの形でまとめてみたいとはいっておられます。そのほかに何か、身辺雑記か何かあればと思います。私の願いとしては日常生活や雰囲気を具体的に描写したもの、もちろんあなたでなければ書けない個性的な視点からの観察、というようなものがあればと思います。

さて、対話にうつりましょうか。実はこの手紙、あなたの二通の手紙をうけとったし、『T・S・エリオット』を十分読みこなしてからさしあげようかと思ったのですが、それではもっとおそくなりそうですし、『エリオット』を半分ほど読んだところで、むしろ私自身の考えをなるべく飾らずあなたに示すほうが順当と考え筆をとりました。

文学についてのあなたの並々ならぬ関心と広い読書には感嘆しました。あなたのあげた作家のうち、永井龍男、川端康成、吉行、三浦、庄野などという人たちは、私はまだほとんど読んでいません。私はほんとうに日本の文学に暗いのです。とくに戦後のことには無知です。もちろん、これではならじと反省し、最近少しずつ勉強はしていますが、とてもとても。私の教養がないので、文士仲間とつきあっていて、いつも劣等感に悩まされていましたが、しかし、この頃は、これでよいのじゃないかと逆に居坐ってもいます。

私の友人の若い文芸評論家と戦後世代論（世代なんて何のことかわかりませんよね）について議論したとき、彼が戦後の文学を実によく読んでいるのに感心したものです。同時に、彼が外国の秀作をほとんど読んでいないのにも驚かされました。彼は埴谷雄高の『死霊』をくりかえして読んでいるくせに、トルストイやバルザックを一つも読んでいないというのです。これに驚いてよくまわりを見回してみると、大体文学青年などというものは月々の文学雑誌を読み、その時々の評判の小説を読み、そして時流に合った小説（主として短篇）を書けばよいという人が多いのです。そうして彼らは判で押したように言います。翻訳小説はあまり読んではいけない、なぜならば、翻訳家というものは文学を知らず、そんな文章を読んだら筆が荒れるからと。

そういう彼らは何をしているかというと一生懸命に短篇小説を書くのです。というのは、新人の登龍門で芥川賞をとるためには、うまい短篇を書かなくてはならないからで、長篇を書いたり、時流に合わぬテーマや文章では世にでられぬからというのです。そこで芥川賞受賞作が一つきまると、そのまねをした作品が全国の同人誌に出るというわけになる。商業雑誌には同人雑誌評の欄があって、そこでよい作品はとりあげられ芥川賞へ接近する第一歩となる。ここで「よい作品」というのは、大体技術的にうまいとか、達者に書けているとか、文章にひっかかりがないとか、いやみがないとか、すっきりしているとか、すべて印象批評で、その文学が何をどのように表現し、その思想のどこに独創性があるかは、ほとんど問題にされてない。第一、批評家のほうにそんなことをしている暇がないほど沢山の短篇小説が生産されているのです。さて一度、芥川賞になったり、あるいは候補になると、その作家は新人ということになり、商業雑誌から注文をうける身分となる。これが日本の若い作家の進路です。

私はこういったシステムそのものは別にわるいとは思わない。既成の作家ばかりで文壇を固めていた大正期などに比べれば、現代においては新人ははるかに世に出やすいし、若い人々が文学への野心と目標をもちうるような環境がそこにあるから。けれども事象のもう一つ奥底をみれば、こんなシステムはばからしいの一語につきます。まず、文学とはなぜ短篇でなくてはならないのか、世界中の国々で本道とみなされている長篇小説は、どうして日本では若い人々によって書かれようとしないのか、ということ。文学賞というものは何人かの「えらい人」が集ってきめるのですが、このえらい人たちは大体おとしよりだから、そういった人々の意見だけで新しい作家を発掘していったら、いつも古いタイプの新人ばかり生れるのではないかということ。つづめていえば、いつも二次的なものとされ、技術や小説の器用さのみが文学として通用しているということです。その結果、日本文学は段々にやせほそり、古くさくなり、小型になって息づまるようになった。これが私の観測です。戦後文学をほとんど読まずして戦後文学を批判しているのですからいいきなものですが、まあごかんべん下さい。

*　*　*

十字架のヨハネのこと説明していただいてありがとう。私にはむつかしい問題ですが、輪郭はつかめます。ヨハネの闇が、人間的闇や虚無にとどまらず神の闇に転化する（こういってはいけないのかもしれませんが?）ところは、私にはよくわかりません。私のわかるのは寺田氏のいう「内面の闇」のほうです。内面の闇は私にとって切実な問題ですし、私自身ニヒリズムを克服できず、どうしたらよいかまよっています。もしあなたが神の闇を知っておられるなら、そのことは私には大変関心があります。寺田氏のいう内面の闇と神の闇との接合点の問題ですね。

それから寺田氏のこの本は、著者が最初にはっきり書いているように「現象学」であること（六頁）、その思想の出発点がフッサールとハイデガーにあることは明らかなようです。フッサールの現象学は今世紀に三つの大きな発展をしたといえます。一つはハイデガーの『存在と時間』です。このすばらしく独創的な本はフッサールに捧げられていますし、第七節では現象学方法論についての深い考察があるのはごぞんじのとおりです。二番目はサルトルの『存在と無』、これは副題が「現象学的存在論の試み」とあるように、フッサールから出発した本だといえます。さいごがメルロー＝ポンティの『知覚の現象学』。この三人のうち、私が大きな影響をうけたし、うけつつあると思うのは、ハイデガーとメルロー＝ポンティです。もちろん二人の現象学（それは哲学と同義ですが）はずい分ちがいますが、哲学者としてはともに demonisch に大きなものをもっています。この二人に比べるとサルトルは何だか、あんまりものごとをわりきりすぎてつまらない。いずれ私は何らかの形でサルトル批判をまとめてみたいと考えていますが、彼の対自と即自の区別も、ちょっと見方をかえるとあいまいになってくるし、そうなると彼の全哲学がくずれ去ってしまうように思えます。

マルセルの「聖なるもの」についてはよくわかりました。いわくいいがたいものですね。私の「心理学」の中ではちょっとつかまえられないのかもしれません。

寺田氏の『T・S・エリオット』はすばらしい。これを読みながら、いろいろ問題を考えていきたいです。

『夏の砦』の読後感などおきかせ下さい。

K

一九六八年六月九日

K先生

すっかりむし暑い日となりましたが、先生にはお変りございませんか。

去る五月二二日には、お忙しい中をとてもすばらしい考察にみちた御手紙を戴きながら、二つばかり書き上げるべきものが続きましたので、心ならずも御返事がこんなに遅くなってしまい、申訳けなく思っています。

さて、『闇に立つ白き門』についてはその後、町に在る友人に頼んで時評を送ってもらい、読みましたが、大抵の場合がそうであるように、著者を十分理解した上での批評はみられませんでした。勿論、あらゆる批評は自由にゆるされるとしても、著者の意図をまず探ろうとせず、専ら個人的な好みで云々する批評には、客観的な価値がすくないと思いました。

町に在る友人は、また先生の『サイケデリック論』を切抜いて送ってくれましたので、『異常心理』（「現代のエスプリ」）と併読して、いっそう先生の思想の底にあるものが分りつつある気がしています。

結局、先生がおっしゃろうとしておられることは、人間が無の存在であるとして、ソコから身を起さんとするときの内部的原動力の源は何か……という事である、と考えていいでしょうか。

御手紙のうち、特に大事に思われる部分は、いつものようにノートし、自らの思考を深める最も良き手だての一としておりますが、今回の御手紙ではハイデガーの『形而上学』に接したときの、あの無でぬりこめられた思惟の不思議な感銘と、ソレを基にしてあの『闇に立つ白き門』を書かれた、というところが、私には大そう興味深く、且つ重要に思われました。実際、西欧のニヒリズムとか無神論には、我々日本人にはみられぬ、非常に強烈な自恃の精神が感じられるのを、私もすこしは知っております。

また、これまでカトリック思想の下で二元論を奉じていた私にとっては、たとえば、

〝意識の中に全世界があるという倨傲が意識を貧しくするだけだ〟

というお言葉は、新たな緊張をもたらして下さいました。このことについては、更に十分学びたいと思っております。

しかし、それにも増して、K先生がサルトルの『嘔吐』を批判しつつ、

〝マロニエを前にしてはきけではなくよろこびをおぼえてしまう〟

と仰有るとき、私は忽ち己が師グルニエの『孤島』の序文にカミュが書いていた〝よろこび〟の言葉を思い出しました。おそらく先生の感じられたよろこびは、東洋人的なものというより

も、もっと深く生命の本源をみつめる人に共通した、一つの確信の如きものでもあるのでしょうか。

そして、むろん問題は、かかる確信又は希望を支える〝背後にあるもの〟が何であるか、でしょう。

悪については自分ひとりの問題ではないので、すこしずつ仲間にも訊ねていますが、現在までのところでは、悪に関する動機や結果にのみ自らを奪われていて、ソノ瞬間の〝悪のちから〟又はその本源への問いが持たれていぬようです。

またそれと同時に、罪の意識が当然併せ考えられねばなりませんが、ソレに関しましてはまず私自身をモルモットにしてみる必要があると思い、且つ私がこれまで公にした文章中、ソレへの記述がみられぬことを一つの研究テーマにもしておられるようにも思われましたので、五月下旬、そのことに触れて書いた拙文所載のものを、Y先生にお送りしておきました。

おそらく賢明な先生方は、よくあるように、重大な犯罪をなした者が、捕えられるや忽ち涙を流して罪をわび、キリスト教などに入信し、まるで聖人にでもなったように、〝天国へガイセンする〟式の改悛が、実はキエルケゴールのいうように、深き絶望を欠いているゆえに無知な無精神性にあること、そしてむしろ罪に言及しないことの方が、いっそう罪の意識に深くとらえられていること……などについて御理解下さるものと思っております。

このことは、たとえば仏教でいう、

〝すくわれたと思うはすくわれざるなり〟

という、非常に微妙な、且つ救済の本質を鋭くついている言葉にも相通ずるもので、私の場合でいえばY先生にお送りしたものに書いたものが、初めで、終りにするはずです。すなわち、私がソレを書いたのは、自らの要請によるものではなく、全く公的責任を考えた上でのことでありました。

悪の問題は、生涯、私にとって最枢要のものであるはずです。そして、ソレは一にかかって、最悪なる行為へ人を飛躍せしめた一瞬のちからの源泉への問いであり、爾余のことは第二義的な意味をもつにすぎません。

更にいえば、この問いはまた、例の〈神のヤミ〉と〈内なるヤミ〉に最も深きところでつながるものであり、かくして私はますます深く、且つ真剣に、自らを問いつめてゆかねばなりません。そして、そういう意味で、或は二元論だという御批判を再び三たび受けるとしても、わが内に①〝すべて〟をみようとする姿勢が、なおも続くことでしょう。

いま、『遥かなノートルダム』森有正先生、『死霊』埴谷雄高先生を読んでいます。森先生の本はすばらしいですね。埴谷先生のはまだ半分位ですので、未だ何も感想をのべられません。

ではまた、近いうちに。

Y先生の御容態を、いつもお案じ申上げ、母と共にお祈りしています。

A

①この事については、また後にお書きしてみたいと思います。いま、誤解のないように申上げておきたい一つのことは、ソレはすぐに底をつく自我のことではない、ということです。

一九六八年八月一五日

A様

六月九日の御手紙拝見、その後すぐ御返事さしあげようと思いながら急ぎの注文のため果せず、さっきやっと一作書きあげてほっとしたところで筆をとりました。

暑くなりました。連日これからはうだる日々が続くことでしょう。折角御自愛下さい。「あけぼの」七月号もいただきました。この中でしきりと創作のテーマやシーンを反省しておられるところに感銘をうけました。創るということ、それは目の前に目もくらむような白紙の列を見ることとです。何を書こうとペンは自由である。さて、この不安。おそらく、溢れるように、モーツァルトのように、書くということが創作の喜びなのでしょう。そのようなまれな瞬間も私にはあります。しかし、大部分は白紙の不安。これは創作する人のおそれです。

ところで、さきの御手紙にあった問題を考えてみましょう。そうです、意識の中に全世界があるのではなく意識は世界に向うと私が言ったとき、あなたが「にもかかわらず、わが内にすべてをみよう」と言われたこと、この問題です。これはおそらく大変に重要なことがらで、私自身はまだ完全に解決しえたとは思っていない。思惟の方向はあります。わかったような気がしていることはあるのです。それをお話しましょう。

＊　＊　＊

右の文章を書いてから、また一日ほど経ってしまいました。急に方々から雑文をたのまれたりして筆がとぎれたのです。書こうとしていたことは、意識の志向性 Intentionalität のことでした。これはいいかえると知覚と想像の問題でもあります。多分私はそのことについて書こうとしたのだと思います。

サルトルが知覚と想像を峻別したことは御存知でしょう。彼によれば、ひとは知覚しているときは想像しないのです。知覚は無限に豊富であるのに、想像は貧しい。なぜなら知覚には常にあらたな発見があるのに、想像はあらかじめ想像されたものを出ることがないからという。ところで、私が意識はそれ自体では貧しいといったとき、このサルトルの知覚論が頭にあったことはたしかです。意識が自らの想像世界の中にのみ閉じこもったとき意識は貧しくなる。しかし意識が世界に目を開き知覚しはじめたときに、それは無限に豊かになるというわけです。私は大体においてこのサルトルの議論に同意します。ただ、知覚と想像とがサルトルのいうほど背反しあう現象かどうかについては疑問をもっています。メルロー＝ポンティの『知覚の現象学』をお読みになったのなら、おわかりかと思いますが、私たちが知覚といっているものは多分に主知主義的なもの、偏見にまみれたものなので、これを知覚の原地点、メルロー＝ポンティのいう「神のナイーフな知覚」にもどしてみれば、案外、知覚と想像力とは近いものじゃないかと思うのです。つまり、想像をぬきにした知覚という考えそのものが主知主義的偏見ではないかと思うのです。この点をうまく表現できないもどかしさをおぼえながら、今、私はペンをとっていますが、たとえばサルトルの「マロニエの根体験」は「裸の知覚」です。しかし、サルトルはそれを表現するのに「カタマリ」だとか、「怖ろしい淫猥な裸形」だとかいう想像力をくしした言葉で飾らねばならなかった。あのことを言いたいのです。サルトルの「吐き気」は、裸の知覚が知覚と想像の不可分にむすぶ領域であるのに、それを知覚という純粋現象に還元しようとしてできないいらだちの如きものともいえます。

さて、裸の知覚をしながら私たちがおぼえるよろこび、それについてあなたのいわゆる「希望を支える〝背後にあるもの〟」についておたずねしましょう。それは神ですか。多分そうなのでしょう。あらゆる存在物が、そこにあるということの根拠、ハイデガーのSeinは神ときかえてもよいのでしょう、と私は思うのですがいかがでしょうか。しかし神については私はわからない。正直にいえば生命の本源とか宇宙のリズムとかいうものは私にはわかります。それが神なのか、あるいは神という言葉はこういうふうにメタフィジックに用いてはいけないものなのか、そのへんをお教え下さい。

それから、あなたがすべての力を「わが内に」見ようとすること、自分の深みにさぐりをいれていこうとする真摯な態度には心から敬意をおぼえるものです。それは、私のいう「意識の中に全世界があるという倨傲」とは全く無関係のことだと思います。なぜなら深く自分の内をみつめる意識というものは、必ず自分と世界とのかかわり方を問題にするものだろうからです。あらゆる自叙伝というものが、「自分の世界」の記述であるということを私は大そう大切なことに思っています。

またお手紙します。こん度はなるべくすぐ御返事をかくようにこころがけます。

御自愛を祈ります。

K

一九六九年八月一八日

K先生

暑い日が続きますが、お変りございませんか。しばらく御無沙汰していています間にも、折に触れて先生のことを考えておりました。

実は、関西で「ストレイシープ」という個人誌を出しておられる高橋という方が、先日その中で私の二冊の本の書評をして下さったのですが、そこにもY先生と同じく、罪についての記述がないことについて、論じられており、この問題に関して再び真剣に考えないではいられませんでした。

前にも一寸申しましたように、すでにとうの昔死んでいるはずの私が今なお生かされていることを法律と医学における一つの被験体の如く自らみなして、特に内面に生起する様々の出来事の意味を問うという点にかけて過ごして来ております私にとりましては、重罪を犯した前後の心情をもっともっと明らかにしなければならぬのは、ヒトに指摘されるまでもなく、私自身がよく承知しているところです。

然も、これまで私はソノコトを恰もタブーのように避けて参りましたし、今後もおそらくソレについて言及することは、たとえそのことでヒトに何といわれようと、出来ないであろうと思うのです。ソレをしない、のではなくて、出来ない、というのは、一方ではたとえば罪人一般によくある例のザンゲの殆どが、他人のあわれみと賞讃を予め計算された上で為される、全く白々しいとよりほかいいようのない感傷過多の言辞にみちているためです。ずっと昔みた『われ今日パラダイスにあるべし』という本の一プロテスタント死刑囚は、あとに残る社会の善良な人々に、山ほどの説教をしてゆきましたし、また最近では立派な心うつ歌をのこして亡くなった者が、私どもの仲間では長年の密告者（ここではチンコロといって最も軽蔑されるのですが）として、多大の迷惑を与え続けたり、処刑の二月ほど前には聖書類を全部クズカゴに捨て、教誨師と大ゲンカをしたりしたひとであった等々、全く何もいわず、黙々として死んでいった他のふつうの死刑囚より遥かに人間的にみて尊敬できない……という、私たちだけが知っていて町の人々の全く御存知ない事実が、私をして、「罪をザンゲする」という行為を甚しく嫌悪させるのです。実際のところ、十分におのが罪の大きさを知っている者ほど、たとえさしたる教育を受けぬ者でも心うつ沈黙のうちに、従順に死に赴くものなので、私などそういう人に対していつも〈書く〉ことで一つの否定すべくもない負い目を心に感じ続けており、ゆえに最近は専ら司祭方のお仕事にのみ従っているわけなのです。

もう一つの、私が〈罪の意識〉と一般にいわれるものを敢えていおうとしないのは、ソレが私の場合、余りにも大きすぎて、到底ペンによって書きあらわしえないためです。

先日私はある評論に引用されている李珍宇の文章を一寸だけ読みましたが、かれはその中で、「自分は親に孝養もするけれど、〝人を殺す〟という行為に全く何のためらいも感じない、かつて通りすがりの女性を二人殺したけれど、全く罪の意識など感じない、私は何人でも無感動に人を殺せるし、また殺すだろう……」と書いていました。

かれのかかる心情は、勿論先生の御領分に属するものでしょうが、ただ同じ仲間の一人としていうならば、たしかにかれのような心情の者もいますし、また恰も一過性の病のように、同じ死刑囚といっても決して同一に論じることはできないのを、私は長年の体験で知っています。たとえば、すでに処刑された、弁護人にさえ弁護を拒否された〇さんは、自分の犯罪を恰も自慢するが如く、詳細に、語り続けていましたが、その時かれの表情には単に一つの生の行為を語るという以上のかげりなど、全くありませんでした。

無罪を主張している人について、ついでに申上げておけば、私の見知った無罪を主張する多くの人々の中、すでに処刑された者も含めて、「ほんとうにコノ人はやっていないな」と思われた人は、たった一人、若い精薄者がいただけでした。

さて、李君に戻りますが、私とかれとのちがいは、私はもはや二度と〝人を殺す〟ことは出来ない、ということです。ソレはたとえば「誰かを殺せばお前は助けてやる」といわれても、とにかく出来ないのです。〝観念的に出来そうにない〟とか、〝回心したから〟などというのではなく、生理的に絶対に出来そうにないのです。

私の体にしみついているこの生理的嫌悪こそ、或は人々が話すように求めておられる〈罪の意識〉というものかもしれませんが、しかし私にとってはソレは単なる意識ではなく、肉体にしみこんだ、絶大なる不快感を伴う現実拒否の行為（本当は行為というコトバではなく、もっと適切なコトバが欲しいのですが……）なのですから、ソレを、ヒトに、つまり他者に、よく分るような一般的言辞で云々することが、ためらわれるという以上に、重大なギマン行為に思えるわけです。

今から足かけ十七年前の七月下旬、私はあの方を殺しましたが、ソノ瞬間から私ははげしい吐き気におそわれ（それはむろん観念的な吐き気などではなく）、ゆえに私が逃げたのは司直の手から逃げようとしたというよりも、ソノ行為、その絶対的な現実拒否をしたことで突如としてとらえられた吐き気からの逃避を意味していたのでした。

そして、その吐き気は今も当時に身をおくたびに、くり返し襲って来て、私を苦しめるのです。一旦、そこに陥るや、了解可能ないかなるコトバも消滅し、かくて、〝おのが罪をザンゲし、告白する〟などという、あの恐ろしい行為を客観視した時に始めて可能なおこないなど、全く不可能という他はなくなってしまうわけなのです。

勿論、「一般的概念としての〈罪〉とか〈ザンゲ〉とか〈回心〉などを媒介に何かを語れ」といわれたならば、それはそれとして出来なくもありませんが、ほんとうに深く魂をゆり動かす、生理的な大きい苦痛を伴う次元からの、ほとんど呟きにも似た〝ああ……〟の一と言以外、私は自分自身に信をおくコトバを知りません。いいかえれば私の〈罪の意識〉とは、感覚や感動の初原に深く結びついており、ゆえに私が観念を以って云々するいかなるものとも異なった次元のことなので、つまるところヒトに分っていただけるように志すことを止めた時、唯一のゆるし給う御者への、

〝ああ……〟

の一と言にのみ、一切の虚飾をすてた、真のザンゲが始まり、終るといいたいのです。

以上が〈罪の意識〉について、今私が申上げられる凡てですが、K先生には十分お分り下さったことでしょう。

芥川賞に先生が漏れたことにがっかりし、しかし先生は辻邦生さんと共に、とっくに芥川賞を越えていられるはずだと思いかえし、私も健在の間にもう一つ創作をものしたいと思ったりもしています。

先日は、ある大学へ通っているシスターの夏休みの哲学レポートを手伝うために、マルセル

をはじめ色んな哲学者の中から、森有正先生を選び、『バビロンの流れのほとりにて』をもとにして小エッセイを書いて、そのシスターに送ってあげました。森先生はほんとにすばらしい方で、他にも森先生の本を熱心に精読中の修道者も存じており、その一人に、先日前記の本をもう一冊買って進呈し、なおほかの知人や司祭がたにも森先生の本を、ぜひお読みくださるよう、おすすめしています。

まだ他にお話したい事が沢山あるのですが、長くなりすぎると御迷惑をかけるでしょうから、今日はこれで。

また近い中にお便りさせて下さい。

A

一九六九年八月二一日

K先生

「文芸」九月号(1)を昨日入手して、早速座談会を拝見し、武田泰淳さんの「変化」というコトバにお困りの御様子に、思わず笑ってしまいました。最近こんなに楽しく読んだ座談会はありませんでした。またK先生が私のことを取り上げて下さっているのを知り、大そう光栄にも恐縮にも存じました。

〈宗教と文学〉というテーマで、K先生をはじめ、現代作家中特に深い問題意識をもっておられる武田、椎名、遠藤さんがた四人の座談会の記事がのっている、という広告を見て注文した本書が手許に届くまでに、私が想像していた第一のことは、たとえば〝カトリック作家〟というものなどなく、ただカトリックの信仰をもった一人の作家という以上のことはいえない、というような事が当然論じられているだろう、ということでした。

しかし、ある意味ではとうの昔に結論の出ているその種のことには、四人の先生方はどなたも触れられず、宗教の本質を専ら話し合っておられるのを知って、さすがだなと思いました。主な点に赤鉛筆でしるしをつけ、それらについてお書きしてみようと思ったのですが、それら凡てを書きますと随分長くなりそうなので、その中から、今思いつくままに拾い上げて考えてみました。

とにかく、何といってもこの座談会の中心は、武田先生の「変化」で、私も読みながら混乱しましたが、つまるところソレは仏教でいう輪廻の別のいい方ではないか、二四九頁で武田先生が、

「変化するということだけを信ずる。基準はそれだ」

といっておられるのも、その意味ではないか、と思いました。

もしそうなら、椎名先生のようにキリスト教的目的意識を持った人と全くあい容れないのは当然で、こういう観点でもう一度「変化」に関する部分を読むと、大へんよく分るようになりました。

ただ、武田先生のこのコトバについての曖昧さは困るとしても、たとえば二五一頁の、「僕は宗教というものを特別なものだと考えるのはいけないと思う」という御発言など、大へん意味深いと思いました。

私もそう思うのです。

死刑囚の場合、最高裁が終る頃から大半のものは教誨を受けはじめますが、その際いわれるのは、「宗教に入る」というコトバなのです。私は、このコトバに前から抵抗を感じます。これですと、まるで芸術とか体育などの部に入るような、一つの特殊なサークルのようなものがあり、ソコへとにかく〝入って〟みようか、というような意味が含まれているように思えるわけですが、むろんほんとうの宗教への内的傾斜は、そんなものではありえませんね。このコトバは宗教を何か特別のもの、死刑囚でいえば救いへの期待と真の贖罪への必要性のためというふうにみなす処から発せられていると思うのですが、しかし本当の回心というものは、ソレがなければどうにも身動きができない、苦しくて窒息しそうだという魂の呻きから生まれるはずなのですから、私には奇妙な表現に思われてならないわけなのです。

むろん、世の一般の人々にとっては、罪が、それも死刑に当るような大罪が回心の契機とならぬはずがない、その罪の重さと迫り来る死への恐怖が全き救いへ身を投げかける機会となりえぬはずがない、つまり罪こそ宗教へ入る門に他ならぬ……という定式がごく普通に認められるかもしれませんが、K先生もよくご存知下さっているように、殺人という行為を犯した者の凡てが必ずしも救われたいと願わぬ事実の方が、その罪の深さをより強烈に物語っているのではないでしょうか。

ココでは、明らかに宗教という何か特別の形態は必要ではありません。私の場合でいえば、私はむろん一カトリック信者としてローマに結びついてはいますが、絶対者と被造物という縦の関係からいえば、神と私との内的な結びつきは私のみのものであり、それはひとえに愛と信頼をめぐって、私に独自なやり方で深められてゆくのです。

私における愛と信頼の問題とは、そのために自分の生命の問題そのものであり、たとえば遠藤先生が二二九頁で仰有っておられる「信じる」というコトバにかけられた重みが、その人の全存在の重みである、と考えるものです。愛についても全く同様に考えており、しかもそれをしばしば人間的には愛の不能のゆえに、つまり愛の暗夜のゆえに、〈全き愛〉を感じはじめているのですが、いずれにしても、宗教とは宗教というコトバから出発したり、このコトバが指向する特殊な世界を予め思い描いて、そこに一歩ずつ（又は一挙に、でも同じですが）入ってゆこうとするのはまちがっているのじゃないか、と思えるのです。

しかしまた、死刑囚のように罪から這いよって〈全き愛〉へ向う、という信仰だけが凡てではむろんないでしょう。かつて私は老齢の一外人司祭が、

「私は罪から必死の形相で這い上った聖人より、カナリヤのように美しく清らかに生き、死んだ聖人の方が好きだ」

とある本に書いておられるのを見て、大そう失望し力萎えたものですが、この頃はそのお言葉が随分よく分るようになったのです。たしかに人は罪におちたとしても、そこから這い上って神へむかおうと必死になることはすばらしいでしょうが、いわゆる〝世のけがれ〟を知らず、無垢な心のまま、年若くして死んだ魂は更にすばらしく美しい、といっていいのではないか、という気がしはじめているのです。

私は動物が好きで、小猫の写真や中庭で母を追う子雀の可愛さに思わず微笑することが多いのですが、あの子雀の羽をこきざみにふるわして母に甘える姿には、万言につくしがたいものがあるのを感じています。ソレは決してホンワカとした神の愛への憧憬が生む心情ではなくて、むしろこの世に神の愛を見たいとあまたの苦難を体験して来た者に、自然と湧いてくる祈りにも似た静かな喜び、といってみたいのです。二四六頁で遠藤さんがアシジの聖フランシスコについていっておられるのも、このことではないでしょうか。

ですけれど、いくらこういう喜びがあっても、祈りが深められても、生涯不安や哀しみはなくならぬと思います。なくならないのですが、しかし次第に、

「ソレはソレでいい」

という気持にみたされてくるのですね。これは、本当に説明しにくい事実なのですが、別にニヒルな意味でいうのではなく、逆に全肯定の明るい喜びを意味するのです。死はむろん死ぬまで忌まわしいものですし、死への生理的嫌悪感や、死が奪った親しい人々への哀しみはすこし

もなくなりはしませんが、しかもソレラ凡てを含めて、なおも、

「ソレはソレでいい」

キリスト教的にいえば、

「み旨のままに」

というココロにみたされて来るのです。そして、この思いは何よりも先ず、自分が被造物であり、無に他ならない、という明らかな認識から生まれるのを、私は体験から知っています。

長くなりますので、この座談会についてはまた次便に書かせて下さい。

すこしずつ涼しくなって来ましたね。

A

（1）加賀「文芸」一九六九年九月号――座談会『宗教と文学』遠藤周作、椎名麟三、武田泰淳、加賀乙彦。私も今までいろいろな座談会に出たが、今でも鮮明に内容を記憶しているのはこの座談会である。武田さんが、浄土宗徒、椎名さんがプロテスタント、遠藤さんがカトリックの立場から発言した。当時宗教に無縁だった私が、どうして御三方の中にまぎれこんだのか理由は分らない。

加賀　私なんかは、いちおう医学というのは科学のはしくれだから、そういうものを長いことやってきた人間です。いまの椎名さんのお話ではないけれども、脳の生理学的な研究

などにも、むろんかなり興味を抱きながら、結局そんなものも信じられなくなった時期があるのです。つまり、科学もよく考えるとだいぶインチキな体系で、いろいろな意味で抜け穴ばかりですからね。と言って、私自身は宗教については信仰というものを持っていません。ただ驚いたことが一つあるのは、ずっと、十数年前ですが、東京拘置所の医者をやっていたことがあるのです。そこに四十人くらい、死刑囚がいたのです。

椎名　そんなにいたの。

加賀　死刑囚が、精神異常になるわけですね。

椎名　僕のようなやつはいちばん先だ。

加賀　判決を受けてから、たまらなくなっておかしくなるわけですよ。ヒステリーを起こしたり、拘禁ノイローゼを起こしたり、いろいろになるのですが、そういうもののなかに、ぜんぜん起こさない人間がいたのです。それが一人は、Aという男ですが、これはカトリックの信仰を持っていて、それで……

椎名　カトリックはこわいな。

加賀　あと二、三人いたのですが、これはだいたい浄土真宗ですね。浄土真宗の坊さんが教誨師でいっぱい入っているのです。宗教を持つと、死刑の判決を受けても異常にならないのかなと、最初は科学的な発想で彼らに近づいていって、そのうちに、どうもこれは科学では割り切れない領域があるらしい、とくに死を前にした人間なんていうのは、とても科学では歯が立たないということに気がついてから、だんだん宗教というものに関心を持ってきたんですが、そのAなどの場合は、カトリックの信仰を持つまでは、悩みに悩むわけです。

武田 それはそうでしょうね。

加賀 C神父という偉い坊さんがいまして、C神父さんのおかげで洗礼を受けてから以降は、ピタリといっさい、もちろん悩んではいるのですが、なんか生死を超越してしまいましてね。

椎名 しかし、僕はわからんけれども、悩んでもいいんじゃないの。

遠藤 そうなんだ。信仰があるから悩みがなくなるというのは嘘だ。

武田 それ抜きでは考えられないからね。その死刑の話ですけれども、大逆事件のときに、仏教者が二組あったのです。一つは禅宗の坊さんで、一つは浄土真宗のお坊さん。そのときに、最後まで毅然として、呵呵大笑して死んでいったのは禅宗のお坊さん。その人は死刑になったが、ところで、もう一人、浄土真宗のほうの人は、部落解放やなんかで、いまの傾向に近かったのだけれども、非常に思いまどって弱くなったんですね。その場合は信仰というより、その人の態度ですね。あの場合も、管野スガなんかもあれです、なんの信仰心もないわけですね。社会主義というか、革命というようなことで、それはそれで平気で死んじゃったわけです。いちばん勇敢だったわけです、死ぬとき。そういう場合は、信念というものの形が、それはあとで考えれば間違っていようが、なにしようが、なにか信じている人にはかなわないという気がするわけですね。

椎名　これは巷説かもしれませんが、偉い仏教の坊さんが、なんか死にぎわに言いたいことはないかと聞かれたときに、「ああ死にとうない、死にとうない……」だったかな。とにかく死にたくないという意味だな。そういったという。僕は、それがいちばん信仰的だと思っているのだ。

武田　それは椎名さんの立場で……

遠藤　やはり、キリストが、それはもうみじめそのものの死に方をしたということに、意味があるのでね。もしキリストが清潔で、呵呵大笑して死んでいかれたら、こちらがたまらん。

椎名　たまらんね。しかし、それは動揺を心に持って言ったのではないでしょうね、死にたくないといったことは。僕は真実を言ったんだと思う、人間の真実をね。生きている以上は死にたくない。その真実はちょっと……これは偉い坊さんらしいのだが、何宗か忘れたけれども、それを言えるということね。言えるところに、やはりすごいところがある。そんなことは言えないよ、僕は。

今、右の会話を読み返してみると、当時信仰を持たなかった私は、懐疑の果てに何かぽかっと開ける回心を待ち望んでいたような気がする。遠藤周作さんの発言は、さすが体験に裏打ちされて深い所へと沁み透っていたと思う。

一九六九年九月五日

A様

九月はじめに山からおりてきました。東京に帰るとわっと雑用が増えてたちまち押し流されてしまいそうです。小さな原稿の依頼、電話、来訪者、大学にいけば学生の世話、教授会、講義の準備、等々。その中には重要なこともあるのですけれども、多くは不必要なこと、誰がやってもよいようなことです。自分をじっくり見詰めて思索をする、オリジナルな創造をするという場面が縮小されているのは悲しいことです。

ところであなたとの対話、これは私にとって本質的なこと、まことに楽しいことで、このような機会のためには先にのべた諸雑用などどこかへいってしまえと思います。あなたから六月、八月と計三通もお手紙をいただき、いずれも心から嬉しく読ませていただきました。あなたは私にとっても貴重な友人だとつくづく思います。ほかの友達、医学部や文学関係の知人には、なかなか、心の深いところでの触れあいがないのです。学問といえば、最近の学会の話、文学といえば他人の噂話、これではつまりませんよね。

　宗教ということを最近ずっと思っています。これについてはあなたからの影響がとても大きい。それはカトリックとか仏教とかそういった宗派をこえた、もっと心の奥深いところの体験を、つまり神を信じない私にもひびくところの闇の部分であなたが発言しておられるからだと思います。私は宗派というもの、人間の集りのつくった組織というものにはあまり関心がない。関心がないどころか、不信すら覚えます。なぜなら宗派に集った人々が心の奥深いところで触れ合えるならそんなものは元来必要ないはずだと思えるからです。宗派というものは、いわば平均値の信仰を確保するための必要悪のように考えるのです。つまり、それは人間の集団である以上、なくてはならぬものだけれども、できればないにこしたことはないと思うのです。おそらくこんな事をいえば、教会の方々に叱られるかもしれないが……教えていただきたいのは、キリスト自身の教えとして教会をつくれということがあったのですか。いやこんなことを書いては大変不遜でした。キリスト教については私は何も知らない。私の対象として考えているのは仏教のことです。たとえば浄土真宗。親鸞は教団をつくれなど、一言もいっていない。それなのにいちど教団ができると、それは世俗の儀式が慣習にならされ、形式だけのものになってしまったふしがあります。無論教団の中にもえらい坊さんもでましたし、真の信仰者も数多く出たことは認めますが、教団それ自体の活動からみるとどうもそんなふうに見える、すくなくとも明治以後を見ても、親鸞の教えは、近代日本の思想づくりに大きな力を持ってよいのに持ちえなかったのは教団のせいだなんて、思うのです。だからいつも時代の波に流され、戦争中は戦争に協力し、戦後はかんたんに民主主義に便乗し、高度成長の現代ではその風潮にのるという主体性の欠如したふうになる。私は親鸞を限りなく尊敬し、浄土真宗そのものにも深い関心をもっていますが、どうも教団そのものは好きになれないのです。

そう思うから、あなたが、宗派をはなれたところにある宗教を問題になさるとき、私は心にひびく共感をおぼえます。あの「文芸」の座談会がそのような次元で始められたのはよいことであったといえましょう。ただ、あそこでは遠藤さんも私も武田さんの「変化」の煙幕につつまれてしまったことが私にとっての心残りです。すべてが変化であるということは、言いかえればすべては虚無だということでしょう。それならば、ニヒリズムとどこがちがうのか。ただ武田さんの「変化」には一切の肯定があって、ニヒリズムの「虚無」には一切の否定がある、その差は何なのかというのが私の問いでした。すべてはうつろいいく、消えてしまう、変化だ、それを認めよという心は宗教者の基本的な心構えでしょう。おのれが小さな塵芥だという自覚こそ信仰の元の元でしょう。しかし、その変化と自我の消失（無私）のむこうにやはり光がある。何か大きいものがある。変らぬものがある。そういうもの（神か仏か知りませんが）がなければ、変化ということも微小な我というものも言いえない。それが私の問いであったのです。ですから武田さんが、世には変化しかないとか、それがすべてだと言うとき、私はそうではないと言いたくなるのです。

実は、あなたの罪について書かぬ気持、これが私に痛いほどによくわかるのも同じような心の動きからです。罪について書かないという人々のあなたへの批判には大きな誤解があります。罪と殺人について書かれたあなたの手紙ほど私の心を強くうった文章はありません。あなたが、それを書かないのはそれをあまりにも心の核で自覚しておられるからでしょう。こういってはいけないでしょうか。あなたがそれを書いたのは、神や光明につつまれていることで実は逆説的に自分の罪を表明しておられるのだと。ちょうど、虚無の暗黒を描くことが、逆説的に神をあらわにするように。ちがいますか。いや、こう書いているうちにどうもちがうような感じもしてきました。やはり、前々便であなたが書いておられるように、それを書くと虚偽が入ってくるというのが本当かも知れませんね。ただ、それでは、なぜ虚偽が入ってくる（入ってくるような気がする）のでしょう。自分自身の赤裸々な告白が容易なわざではないからでしょう。私も罪深い人間ですが、その罪をあからさまに他人に告げることはまだとてもできません。私が自分を告白できる場は、小説のなか、あの仮構という自由な天地の中だけです。もっといえば、現実世界で自己を告白できないから、私は小説を書くのです。作家とは、いってみれば、まことに卑怯な心性の持主でしょう。しかしそれでも、何も告白しない人よりは多少ましかもしれません。もしそういったわずかな自負の念さえなければ、誰も小説など書きはしないでしょう。ところで、日本の私小説がいやなのは、それが告白を売物にしながら、少しも私の罪について反省し苦しまないからなのです。自分を他人より上の人間、他人より苦しむ人間、他人より貧乏な人間として書きながら、私自身について、自分の内面へ内面へとぐろを巻いていくような分析がない。つまり「私小説」の私は自明の視点、全き自己肯定の態度、いわば堅固な芯のごときもので、書くということで作家は少しも傷つかない。他人を自然を自分の生活を単調にながめまわしているだけで、何も変革しない、それがまことにけしからんと思うのです。それくらいならば、仮構のなかで存分に傷つき、告白したほうがいい。が、真の告白は、やはり仮構にまさるでしょう。私もいつかはそんなものが書けるかなと期してはいますが、自信はありません。当分は仮構の世界でそれを果していくより仕方がありますまい。

今一〇〇〇枚ぐらいの小説[1]を書いています。八〇〇枚ぐらい書いたところです。二年半ごしです。そこでは、私なりに、絶望と希望、闇と光の問題が主題になっています。そこで、あなたの御力をおかりしたいことがあります。それは人類がいつかは亡ぶものならば、人間にとって希望とは何であるかということです。人は死にます。それでも、それだからこそ、短い人生をよりよく生きたいと思います。この場合は、後に残るもの、自分の同時代人というものに希望を託することができるでしょう。そのような時、教団という具体的な組織の存在が大きな力になるでしょう。その不滅の霊魂はやはりあとに残るものに働きかけることによって不滅であることの根拠(変な言い方ですが)を持つことができるでしょう。またもう少し私の知らぬ領域に入っていけば、死ぬ人間は神のもとに参るということもあるのでしょう。その場合も私の考えでは、自分の死後に神が残りたまうという希望があると思うのです。ところが、これからが問題なのですが、ひとりひとりではなく、人類すべてが滅亡するといった場合、人間にとって希望はありうるだろうかということです。それは科学者の推計によれば三十億年後には太陽が疲労し地球の軌道を含むほどに巨大になり、当然地球は炎につつまれて潰滅してしまうのですが、そういった目もくらむ彼方のことではなく、もっと身近な、まあ数千年の歴史のオーダーの中でのことなのです。人類が滅亡する終末が来るという思想はキリスト教にもありますね。現代では原水爆の危機感もある、ヨーロッパ文明の衰弱の兆もある、技術文明の発達がうるおいをなくしてしまったこともある、世紀末が近付きつつあることもある、戦争がおわらないこともある――人類は滅亡するという恐怖（認識、予感）は、ほかの時代よりとても深いのです。しかし、問題を現代のみに限らなくても別にかまわない。終末思想というのは、人類の古くから思ってきたことで、ユダヤ教にも仏教にもあります。ひとりの人間ではなく、全人類が滅びる、そのことが、妙に私の関心をひきます。多分、こんなことをまじめに考える私はどうかしているのかもしれませんが、といって、この思念から解放もされない。妙でしょうか。もしこういった恐怖なり思想なりを、宗教のほうで（とくにカトリックで）解決しているのなら教えていただきたいのです。もし、全然そのようなことは問題にもならぬというのでしたらそれでもけっこうです。私の予感では、滅亡ということは復活と密接に関連するように思うのですが……

あなたに教えていただいた寺田建比古氏の新著、ぜひ読みたい。『T・S・エリオット』は本当にすばらしい本です。私の机の上に、あなたの『黙想ノート』と隣り合わせで立っています。『エリオット』が赤、あなたの『ノート』が茶色、色のうつりもいい。ついでに、お伝えすれば、その隣が西谷啓治氏の『ニヒリズム』で、これは青です。それからサルトルの『嘔吐』、これは白。サルトルの本は、これはオマジナイで、小説を書くのにつまったとき、目をつぶって、エイッと開いてみて指の落ちたところを読むために置いてあるのです。
ではお元気で。御自愛を祈ります。

K

（1）『荒地を旅する者たち』新潮社、一九七一年刊行

一九六九年一〇月三一日

K先生
御手紙を嬉しく拝見しました。今春来、此処にも全学連の諸君が数多く収容され、面会の折などにすれちがったりするたびに〈ふつうのドロボー〉には見られぬ純粋さがその目の奥に覗かれたりもして、私などついつい甘い心情派になったりもしますが、先頃の《反戦デー》のあたりから、かれらの中には、本当に純粋な気持で学園改革に立ち上った者と、情熱のはけ口を徒に過激な行動に身を委ねることで発散しようとしている者と、大別して二つに分けられるように思えて来ました。
この先、果してどのようにこの若者たちの情熱が赴くのか、私などには知る由もありません

が、現に大学教授でおられる先生には、さぞかしお心の痛む日々であろうとお察ししています。

大井君*の内には、しかし、現代のこの若者たちの情熱とは明らかに異なるナニカがあったと、専門の心理学者でいらっしゃるK先生のように深くはなくとも、私にも分っておりました。

大井君のころ以来、処刑された五十名以上もの人々と、現にここに在って〈その日〉を待っている人々の凡てを、私をも含めて考えてみた場合、人間を殺人行為に押しやる暗い手のうしろに、たしかに狂気としかいいようのない、溶岩のように噴火の時を待っていたモノがあったことに気づきます。

しかし問題は、かかる狂気の一瞬がすぎ去ったのち、ソレが果してどこへ行ってしまったか、でしょう。

大井君の場合、ソレは処刑の日までかれの内に確かにあって、たえず悪臭を放ちながら流れ出していましたし、またかれ以外にも幾人か、その様こそちがえ、同様の人がいました。

そして、かつてはその虜になった一人である私が今お話出来る一事は、そのような狂気の源が、愛や信頼の母胎と同じらしい、ということなのです。

常識的にいえば両極に位置するはずのものが、源を同じくしている、と中々理解しにくいところなので、この事については誰にも話したことはありません。しかし、長年の間、孤独にあって唯ひとり愛と信頼の源を問い続けて来ました私には、今のところは、そうとよりほかいえないのです。そして、大井君の苦しみは、ソレが悪の本源ではなくて愛と信頼の母岩をゆるがすものであったからこそ、大きかったのではないか、と思えてならないのです。

かれが先生に与えた苦しみは、いうまでもなく善意の人が善意の故に与えられたものであったのでしょう。実際、かれとかれにそっくりの人々を見るにつけて、かれらの救いとは何か、そして誰がそれをもたらしうるのか、考えこまずにはいられません。何故といって、かれら自身ソレをどのようにしたらいいのか全然分らないでいるのを、私は体験から知っているからです。この頃よく考えるのですが、この世の中にはドストエフスキーやモーリヤックが描いた、あの混沌と深淵に特にさしかけられた少数の人々がいるようです。先日来読んでいます、福永武彦さんの『ゴーギャンの世界』にも、それに類したことが書かれていましたし、ゴッホとか、ベートーヴェンとか、とにかく世の一般の人にとっては一つの状況にすぎない孤独が、恰も生の呪いのように、それらの人々に受け止められている、そんな人々がたしかにいるのではないでしょうか。

かつて『黙想ノート』の第二部を書きました頃、未知の、すでに死んでいる詩人との出会いが、私には現在のいかなる人との出会いよりも濃密なものに思われたものですが、いわば孤独な時をこの小さな空間に閉じこめて生きることを強いられている私にとって、その体験はまことに貴重でした。ごく僅かのスキマも生じることなく、完璧であり続けることは絶対に不可能にちがいない、という思いをいうもので、むしろ信仰というものは、深まれば深まるほど、完璧ではありえない自己に気づくのではないか、ソレがすなわち十字架のヨハネの〈暗夜〉につながってくるのではないか、という気がするのです。

故に、内的な夜は、ソレが単に個人の夜であり続けようとする限り、或はその夜が狂気をも内蔵する熱い情熱に充満していようと、ただそれだけでは寺田先生がエリオット論で鋭く指摘しておられるように、神の光へ向っての上昇のエネルギーを無意識裡に与えられるものではない、と私の師らは仰有るのです。

そのため私にとって最も重要に思える作品の一つ『テレーズ・デケイルウ』モーリヤック著の主人公が、歩みはじめた夜の意味を今なお問わないではいられないのですが、このように自分の混沌たる内部の夜に耳をすませながら、そして処刑がいつあるかもしれぬというきびしい現実の下で、こればかりは何の虚栄も衒いもなく、ごく自然な静かな満ち足りた心でそっといいたい一言は、すべてのことを善しとし、あらゆる矛盾を一つにみなすべしという教えはやはり正しいのじゃないか、ということなのです。

しかし、もし私が今他人から、コレと同じことをいわれたとしても、自らの経験が伴わぬ限り、あえて耳をふさぎたいと思うでしょう。森有正先生が仰有るように、コノコトはひたすら自己に耐えながら、分ろうと意識しない時点で、恰も何時ひらいたか分らぬ花のように、分ったあとで、初めて気づかれることなのでしょう。

このことが分ってから、私はむりに内面の真理を知りつくそうとしなくなり、待つことが出来るようになりました。そしてこの心こそ、あらゆるものにたちまさって人の心を平和にし静かなものにするらしいことも、分りはじめました。今なお〈エルゼ〉はわが内にいるかもしれませんし、今の平和な心がいつまた狂気に襲われるかもしれません。

自分では、とうの昔消滅していると思いたい、一切のいまわしいものが、実は消滅しているのではなくて眠っているだけなのかどうかも分りませんし、全き信仰の次元からみれば私など未だに大いなる不信のかたまりのようなものかもしれません。

その上、いくら学んでも、たとえば先日来読み進んでおります、キリストを発見した七人のユダヤ人哲学者についての本『崩れゆく壁』をみましても、またK先生や森有正先生、辻邦生先生方の書かれたものを考えてみましても、自分が本当に無知な人間であることが、卑下ではなしに、ごく素直な心で、しみじみと思われるのです。

しかし、今更いくら背のびをしたところで先生方に及ぶべくもなく、自分の死刑囚という身分が消え去るものでもなし、或は一挙にアウグスチヌスのような聖者になれるわけでもなし、すべては一切が失われて、文字通り何もないという現在の時点で、師らの仰せのままに、今なすべきことを為すこと、そしてかく過ごしながら、私がいま生きている条件に現われたものの背後に、広く深くひろがるらしき、愛と信頼と更には狂気の情熱をすら内蔵する〈私の夜〉に、じっと耳をすましつつ過ごすことだけが、今や私の生きるべき姿となりました。

本当に、考えるべきことは今なお何と多いことでしょう。全学連の諸君に、

「ナンセンス！」

と罵倒されようと、私はやはり、私の最も敬愛する先生の一人でいてくださるK先生が折に触れて与えて下さるテーマを抱いて、誰に煩わされることもない生と死の境にまたがっている小舟のように不安定な独房で、ただ一人、創造的に考え続けたい、と思っております。そうすれば或は罪と無知の故になかなか表面に浮かび上ることができずにいるナニカが、死ぬまでには、おろかしい私の顔に望ましい変貌を僅かでももたらしてくれるかも知れません。

また長い手紙になりました。おゆるし下さい。母がおとどい元気に来てくれました。Y先生の御健康を、いつも母と一緒にお祈りしています。

私は専ら『聖書』、いま『マテオ』第十九章です。

ではいずれまた。

A

＊編註：大井晋平／加賀乙彦著『風と死者』収録「ゼロ番区の囚人」のモデル

一九六九年一一月一九日

A様

お手紙嬉しく拝見しました。

あなたの内面の静かな静かな声が聞えるようです。こんな比喩を使っては失礼かもしれませんが、お手紙を読んでいて、不安の闇夜を信仰の明るい船に乗って渡っていかれるあなたを想像しました。それはイマージュとして鮮明に私の心に現われます。モーツァルトの悲しみに充ちた音楽（本当は実に可愛らしい明るい音楽なのに私には悲しみ深きものと聞えてきます）に全身をひたしているときにもそのようなイマージュがわいてきます。美しきもの深きもの純なるものは不安に取り囲まれてあるということ、実はだからこそそうであること、影が光を表現すること、このことの本当にすばらしい意味を思います。

あの学生たちも、まことに粗雑な感性ではあるがこの世の、おそろしく冷たい闇を見ているのです。彼らは心豊かなくせに、言葉は貧しい。自分の経験を言表するすべを知らないのです。そして解決法の何と安易なこと——交番を焼打ちしたり機動隊に石をなげたり、一般市民を敵視したり——。まこと、彼ら若い有為な人たちを私は惜しむものです。彼らは、ノホホンと太平の逸楽にふけっている人々——例の戦争をおこした大人たちをはじめ物質生活を楽しんでいる人々——よりどれほどましな人間かしれない。が、彼らは大切なところでまちがってしまった。この物質的な世界の牢獄化を火焔瓶とゲバ棒という小さな物質でこわそうとしたことです。そのため彼らは傷ついてしまった。まことに惜しいことです。ただし、こういった体験が彼らにマイナスになるとは私には思えない。来るべき、次の世代は何といっても彼らのものです。真に不安を危機を自分自身の内面の問題としてうけとめ、思索し、思想と化したとき、彼らのエネルギーはおそるべきものになるでしょう。それまでは私たちは、私たち四十男はあとへひくわけにはいかない。どうしたって私たちが働かなくちゃならない。新しいものを創り出さなくちゃならない。

＊　　＊　　＊

今日はお願いが一つあります。上智大学文学部教育学科心理学コース、すなわち私の教室の大学院の学生で、シスターYという人がいるのですが、大学院の卒論に「希望の現象学」というテーマをえらんだのです。私も本人の話をいろいろきいていて、このテーマなら、回心体験の心理学的側面を、カトリック教徒として追求してみたらとすすめました。そこで彼女は、一人の神父様、一人の先生、自分自身を素材にしてこのテーマにとりくみはじめたのです。そこで、私のお願いですが、あなたがC神父様にお会いになって回心なされたときの体験を彼女に話していただくわけにはいかないでしょうか。これはあくまで心理学という科学の枠内でのことなのですし、科学が信仰というものを全的につかまえることができないことは、私も彼女もよく知っています。しかし、回心という心の動きを科学的に分析することはけっして信仰を傷つけるものではないと考えます。彼女の希望をかなえてくださった神父様もそのようにお考えのようでした。

もしあなたがお引受け下さるようでしたら紹介状をもたせてシスターYをあなたのところにうかがわせます。その節はどうかよろしく御指導していただきたいのです。彼女は本当にまじめな人物で、学生としてもよく勉強いたします。

あなたも御忙しいところ妙なお願いで恐縮ですが、どうかよろしく御願いいたします。
御返事おまちしております。

K

一九六九年一一月二一日

K先生

御手紙ありがとうございました。上智大学という、私にとって最も大切に思われる大学にお移りになって以来、K先生への親愛の思いは増すばかりです。来年は上の姉の次女が上智大学への入学を、推薦されましたので、或は先生に教わるかもしれない、と楽しく想像しています。私も昔、上智へゆくようにすすめられたものでしたが、その理由の第一は教授方が特に優秀であるという点でした。

さて、このたびの御手紙にございます事柄について、御返事いたします。

そのシスターYという方の卒論を、より立派なものにするために、もし私のような者でも何かお力添え出来ることがありましたら、喜んでさせていただきましょう。

実は私にとっても、この日頃〈回心〉という問題を、自らを素材にして考えてみる必要がありますので、むしろ良い機会をお与えいただけたと喜んでいます。

ただ私の場合、自分でも時に困惑するほど〈回心〉の前後が、幼児より現在にいたるまで複雑なので、おそらくこれを総括的にのべるよりも、いくつかの問題点にしぼって深く掘り下げたほうが、より正しい結論が生まれてくるように思われます。

そのためシスターYさんには、私とお会いいただく前に『黙想ノート』と、機関誌にのりました例の趣意書を先ず読んでいただき、それらを読んでいただくことでシスターにとってどの部分をもっとよくお知りになりたいのかを、手紙で仰有っていただいたほうが良いように思います。

なにしろここでの面会時間は三十分しかありませんので、微妙な問題を詳細にお話することは出来ませんし、またこのようなことは文字によって綴られてゆくほうが、より深く、且つ正確にあらわされてゆくのではないでしょうか。

そして、とにかくそのようにして書かれたのちに、私というナマの人間に接していただくことで、論文に最後の肉づけをしていただいたらいかがでしょうか。

なお私ども死刑確定囚に関する接見は、一般の未決囚と異なって、ある制約下にありますが、むろんM先生やK先生がたの紹介状があれば、問題なく会わせていただけると存じます。

とにかく、先にも書きましたように、この問題は私にとっても最も重要な事柄ですので、すこしも面倒でも嫌なことでもありませんから、シスターYさんには、必要とされる御返事を、いつでも、連日でも、どんなに多量でも、そしていそがれる時には速達で、すぐに致しますとお伝えください。

夜来の雨も止み、晴れ上って来ました。今日は月に三度ある〈野球の日〉。

机のかたわらには、一昨日入手した『デーモンとの闘争』ツヴァイク（みすず書房）『モネ』辻邦生テキスト（みすず書房）がおかれています。私はこのごろ頻りに〝うつくしいもの〟にひかれます。この世と自らの内に、なお混沌としてある重いヤミを抱きながら、あるいはむしろその故にこそ、一切を浄化し肯定し、たしかな唯一のことはソレのみであると思わしむる、深い安らぎにみちた〈美〉にあこがれています。自分が真に身を委ねうるものは、ソレのみである気がしてなりません。

そして私の場合それは音楽です。

A

一九六九年一二月八日

十主の平安

K先生

先日はお葉書をありがとうございました。シスターYへの第三通目を出した今日、とうとう最後の日が明日と告げられました。

先生、いろいろ　ありがとうございました。

もっと多くの事柄について、先生と語り合い、教えていただきたいと思っていましたのに、死はやはり不意にやって来ました。
この死について、よくみつめ、考え、祈りながら、私は〈あちら〉へゆきたいと思っています。
母と私のために　お祈り下さい。
では　先生、
さようなら
A

三 「あとがき」より

一九六九年一二月一二日、「あけぼの」編集部のシスターからの電話で、私はAが九日の朝刑死したと知った。その翌日だったと思うが、死の前日に書いた手紙が届いた。私は、この上もなく大切な友人を失った悲しみに沈んだ。

二人の往復書簡は、これで打ち切られ、すべては終ってしまったはずである。しかし、Aの場合は、不思議なことに、それから新しい事態が始まったのである。Aが生前文通していた美絵さんという女性を介して、彼は私のなかにふたたび生きだしたのだ。

美絵さんからの手紙が私に来たのは一九七〇年の二月だった。実は自分は、Aと文通をしていたものだが、彼の創作原稿を数点あずかっているので読んでもらえないかという内容であった。私は快諾し、Aの原稿を読んだ。獄中生活を描いたものではなく、純然とした創作は、小説としてどこか力が足りなかったが、エッセイ風の文章はすばらしかった。

その旨を返事に書いた。

Aが刑の執行を知ったのは八日の朝で、すぐ身辺の整理にかかり、段ボール箱に原稿、祈禱書、ペン、ハンカチ、大切にしていた本を美絵さんに送り、残りは母に送ったという。そういう記述のあと、美絵さんは、Aと、この三年間ずっと文通していて、その手紙を私に見せてもよいと書いてきた。私はAの文章ならば何であれ読んでみたく、四月、関西のある町の美絵さんを訪ねたのだ。

美絵さんはその町の修道院の経営する女子高等学校の英語の先生だった。私の宿に持ってきて下さったAの手紙は、何と段ボール箱にぎっしりと詰められて三百通もあった。三年間に三百通というのは、三日に一通のわりに書いたことになる。私のように月に一、二通というのとは段違いの数に私はびっくりした。そうして手紙を読み始めてみて再度びっくりした。私の知っているAは、生真面目で冷静な思索の人であったが、美絵さんへの手紙に現れる彼は、ユーモラスで茶目で、明るくやんちゃな、子供のような人だったのだ。獄中の生活の細かい描写、窓外の鳩や雀、食事から、カトリック信者である美絵さんと神や教会や神父などについて、実に具体的で生きいきとした文章が書かれていた。私は、自分の知っていたAという人物像が、彼のほんの一面に過ぎなかったことに気がついた。人間を真に知るということが、いかに難しいかを教えられた。

しばらくして、美絵さんを仲介役として、私はAのお母さんと文通を始めた。ある日、湘南に住むお母さんを私は訪ね、Aの獄中日記、蔵書をすべていただいてきた。獄中日記を読むことで、Aの獄中生活の別な側面が私にも見えてきた。

こうしてAは、死んだあと、むしろ私に頻繁に語り掛けるようになったのだ。そうしてAは私に、生きているときよりも大きな影響をあたえるようになった。私は彼についていくつかのエッセイをものし（『犯罪ノート』潮出版社刊所収）、彼を念頭におきながら長篇小説『宣告』（新潮文庫）を仕上げ、彼をめぐる死刑囚たちの実態を『死刑囚の記録』（中公新書）で報告し、また死刑囚の学問的研究として小木貞孝の本名で『死刑囚と無期囚の心理』（金剛出版）を書いた。

とくに『宣告』（一九七九年）は、もし私がAという人物に出会わなかったら書かれなかった作品である。主人公の死刑囚が処刑されるまでの四日間を描出しながら、私はAをモデルに、一人の私の分身を創り出そうとした。Aの手記や手紙を読み、聖書を読み、キリスト教関係の書物を勉強し、瞑想にふけり、主人公の信仰を描くことによって、自分自身のイエス・キリストへの想いを強くしていった。この小説は、私の信仰告白の最初の形象化であった。小説を書きおえたとき、私はAという一人の人間が、小説の主人公となって自在に生き返ってきたという不思議に打たれた。私が小説を書いたのではなく、Aが私に小説を書かせたのだ。

『宣告』は私がキリスト教に傾斜した最初の証であった。私がもっとも力をこめて書いたのは、死刑囚の日常生活や監獄の実態などではなくて、虚無の存在論であった。しかし、私がびっくりしたことに、あの小説についての多くの批評は、私の意図をまるで無視したか、見のがしたものであった。私の小説作法がどこかで間違っていたのだろうか。それとも存在論と宗教についての批評家の無関心の結果であろうか。

たった一つ『神の痛みの神学』の北森嘉蔵氏から、したたかな反応があった。北森氏は、「加賀乙彦の『宣告』の中に現われた神の痛み」という講演（週刊カセット出版、一九七九年）で、私の虚無の存在論に触れ、それとキリスト教との関係を論じている。とくに、創世記で、神が「光あれ」と言う前に暗黒があったという私（作中人物の口を借りて）の指摘、現在のキリスト教神学が、被造物（光あるもの）にのみ注目して、虚無を見すごす欠陥などについての私の思惟を、私にとっては極めて嬉しい方向で、受け止めていた。

文芸評論家が見なかった作品の核心を、一人のキリスト者が鋭く見抜いてくれたという事実は私を考えこませた。そうして、ますます文壇から遠ざかる方角へ、キリスト教へ近付く道を歩き始めたのだ。

私は、批評が作者の意図や作品の主題を正確に見抜けと言おうとしているのではない。作者の意図は誤解されても仕方ないと居直る所から、つまり失望や反撥を超えた所から、自分なりの作品を創って行こうと決心したのだ。

『宣告』以後、私は目に見えるもの、国家と、虚無より創造するもの、聖なるものとの対立を作品の主題としてえらぶようになった。たとえば、長篇小説『湿原』（一九八五年）で私が描きたかったのは、戦争、裁判、監獄という目に見える武器をもって人間を圧殺しようとするものと、それと対立する虚無からのメッセージとの相剋であった。

イエスに死をあたえたのはカイザル、つまり政治である。肉身としてのイエスは目に見えるものの迫害や悪意からまぬがれえない。けれどもイエスを復活させた――虚無から新しい生命をあたえた――のは神である。死と復活が私の力をこめて書きこんだ主題であった。しかし、この作品の宗教性を論じた批評はただの一つもなく、ある文芸評論家などは「ハッピーエンディングのメロドラマ」と評した。死と復活を読み取ってくれたのは、私の友人のキリスト者たちだった。とくに、復活のシーンを高く評価してくださった神父の手によって、私は一九八八年のクリスマスに洗礼を受けた。

死んだAは、私にとって、明らかに復活したのだ。そうして、彼との人間的出会いの最初が、ここに集めた書簡群なのである。（以下略）

Ⅳ　文学・宗教から「死へのアプローチ」

一　『生と死と文学』（一九九六年）より

死刑囚の生と死

今、私はあの戦争中のことを小説に書いています。昭和十年から昭和二十年くらいまでの東京を主な舞台にして、これでもう八年間、延々と書き続けているんですが、多分、あと一〇年か二〇年は続くでしょうね。

戦争中のことを書いているものですから、昔の新聞をよく読みます。先日も、ある新聞を読んでいましたら、「深沢で老婆川に落つ」という記事を見つけました。

――深沢の○○さん（四二）が川に落ちた……――

かっこ四二というのは、え、嘘じゃないの！　と思ったんですが、本当に、老婆と書いてあるんです。そこで、ハッと気がついたのは、あの頃、そう戦前の平均寿命というのは、大体四五～四六歳、男が四二～四三歳、女が四五歳くらいなんですね。五〇歳まで生きた人は、日本人でですよ、殆どいなかったという感じでしょう。その平均寿命が戦後五〇年近くたったら、何と八〇歳になってしまった。これはもう大変なことなんですね、ちょっと大きな辞書で初老のところをみますと、ちゃんと、初老というのは四〇歳の別名と書いてあります。四〇歳は初老なんですよね。つまり、人間の感覚が、この五〇年間にものすごく変ってしまったということでしょうね。平均寿命が、これだけ延びたのは、先端医療のおかげ、医療の進歩のおかげだといえるんですが、この日本で、これだけ技術の進歩も見られ、人間が幸福になったとされている国で、いくつか不思議なことが未だにあります。

その一つは、死刑があるという事です。先進諸国の中で、死刑をまだ温存しているのは日本だけです。ヨーロッパのすべての国は死刑を廃止してしまいましたし、アメリカの三分の二の州は、死刑を廃止しています。アジアの諸国でも、ほとんどの国は死刑を廃止してしまいました。

そこで今日はこの日本の、死刑について少しお話をしてみたいのですが、私は若いころ、東京拘置所の医官をやっておりましたが、そこで私は、多くの死刑囚に会う機会がありました。あの大きな高い塀の中に二千人もの犯罪者がひしめいているのです。刑務所といえば、聞こえはいいんですが、明治の終りに制定された監獄法というすごい法律がまだ生きていて、それによって運営されているのです。その監獄法というのは、微に入り細に入り、囚人を監視して、絶対に逃走出来ないように、絶対反抗出来ないように、あらゆるむずかしい規則で、がんじがらめに囚人を拘束しているのです。

私は、拘置所に行きまして、最初にこの法律を読みました時、あー、こんなに完璧に人間を管理出来る法律が日本にあるんだと、感嘆いたしました。ま、そういうところで、私は精神科の医者を勤めたわけです。とにかく忙しい職場でした。二千人の収容者に対して、たった一人精神科の医者ですからね、私は……。一ヵ月くらいたった時です。一人の囚人が私のところに診察に来ました。その囚人は、ゲラゲラ笑っているんです。笑いながら診察をうけに来るような人は、大学病院などでは絶対にないわけで、みんな深刻な顔をしているんです。ところが、その囚人、患者はゲラゲラ笑っていました。いったい何でこんなに笑っているんだろうと思いながら、いろいろと話を聞いていると、笑いながら話していることは実に悲しい話で、笑顔の中から涙がポロポロポロポロポロ出てくる。この笑い泣きという症状は、私の精神医学の教科書にはありませんでしたので、びっくりしました。この人はどうなっているんだろう、この人の本心はいったいどこにあるんだろう、と、私はまだ若かったこともあって、大変戸惑いました。診察を終り、考えこんでいますと、付き添ってきた看守が、私にこう囁いてくれたのです。

——あれは死刑囚なんです。死刑囚には、ああいうのが多いんです——

私はその言葉に、心の中で納得出来ました——そうか、死刑囚だったのか——と。明日、処刑されるかも知れない人間の、心の中の不安と恐怖が、外に出てくると、こういった泣き笑いの症状になるのかと、私は初めて気がついたわけです。

私は、その翌々日、その死刑囚の監房に自分で行ってみました。

東京拘置所の巨大な建物の真ん中に、0番区という一画があります。0番区というのは通称でありまして、それは収容者の番号の最後の0、四〇番とか二〇〇番とか、とにかく番号の最後に0がついている者達の棟で、看守達はそこを0番区と呼んでいたんです。それは、ほとんど、強盗殺人とか強姦殺人とか、強のつく殺人を犯した犯人達の棟で、裁判の結果、死刑になるか、軽くても無期になるかという、最も重い罪をおかした犯人達が入っている一画であったのです。それは普通の刑務所の中にまた鉄格子があって、刑務所の中の刑務所という感じでした。誰もが独房に入れられていて、窓に全部網が張られていました。

昼間でも電気がついていて、うす暗いんです。死刑囚の監房というんで、シーンと静かなところなのかなと思って行ってみたんですが、どうしてどうして、お経を読むもの、お祈りをする者、歌を唄っている者、それから、これは絶対禁じられている、房と房との間で話を交わす、つまり通声をしている者と、実に騒がしいんです。看守さんに、いつもこんなに騒がしいんですかと尋ねましたら、そうなんですよ、先生、何とかして下さいよ、と逆に頼まれてしまいましてね、よし、それなら一人一人に会って話をしてみよう、と決心、一年半ほどそれを続けてみたんです。そして分かったことは、死刑囚のほとんどが、軽いノイローゼ、ま、中にはかなりひどい人もいましたが、とにかく、ノイローゼになっているんです。それも、普通見られるような、おとなしいタイプのものではなく、激烈な興奮状態に陥るタイプのノイローゼ、一番すさまじいのは、壁に頭をぶつけて頭から血を流す、自分の体に嚙みついて、あちこちの皮膚を食いちぎり、血だらけになってしまう。看守さん達は大慌てで押さえつけ、医務室へ運んでくるという、爆発反応というのがすごく多かったんですね。この爆発反応というのは、精神医学の方でいいますと、原始的な、一番プリミティーブな反応で、特に二十世紀に入ってからは殆ど見られなくなったものだ、と、教科書には書いてあります。

今から二〇〇年くらい前には、よくこういう爆発反応が起きて、それをヒステリーと呼んでいました。女性の生理の前後に、精神が非常に不安定になり、怒りっぽくなったりしますが、そのことから連想して、そういう激烈な反応をヒステリアと呼びます。このヒステリアというのは、一般の病院ではほとんどありません。それが、死刑囚の中には沢山あったんですね。そして、全く逆の反応もありました。つまり、全く動かなくなってしまうんです。ドタッと横になって、体が動かない。そして食事をしない。鼻腔栄養や注射で栄養剤を注入したりして、とにかく体力を持たせる。大体二、三週間でケロッと直っちゃう。この動かなくなる方を昏迷反応と呼び、この両者は、動物にはすごく多いんです。動物というのは、何か非常に危険な状態になりますと、コロッと動かなくなる反応があります。原始反射、あるいは原始反応といいますが、人間だって同じなんです。非常に困難なことに遭遇すると、爆発するか、凝死反射といって、死んだような感じになってしまうか、つまり人間が動物と同じようになってしまう出来事が、死刑囚の監房で頻繁に起きていたということです。

私はこの死刑囚に、そうですね、一年半ぐらいの間に、約一〇〇人ほど、東京、札幌、仙台大阪とまわって、会ってきました。

人間というのは、死を前にすると、爆発か昏迷か、どちらかの形で、必死になってそれから逃れようとする、つまりノイローゼに陥ってしまうんだということが分かったのです。大体、死刑囚の五六パーセントですから、半数以上の人がノイローゼにかかっていました。

ある日、私はこう考えました。死刑囚がこういう激烈なノイローゼの状態になるのは何故だろう。もし、これとまったく違う囚人が存在するならば、比較してみたらどうだろう。その時、私の脳裏にパッとひらめいたのは、東京拘置所で私がみた被告達のうち、無期判決を受けている人達でした。あの人達はどうなっているだろうか、尋ねてみようじゃないかと思いついたのです。

一〇年以上の長期囚を入れる千葉刑務所に、無期囚の人達が全員送られていることが分かりましたので、千葉刑務所へ行きました。その庭で、丁度二組に分かれて野球をやっていました。大変静かなんです。勝った方も負けた方も、何の感動もない、実に静かなんです。一人一人の無期囚に会ってみても、実におとなしい。東京拘置所で、あんなに、自分の体を喰いちぎるほど大暴れしていた同じ人間がですね、こうも違うものかって思いました。

私達の時間は四つある。近い将来と近い過去、これは感情的なものに彩られていて、いきいきとした生きた時間、遠い未来と遠い過去というのは、私達の感情とは無関係に、つまり理性でもって、平生に静かに考えられる時間であって、私達は普通、死というものをその遠い時間の中に入れてしまっているのです。だから、私達は、死という問題をわりと平気で考えられるのです。

しかし、明日死ぬといわれたら、これは大変ですよね。死が目前に迫った、つまり、感情的な近い未来に迫った場合には、死に対して必死の反応をせざるを得ないでしょう。

死というものが、その時間のどこにあるかによって、人間の生き方が変ってくるのですね。そのことを実は、死刑囚と無期囚が示してくれているのではないだろうかと、私は考えたのです。死刑囚の毎日というのは、明日か明後日か、とにかく近い将来に、死がやって来るぞ、と毎日いわれている、そういう状況なんです。

これは、もう耐えられません。人間というものは実に弱いもので、耐えられないという状況になりますと、自分自身を変えようとするのです。どのように変えるかというと、ノイローゼになるわけです。理性の部分を麻痺させて、ヒステリーの部分に退行するのです。つまり、人間として、円満な形で死と対決するのではなくて、一歩退いた形、精神のある部分を麻痺させた形で対応せざるを得なくなってくる、それが死刑囚の現実だと気がつきました。

彼等が非常に騒がしく、いそがしくやっているのは、明日死ぬかも知れないのだから、時間をギューッと凝縮して、やりたいことをすべてやり終えたいという行動の現れなんですね。

次に、私は、では無期囚はどうなんだろう、と考えました。これは無限に薄められた時間なんですね。毎日毎日、死は遠くにあります。しかし、死ぬまで刑務所の中で暮らさなければいけないんです。すると、死の問題は、なるべく遠くに置いて、自分の切実な問題としないでおこうというふうになってしまう。あまりよけいなことは考えないで生きようとする、そういう生活が最も望ましく、苦痛がない。死刑囚の凝縮された時間と、無期囚の無限に稀釈された（薄められた）時間の中間に、実は、私達人間は置かれているんじゃないかなと私は考えたのです。

パスカルは『パンセ』という例の有名な本の中で、人間というのは死刑囚にそっくりだ。神様は呼び出していつかは処刑する。しかし、その順番は分からない。分からないためにみんな安心して、自分だけは処刑されないと思っているが、結局は処刑されてしまう。だから、人間の現実というものを、最もあからさまに表現したのは死刑囚なんだ、といっているのです。

人間は、無期囚と死刑囚の中間にあって、何か、こう生きる知恵というようなものを持っているのではないでしょうか。パスカルは、それを〝気晴らし〟と呼んでいます。音楽の〝喜遊曲〟、喜んで遊ぶ、要するに、気晴らしをしながら、私達は死という問題からなるべく離れて暮らそうとしているんだろう、というのです。しかし、時々は、死刑囚であり、真剣に死と対決しておかないと、いざ、突然死が迫ってきた時に間にあわない、というようなことも考えてありました。

私が若いころに会った死刑囚の一人が「死というものは、いつ来るか分からないけれども、死を、恐いもの、嫌なものと思っている限りでは、死と対決出来ない。死というのは、人間に与えられた大きな恵みであるというふうに考え直したらどうだろう」とフトもらしたことがあります。

彼のいう死は恵みであるという考え方は、やはり宗教の世界ではないでしょうか。私もキリスト者のはしくれの一人として、いえ、これはキリスト者とか仏教信者とかは別にして、一つ、これは最後のメッセージとして申し上げておきたいと思います。キリスト教でも仏教でも大体根本は同じだと思います。私は、キリスト教の洗礼を受けてから、仏典がすごくよく分かるようになってきました。法華経などの教えはビンビン心に響きます。念仏というものの有難さがよく分かるようになってきました。南無阿弥陀仏の、阿弥陀というのは、無限、無量、人間を超えた存在の事をいうのですから、その南無阿弥陀仏と唱えることによって、無限の大きなものに帰依して喜びを得る、この喜びというのは、生きている喜びでもあるし、死ぬ喜びでもあるんです。

生と死がそこで一つになってしまう時点が、どうも宗教にあって、それは、仏教もキリスト教も変わらないのではないかということを、つくづくと考えます。これが、私の最後のメッセージです。どうもありがとうございました。

――1995年冬号 NHK学園「Life介護福祉ニュース」

忘れられない死刑囚

一人の忘れられない死刑囚がいます。純多摩良樹《すみたまよしき》です。一九六八年六月十六日の横須賀線爆破事件の犯人として、逮捕され、死刑の判決を受け、刑死しました。

この事件は、乗客一人が死に、十数人が負傷する惨事でした。七〇年安保の前の、不安な時代を象徴する事件として、マスコミを沸かせたものです。

彼の犯罪には、フィリピンで戦死した父への思いが重要な影となっています。その年の六月十六日は父の日で、朝のラジオで、お父さんに感謝しましょうと言っているのを聞き、父のいない自分には無縁の日だと反発したのが犯行の決行をうながしました。また東北の農村貧困のさなかで育ち、進学をあきらめて上京して大工をしていた自分が、繁栄する都会のなかで疎外され、しかも失恋の憂き目をみた恨みもあったようです。彼は、戦中戦後を通じて、軍国主義の熱狂にも高度成長の世情にも馴染《なじ》めない境遇にありました。

今から思えば、彼の犯罪には、日本の繁栄にも時代にも置き忘れられた人の怨念《おんねん》が込められていました。また爆破という衝撃的な手口には、全共闘世代のもつ破壊への欲求が象徴的に示されてもいます。もっとも、彼は裁判では一貫して殺意を否定して、単に電車爆発で世間を騒がせたいというだけの動機で犯行におよんだと主張しますが、結局入れられず死刑の判決を受けます。

獄中で彼は自分の罪深い行為を恥じ、被害者への謝罪の気持ちに目覚めていき、あるとき、キリスト教の洗礼を受けます。同時に短歌を詠むことを学び始め、次第にその世界に深入りしていきます。それまでする暇も機会もなかった読書にふけり、ヘブライ語の独習に熱中します。しかし、いつ処刑されるか分からない死の恐怖におびえて、不安動揺におちいることもしばしばでした。

私が彼と文通をはじめたのは、一九七四年夏で、すでに死刑確定者として何年も過ごし、処刑が明日にでもあるという切迫した状況のさなかで、彼は悩み苦しんでいました。獄中生活の些細《ささい》なできごと、望郷の想《おも》い、短歌についての論議、とくにキリスト教についてのさまざまな相談事という具合に、つぎつぎに書いてくる彼の手紙に、私は熱心に返事を出しました。

若い時に拘置所に医師として勤め、私は多くの死刑囚の実態を目撃しました。全国の拘置所を訪れて、約百人近い死刑囚と面接して、彼らの置かれた限界状況における苦悩をまざまざと見ました。拘置所をやめてからも何人もの死刑囚と文通したり、面会したりすることを続けました。その結果、純多摩良樹がおちいっている苦悩が、死刑囚一般に、とくに贖罪《しょくざい》の志をいだいた者に見られる種類のものと判断できる視点を、私は幾分でも持ちえたと思います。その視点から、私は懸命に彼に手紙を書いたのです。

こうして文通が続くうち、ある時から、急に彼の心が和んできました。その理由は本当のところよくわかりません。今彼の手紙を取り出して、読み返してみても判然としません。ただ、私が書いた手紙に彼の心が応えてくれたとしか言いようがありません。ともかく、二人は急速に親しくなりました。分厚い手紙の往復が続いたのです。

彼は自分の死刑囚としての恥辱の死を、それを恥じたり恐れたりするのではなく、「それを迎え打つ」という心境になったと書いてきました。また、どのような孤独にあっても、たった一人でも自分を思ってくれる人がいれば、とくに愛してくれる人がいれば、「それは孤独ではなく、死も慰めになる」とも言ってきました。

彼が刑死したのは、一九七五年十二月五日ですが、死の二ヵ月前、まるで自分の死を予感したかのように、私に獄中日記と手記を送ってきました。それは大学ノートに細かい字で書かれた日記と、「ああ、天国」と題する、四百字詰め原稿用紙四百枚の手記でした。

彼は、東北の雪深い農村での生い立ちから、上京、犯行、そして死刑囚としての苦しみなど、自分の恥部をさらけだし、罪の子である自分の救済を必死で祈っていました。この赤裸な文章は他人に見せるためではなく、あくまで自分自身のために書いたものでした。そういう告白を私に送ったというのは、私に対する信頼の証《あかし》だと思い、私は日記と手記への驚きと感動を率直に彼に書き送りました。彼ははにかんだような、しかし喜びに満ちた返事をくれました。

十二月中旬、大きな茶封筒がとどき、開いてみると、拘置所の教育課長からでした。「ここに謹んで純多摩良樹君の死をお知らせします」とあり、彼が死の数時間前に私に書いた手紙が同封してありました。

彼は死を前にして、不安も動揺もなく、この世で出会った多くの人々への感謝の念をのべ、被害者の冥福《めいふく》を祈っていました。「私は一日一日の生活の中で生まれた、一首一首の短歌を辞世の歌として詠んできたつもりです。ですから敢えて辞世の歌は遺さないことにしました」とあり、私に自選の歌集を十四人の親しい人に送るよう頼んでいました。私は彼の自筆の歌集をコピーして十四人の方々に送り、彼の死と志とを告げました。

彼は純多摩良樹のペンネームで短歌を、新聞や歌誌に発表していました。とくに太田青丘の主宰する歌誌「潮音」には熱心に投稿しており、象徴詠歌を歌作りの理想として重んじていました。太田青丘は、純多摩良樹を夭折《ようせつ》した異色の歌人として高く評価して、彼の死後、歌集の出版をこころざしました。しかし、私自身も賛成し協力したこの企ては、いろいろな事情から成就しませんでした。

最後に一首だけ彼の作品を記します。


白日に罪の掌さらす大胆さ死の際なれば許さるるべし

——1993年8月5日「朝日新聞」

玉井策郎『死と壁』を読んで

二十代の後半、私は東京拘置所の医官をしていた。ほんの駆け出しの精神科医として、大勢の患者を診ているうち、ある日、一人の死刑囚に出会った。陽気でペラペラとよく喋るが、訴える内容は悲しい。笑い泣きとでも言う奇妙な混合状態は、私のそれまでの経験や知識になかったし、すくなくとも精神医学の教科書には記載されていなかった。

この死刑囚の奇妙な状態は、死刑囚特有の拘禁ノイローゼではなかろうかと、漠然と予感した私は、診療の余暇に、死刑囚たちの収容されている〝ゼロ番区〟を訪ね歩くようになった。ゼロ番区とは、収容番号の末尾にゼロがつく、強盗殺人や強姦殺人、いわゆる〝強殺犯〟が集められている一画で、無期か死刑かの判決が彼らの運命なのだった。

死刑囚の独居房を訪れ、一対一で一時間も二時間も話す、これが私の調査のやり方だった。相手によって話題も話し方も変える程度には、私はこの種の会話に習熟していた。医務部の自分の机にもどると、私は夢中で、今取り交した話の内容を記録した。こんなことを一年半ほど続けたすえに、私は死刑囚に特有な拘禁ノイローゼの実態を大体つかむことができた。

だが、東京拘置所だけでは、対象が偏っているおそれがある。私は、他の拘置所の死刑囚にも会ってみたくなり、札幌、仙台、大阪と、そこに収監されている死刑囚を訪ね歩いた。

死刑囚のおかれた状況は苛酷である。いつ刑が執行されるかを知らされない、日本のやり方では、毎日毎日が死と隣り合せでの生活である。実に半数以上の者が何らの拘禁ノイローゼに陥っている現状、ぎりぎりの生のありようを私はつぶさに見た。若い私は、死が人間存在にとって最も重大で、人は死に方によって生の価値や尊厳を示すのだという事実に魂を震撼された。ところで、こんな日々のなかで、大阪拘置所へ行った折の驚きは、三十数年経った今でもありありと覚えている。

同じ死刑囚でも、大阪拘置所だけは、処遇の仕方が他の拘置所と画然と違っていた。まず、死刑囚同士を自由に交流させている。運動や宗教の教誨はもちろん、趣味の会合――俳句、短歌、お茶など――もみんな一緒にさせる。これは他の拘置所が、死刑囚を独居房に入れ、なるべくおたがい同士の接触をさせない方針を取っているのと正反対だった。

とくにびっくりしたのは、いよいよ刑の執行命令が出たとき、ほかの拘置所では、多くその当日か前日に予告するのに、大阪では、二、三日前に教え、心の準備をさせていた。そして、当日には死刑囚が全員集まってお別れの会まで開かせていた。

この独特な死刑囚の処遇法こそ、前の所長であった玉井策郎氏の創始した方法であった。死刑囚を極悪人ときめつけて厳格な監禁、隔離対策をせず、一個の人間として、〝気の毒な人たち〟として温かく遇していた。私は、玉井氏の『死と壁』を読んでいて、氏が、矯正職員でありながら死刑囚たちに、同情と憐みの心を持っていたのを知っていたから、大阪拘置所の一風変った処遇法に、驚きながらも感心したのだった。

教育課の職員の一人が言った。「玉井さんは、犯罪者を罪をおかした悪人として、差別するのではなく、罪をおかさざるをえなかった弱い人間として、つまり人間として、広い心で見ることを私たちに教えてくださった」

そうであったろう。私は死刑囚たちを訪問しながら、日本で書かれた死刑囚についての文献にも熱心に目を通していたが、その中で、この『死と壁』にもっとも啓発されたのだ。

拘置所長として死刑囚の実態をよく知らなかったという反省から、氏の死刑囚への接近が始まった。そうして、自分の体験を赤裸に述べながら、そこに死刑囚たちの日常を、生き生きと、怖いほどにリアルに描き出していく。

死刑囚を、確定者の刑執行だけを中心に見るのではなく、一審判決時、二審判決時、確定時と監房のなかでの心の動揺や変化を細かく観察している。しかも、自分が人間として深く付き合った何人かの死刑囚については、詳しく、処刑時の模様を記録している。そして、玉井氏は、「死刑囚と呼ばれる見捨てられた人達も、決して生れながらの極悪人ではなかったのです。そのことは、私達が毎日彼等に接していて初めて身に滲みて感じられてまいります」という結論に到達するのだ。

死刑囚について知りたいと思う人にとって、『死と壁』は、こよなき入門書であるとともに、人間の生と死について、犯罪と刑罰について、いろいろと考えさせてくれる本である。また、私自身、精神科医として死刑囚についての論文（『死刑囚と無期囚の心理』金剛出版）を発表したり、『宣告』や『湿原』という長編で死刑囚を書いたりしたとき、玉井氏のこの本から多くの示唆を受けたことを今感謝の思いで付言しておく。

私は、大阪拘置所の死刑囚たちに面接し、彼らの集団処遇を眼の当たりに見、職員たちが、すでに去った所長に対して深い敬愛の念を持っている事実を知って、心慰められるとともに、教育課の人たちと、『死と壁』（もちろん彼らは全員読んでいた）について、あれこれ話し合った。

死刑は、人類最後の野蛮な刑罰として、先進諸国では大体廃止されている。ところが、日本だけは、かたくなにこの殺人刑罰を保持している。その大きな理由は、日本の刑が密行主義で、一般の人々から刑罰の実際を隠しているためだと思われる。死刑囚がどのような生を送り、死刑がどのようにして執行されているかを一般国民が知らなさすぎるのだ。

『死と壁』を私は三十数年ぶりに読み返してみて、昔、私が若き日に覚えたのと同じ感銘を覚えた。そして、ここで報告されている拘置所内の囚人たちのありようは、三十数年経ってもすこしも変っていないと改めて思う。

こと、死刑問題については、日本は三十数年、何の進歩も改善もなされてこなかった不思議な国なのである。

――1992年1月10日　玉井策郎『死と壁』序文　彌生書房

二　『科学と宗教と死』（二〇一二年）より

死刑囚の心理研究

一九五四年（昭和二九）、新米精神科医となった私は、いつか自分も犯罪者に会ってみたい、親しくなって、その心のうちを探ってみたいと思っていました。

その矢先に、診察室で一人の殺人犯に出会ったのです。この男はガンゼル症候群という症状を示し、これが刑務所に拘禁された囚人に特有の反応であると知りました。私はこの男の診察に夢中になり、ますます犯罪者に興味を持つようになりました。

日本の犯罪学の草分けである東京大学医学部精神医学教室の吉益脩夫《よしますしゅうふ》助教授（当時）は、早くから刑務所で調査研究を積まれていました。その吉益先生に「あなたもどこかの刑務所に勤めて、犯罪者を身近に見なさい」と勧められ、いくつかの刑務所の訪問調査をしているときに、大学の掲示板に東京拘置所の医官の求人広告を見つけたのです。誰も行き手がなかったようですが、私はすぐに「これだ！」と飛びつきました。二六歳のときでした。

東京拘置所には約二〇〇〇人の未決囚が収容されていましたが、精神科医は私一人でしたので、本当にたくさんの囚人と接することになりました。週四日の勤務でしたが、朝八時頃から始まって、午後一時、二時頃まで診《み》ていました。

ゼロ番囚の監房

やがて、私が診察する患者にはゼロ番囚が多いことに気づきました。ゼロ番囚とは、東京拘置所で、収容番号の末尾がゼロの囚人です。強盗殺人や強姦《ごうかん》殺人などの重罪犯であり、死刑か無期懲役の判決を受ける可能性が高い、あるいは死刑が確定した囚人たちでした。無期の判決が確定した者は今度は刑務所に入るのですが、死刑が確定した者は、刑が執行されるまでは拘置所に勾留されることになります。

ゼロ番囚の中に拘禁ノイローゼが非常に多いことを発見した私は、診察願や面接願があった場合だけでなく、できればゼロ番囚全員に会って研究してみたいと思うようになりました。そこで拘置所の所長に申し出てみると「ぜひやりなさい」とお墨つきをいただき、ゼロ番囚の監房に自由に入って面接ができるようになりました。

あるとき、大学の恩師・内村祐之《ゆうし》教授に自分の研究のことを話すと、「その研究にはコントロール群がないではないか」と言われました。何かの研究をするときには必ず、研究する実験群と違う条件ではどんな現象が起こるかを比較してみなければならない。その、実験群と違う条件を持った群のことをコントロール群（対照群）と呼びます。例えば、事故を起こさない優秀な運転手はどんな人物か調べようと思ったら、事故ばかり起こしている運転手と比較するのです。するとその特徴がはっきりしてきます。

それでは死刑囚のコントロール群には、どんな条件の人を考えればよいか。私が考えついたのは無期囚でした。必ず死刑にされると決められて拘置所に入っている囚人と、殺されはしないけれど刑務所に監禁され続ける囚人（無期囚は所内での行動がよければ仮釈放されることがありますが、それはごくわずかで、大多数の囚人は一生刑務所から出られません）。この二つを比較して調べたらどうだろうと思ったのです。

死刑と人間心理

さらに、この二つのグループを比較するには、それ以前の状態も研究する必要があると考えました。死刑確定者のグループと、無期囚のグループにはっきりした違いが出ても、それがもともとの性格や気質によるものという可能性もあります。刑が確定する以前の状態も研究して比べ、そこにはっきりした差が出れば、それは彼らが置かれた状況によるものだと言える。死刑という刑が人間の心理にどういう影響をおよぼすか、その研究になるでしょう。そこで私の研究対象はゼロ番囚、つまり未決の重罪犯、それから死刑確定者、そして無期受刑者ということに決めました。

当時の私はまだ若く、好奇心も探究欲もあり、対象に対して若手のエネルギーで調査したと思います。法務省矯正局長へ調査依頼書を提出し、調査の許可をもらいました。こうして死刑囚や無期囚の研究のために全国の拘置所や刑務所へ行けるようになりました。私にとっては大冒険でしたが、また大きな喜びでもありました。

人間は、死に対してどのような態度をとるのか。たくさんの囚人を診ていると、死を恐れる人と恐れない人、それから死を恐れてノイローゼになる人とならない人がいます。その差はどこからくるのか。私は当時は二六～二七歳の若造でしたが、死という問題についてあれこれ徹底的に考えさせられました。

「死刑」と「無期」の違い

千葉刑務所には無期囚が多かったので、一ヵ月こもって無期囚五一人と会いました。そこには東京拘置所で出会った囚人もいました。ところが東京拘置所では大暴れをしていた囚人が、無期になったら猫のようにおとなしくなって千葉刑務所にいる。これは死刑と無期ではやはり全く違うと確信しました。

私は二年間にわたって、宮城刑務所、大阪拘置所、札幌刑務所、そして東京拘置所で、一四五人の調査を行いました。その結果、次のようなことがわかってきました。

未決の重罪被告人と死刑囚では、拘禁ノイローゼの症状がよく似ています。とくに多いのは反応性の躁《そう》状態で、よくしゃべり冗談を飛ばし、歌ったり笑ったり非常に騒々しいのです。非常に興奮しやすく、ときには自殺に走ってしまったり、あるいはめちゃくちゃに暴れてみたりします。

古くから、罪人が処刑寸前の引き回しのときに笑ったり歌ったりする様子を「引かれ者の小唄」と言いましたが、まさにその状態です。「引かれ者の小唄」は、死を前にわざと平気をよそおうこととされてきましたが、私の観察では「わざと」している行為ではないと思います。反応性の躁状態はめまぐるしく変わり、今笑っていたかと思うとたちまち泣きじゃくり、うつ状態になったりするのです。

プリゾニゼーション

ところが無期囚には拘禁ノイローゼが少なく、あっても動きがとぼしく、心身の不調を訴えたり、抑うつ気分におちいるような症状です。無期囚は腰が低く、ペコペコとお辞儀をし、一見愛想がよいのですが、こちらが質問すること以上には答えようとしません。自由で生き生きした感じはなく、ぼんやりした鈍感な子供のような印象です。

人間は、一〇年間も刑務所に入っている間には刑務所慣れします。これを「プリゾニゼーション」と呼びます。慣れるとはどういうことか。無期囚の一番の敵は退屈です。毎日、毎日、判で押したように同じ仕事をし、それがいつまで続くかはわからない。これが人間にとってどんなに苦痛なことか。

その苦痛はドストエフスキーの『死の家の記録』の中にも書かれています。人間は、何の変化もない退屈な人生には耐えられません。ところがもう一つ、ドストエフスキーはこうも書いています。人間はいかなる状況にも慣れる動物だ、と。つまり、そういう退屈にも人間は慣れてしまう。退屈を退屈だと思わなくなるのです。

無期囚を見ていると、それがよくわかりました。無期囚は、一つの鋳型《いがた》にはまって安定します。感情を麻痺《まひ》させ、無感動になり、刑務所の生活に適応する、これをプリゾニゼーションと呼びます。私はそれを「刑務所ぼけ」と訳しました。

「刑務所ぼけ」になった囚人は看守に対して子供のように従順で、毎日、毎日の単調な生活にも退屈はしません。そもそも物事に対する関心が少ない。だから退屈しなくなるのです。退屈というものを感じなくなるほど鈍感になる、と言ったらいいでしょうか。世の中のことについても関心がありません。次の夕食のおかずは何だろうというくらいのことしか関心がない。

もともとそういう性格だったのではありません。かつて、死刑になるかもしれない未決囚だったときには絶えず興奮して爆発発作や昏迷《こんめい》を繰り返していた騒々しい囚人が、無期受刑者となって数年たつとおとなしくなり、一〇年たつといかにも囚人らしい囚人として刑務所ぼけを完成させていました。そうなってやっと、無限の退屈な時間に耐え、普通に生活が続けていけるようになるのでしょう。

死刑囚は常に「いつ殺されるか」という興奮状態にありますが、無期囚は全然別の人間になってしまう。つまり、環境が人間を作るのだということがわかりました。この研究で私は「日本に於ける死刑確定者と無期刑受刑者の犯罪学的、精神病理学的研究」という論文を書き、東京大学の医学博士になりました。

濃密な生と希薄な生

ではなぜ、死刑囚と無期囚にはこんなにはっきりした差があらわれるのでしょうか。

死刑囚には、ある日突然、「おむかえ」が来ます。刑の執行通告は、だいたい執行される直前に行われます。かつては前日までに通告することもありましたが、現在では当日の朝に知らされることが多い。ですから、当日「おむかえ」がなければその日一日は生きられることが決まるわけです。

つまり死刑囚は毎日、「明日殺されるかもしれない」という、非常に切迫した、濃密な時間を生きています。時間が凝縮され、生のエネルギーを何かの形で発散せざるをえないのでしょう。非常に忙しく日々を過ごしています。ぼんやりしている者はほとんどいません。残り少ない人生を、大急ぎで有効に使おうと精出しているようです。

無期囚は逆に、無限に薄い時間を生きています。死ぬまでの時間が薄い。薄められた時間の中で、自由のない、同じような単調な毎日を繰り返しているのです。その灰色の毎日への適応が、刑務所ぼけなのでしょう。

死の恐怖からの逃れ方

死の恐怖から人間はいかに逃れようとするか。死刑囚にも無期囚にもいずれ死がやってくることは同じですが、その恐怖からの逃れ方が、死刑囚の場合は忙しい。無期囚の場合は引き延ばされて薄くなっている。「濃密な時間」と「希薄な時間」という違いがあるのです。

古くから「人間はみな死刑囚である」という考え方があります。私たちはいずれ誰もが死ぬ。確実に死を宣告されています。それは今日かもしれない、明日かもしれない。そういう意味では死刑確定者と同じです。パスカルの『パンセ』に有名な比喩《ひゆ》があります。

ここに幾人かの人が鎖につながれているのを想像しよう。みな死刑を宣告されている。そのなかの何人かが毎日他の人たちの目の前で殺されていく。残った者は、自分たちの運命もその仲間たちと同じであることを悟り、悲しみと絶望とのうちに互いに顔を見合わせながら、自分の番がくるのを待っている。これが人間の状態を描いた図なのである。

（『パスカル』世界の名著24、前田陽一・由木康訳、中央公論社、一九六六年）

けれども、そのことを死刑囚ほど常にはっきりとせっぱつまって感じている人はあまり多くないでしょう。いつかは自分も死ぬ、けれどもまだそれは少し先のことだと感じている人が多いでしょう。そう考えれば人間は無期囚に似ているのかもしれません。けれども無期囚よりは自由がある。我々は、自分の好きな方法で死の恐怖から逃れることができると言えるかもしれません。

人間の心を救うもの

死刑囚にも無期囚にも、趣味に打ちこんでいる人はいました。ある死刑囚は碁が好きで、独房の中で一人でいろいろなタイプの碁の打ち方を熱心に研究していました。「死ぬ前に一冊本が書ければうれしい」と、それを目標にしていたようです。無期囚も、一日中働いているわけではありませんし、夜は房に帰りますし、休みもある。ですから本が好きなら本を読めるし、俳句が好きなら句を詠んでもいい。そういう時間は持てるのです。

私は、人間は生きている限り、何かに興味を持つことによって救われると思います。人生には趣味が必要です。何も趣味がない人は、囚人ならばなおさら何の楽しみもなく、苦しい毎日を送らねばならないようです。何かに熱中すること、何かを好むこと、何か人と違ったものに向かうこと、それが人間に幸福をもたらします。死ぬまでの間に何もすることがなかったら、これは悲惨です。少なくとも今の日本では、生活保護で最低の生活保障はしてもらえるのですから、大いに趣味を持って人生を楽しむべきだと思います。

「死は鴻毛よりも軽し」と言われた時代と違って、現代には「生命の尊さ」というような言葉があふれています。しかしその尊さ、貴重さとはいったい何なのか。空襲で死んでいった人たちや、死刑となった囚人たちは、もし生きていたら、生命を与えられたら、どんな生を生きたいでしょうか。

ある死刑囚はこんなことを言いました。

「死刑の執行が間近いと思うと、毎日毎日がとても貴重です。一日、一日と短い人生が過ぎていくのが、早すぎるように思えます。それにしても社会にいたとき、なぜもっと時間を大切にしなかったかと、くやまれてなりません。もういくらも時間が残っていない。だから急がねばなりません」

死刑囚のように、死の恐怖に真正面から向き合う状況は想像がつきませんが、ときに自分の死を身近に感じる経験は、生を大切に生きることにつながるのかもしれません。その経験が少なくなってしまった現代は、生の貴重さを実感する機会も減ってしまった。死を遠ざけたことによって、逆に生をも遠ざけてしまったとも言えるでしょう。

フランスへ

一九五七年（昭和三二）、二八歳のとき、私はフランス政府給費留学生の試験に受かって、フランスに渡りました。まさか合格するとは思っていなかったので、突然にフランス行きが決まり、あわてて死刑囚に関する膨大なデータを持って、マルセイユへの船に乗りました。前述の死刑囚と無期囚に関する論文は、フランスでまとめたものなのです。

私はまずサン・タンヌ精神医学センターの中にあったパリ大学の精神医学教室で勉強することにしました。当時の日本の精神医学の研究はまだまだ遅れていて、統合失調症の治療も、インスリン・ショックや電気ショックという原始的な方法で行っていました。向精神薬、つまり精神病を治す薬はまだあまり使われていませんでした。その向精神薬を発見したのがパリ大学精神科のジャン・ドレー（Jean Delay）教授で、この人のところで新しい治療法を学びたいと思ったのです。もう一つは、パリの郊外にフレーヌという有名な監獄があり、そこに収監されている犯罪者の脳波をとるなどの研究をしていた医者がいました。そこで私はその手伝いをしながら、フランスの犯罪者たちの研究も行いました。当時はアルジェリア戦争の真っただ中で、逮捕されたアルジェリア人がフレーヌ監獄の獄中で精神異常を起こすことが多かった。まさに私が日本で研究してきた拘禁反応ですから、フランス人の医師たちにアドバイスもできて、少しは役に立ったと思います。

パリで一年半くらい臨床精神医学と犯罪学の勉強をした後、パリ大学精神医学教室で親しくなったエンヌ（Henne）という医師に誘われて、彼が医長を務める、フランスの北（フランドル）の端にあるパ・ド・カレー県立の女子精神科病院の医師として赴任することになりました。フランスではあらゆる県に県立の男子と女子の精神科病院があるのです。一年間、その北フランスの片田舎のサン・ヴナン精神病院で、たった一人の日本人医師として働きました。

私の死生観を変えた正田昭との出会い

帰国後は東京大学の精神医学教室に戻り、三六歳のときに東京医科歯科大学の犯罪心理学教室の助教授になりました。この頃の私は、「死」というものと人間との関係をつかんだような気でいました。フランスで崖から落ちて死を覚悟した、あの体験。そして多くの死刑囚に会って、死についての彼らの感覚、あるいは恐れというようなものも理解した。

論文にもまとめて、一応、自分自身では満足していました。ところがその頃、正田昭という人物と再会します。そして私の人生観、死生観はまた大きく変わっていくのです。

正田昭は一九五三年（昭和二八）に起きた、バー・メッカ殺人事件の犯人です。証券会社に勤めていた正田は、乱れた生活のために浪費し、他人から預かった一七〇〇株の株券を売却処分。その返済金に窮して金融業兼証券外務員のHを殺害し、二ヵ月以上の逃亡の末、潜伏していた京都で逮捕されました。

事件が起こったとき、私はインターンという医学研修生でした。正田は一九二九年四月一九日生まれ、私は四月二二日生まれ、ほとんど私と同年の、大学卒の男でした。私は非常に興味を持って、新聞の記事を追いました。その正田に初めて会ったのは一九五六年、私が拘置所に勤務したときのことです。それから頻繁に会っていたのですが、私がフランスに留学してから付き合いはとだえていました。

東京医科歯科大学の助教授になったとき、私は「犯罪学雑誌」という学会誌の編集を手伝うことになりました。教授が編集長で、死刑囚の手記を雑誌に載せたいというので、正田昭に手紙を書いたのです。それまでもときどき手紙のやりとりはあったのですが、今度は仕事として手記を頼むことになりました。一九六四年から六六年にかけて、「死刑囚の手記」という形で正田の獄中手記を連載しました。三年間、一生懸命に死刑囚の思いを書いてくれました。そして、私はかつて以上に正田と頻繁に文通をするようになり、彼の悩みや思索についても知り、同い年の友人同士として親しくなっていきました。

正田昭の信仰

正田は獄中でカトリックの信者になったのでした。常に死の不安にさらされているゼロ番囚には、宗教に関心を抱いているものが多い。一つには、拘置所の側が教育活動の一つとして教《きょう》誨《かい》に熱心で、多くの宗派から教誨師が派遣されているという理由があります。けれども、宗教に触れた囚人たちの全てが、深い信仰心を持つようになるわけではありません。教誨師からの差し入れなどをあてにしているものもあれば、大きな声で読経をして不安をまぎらわせているものもある。

その中で、本当に深い信仰心を感じ、私に驚きと感嘆を与えた囚人が幾人かいます。正田はその中の一人でした。キリスト教の信仰が彼をあのような人間に変えた。カンドウ神父という有名な神父がいて、彼はその人から洗礼を受けています。正田の兄は信者で、母親も後に信仰の道に入っていますが、正田の信仰との出会いは一九五四年、母の紹介でカンドウ神父が東京拘置所を訪ねてきたときです。そのときのことを正田はこう書いています。

罪の苦しみが人を神に引き渡すとしても、それは各人各様で、わたしの場合体験を思索することが救いへの第一歩であったのでした。そしてカンドウ師もまたじゅうぶんそのことを見抜いておられたのでしょうか、最初にお会いした時から終始一貫して、説得したり鞭《むち》をふるったりせず、忍耐強くわたしのがわからのさまざまな存在への問いが生まれてくるのを待っていてくださいました。それから半年あまりの間でわたしは師のくださる数々の書物によって、しだいにカトリシズムへの目が開けてまいりました。

（池田敏雄編著『昭和日本の恩人――S・カンドウ師』中央出版社、一九六六年）

最後の手紙

一九五五年（昭和三〇）七月、精神鑑定のために松沢病院に入院したとき、正田はカンドウ神父より洗礼を受けます。その後ほどなくして、九月にカンドウ神父は亡くなりました。正田はこう書いています。

わたしが真に泣くことができたのは、その時が最初でした。わたしは窓辺に立って雄大な夕焼空をながめながら、なぜともなく大自然のかかる雄大さが、今は亡きカンドウ師そのものに思えてなりませんでした

（前掲書）

正田は信仰を得て、がらりと人間が変わってしまったのです。まず死を恐れなくなった。カンドウ神父様のような愛すべき人がいる天へ帰るということは、むしろ喜びである、と変わっていくのです。

一九五六年一二月、一審で正田に死刑の判決がおりました。一九六〇年の春、フランスより帰国した私は彼を訪ねました。死刑の求刑を聞いたときは三日くらい、あまり眠れなかったと言いましたが、いつもと変わらない落ち着いた気持ちだったと彼は当時を回想してくれました。

正田と付き合い、正田と深く話せば話すほど、私のそれまでの考えに変化があらわれました。宗教的な立場から見た死は、今まで心理学的に見てきた死とはずいぶん違う。これは、もう少し死というものを考え直していかなければいけないぞという気持ちになったのです。

一九六九年一二月九日、正田は処刑されました。私はその四日後、あるシスターからの電話により、正田の死を知りました。翌日、彼の最後の手紙が届きました。

　とうとう最後の日が明日と告げられました。
　先生
　いろいろありがとうございました。もっと多くの事柄について、先生と語り合い、教えていただきたいと思っていましたのに、死はやはり不意にやって来ました。

この死について、よくみつめ、考え、祈りながら、私は〈あちら〉へゆきたいと思っています。母と私のためにお祈り下さい。

では先生、さようなら。

（一九六九年一二月八日、書簡）

正田は死後さらに私の心に近しい人間となった

ちょうど私は長編『フランドルの冬』を書いて、作家の端くれになっていました。私が正田昭と親しいことを知る新聞記者から依頼を受けて、いくつかの新聞に「正田昭の死を悲しむ」という一文を書きました。正田は人を殺した死刑囚ではあるけれども、信仰によって、その地獄の責め苦のような心理状態から、もう少しやわらかな温かい人間に変わっていった。それは私にとって大変な驚きで、人の心を知るのに心理学には限界があると感じるようになっていました。

その追悼文を読んで、姫路で学校の先生をしている中西美鈴という女性から手紙が来ました。彼女は三年間、正田と文通をしていて、私のことも正田からよく聞いていたそうです。そして「もしご覧になりたければ、手紙を全部お見せします」と書いてありました。四月に私は姫路へ行き、中西美鈴に会うことができました。正田と彼女は週に三、四通の割で文通をしていて、六〇〇通もの書簡がありました。それを一通、二通見せていただいているうちに、全部読みたくなった。私自身、それまでにずいぶんたくさん正田昭と文通をして、死刑囚としての彼の苦悩、死への態度、宗教者としての生き方、そういうものを彼から教わっていました。正田はそれまで私が見て、付き合ってきた死刑囚とは違うタイプで、生真面目で冷静な人物というふうに見ていました。

ところが美鈴への手紙は、非常にユーモラスで明るい手紙だったのです。冗談を飛ばし、喜怒哀楽をはっきり見せていた。それが私をびっくりさせました。私が「手紙を全部読みたい」と言うと、体の小さな美鈴は、段ボール二箱にいっぱいの六〇〇通の手紙を、うんうん言いながら持ってきた。手紙には、全て桜のマークがついていました。東京拘置所では手紙の検閲をします。検閲が済むと、桜のマークをつける。二人の文通はそのようなものでした。その膨大な手紙をチッキにして駅まで運んでもらい、東京に持ち帰りました。

人の心の深さ

手紙は非常に私の心を打ちました。全部読むのに半年ぐらいかかったと思います。読むうちにつくづく人間というものは単純にはわからないものだと感じました。一人の人間にはいろいろな側面があり、ある人に対してはある顔を見せる、別な人に対しては別な顔を見せる。長年付き合った友人にも見せない面があり、見抜けない面もある。常に意外な側面が隠れているのだと知りました。

正田は、私に対してはちょっと取り澄ましたカトリック教徒というような顔で相対していました。私は当時、信者ではありませんでしたから、文学を読んでいてキリスト教のことが出てくるとよくわからない。ドストエフスキーやトルストイ、『聖書』などでわからないことを、よく彼に質問したものでした。

正田は信仰に関してさまざまなことを教えてくれて、私は彼を学者のような、インテリタイプの人間というふうに理解していたのです。ところが、美鈴に向けた正田の顔つきは、人間として裸になって、子供のように冗談も言うし、毎日の生活全てを書いている。例えば、親スズメが子スズメに飛び方を教えているのを一日見ている様子。それから「嵐」について。「今日、嵐がありました」というのは、彼らの隠語で「一人処刑されました」という意味です。「また嵐が吹き始めました。自分もいつ死ぬかわからない身だけれども、美鈴とこうやって話しているのが実に楽しい」と素直に綴《つづ》っています。

そこには私の全く知らない無邪気な、子供のような、そして明るい、ユーモラスな、おちゃっぴいな正田昭がいました。後に私は、二人の書簡の中から正田昭の書いた部分を抜き出して『死の淵の愛と光』(弘文堂、一九九二年)という本にまとめました。また、正田と私の手紙の往復は『ある死刑囚との対話』(弘文堂、一九九〇年)にまとめてあります。

これは私にとって、大変大きな体験でした。心理学というものでは人間のごく表層のものの考え方しかわからない。人間の魂の奥にある、複雑で、宗教的な、そしてまた愛に満ちた……そういう領域は、心理学では取り扱えないのではないか。たくさんの心理学者や精神医学者が死刑囚の診察をしますが、それは彼らのほんの表面の上面しか見ていないのではないか。私自身がそうでした。非常に痛烈な、自分自身に対する反省の念がわきあがってきました。

日記にあらわれた本当の心

二年ほどして、美鈴さんから「正田昭さんのお母さんが先生に会いたがっている」という手紙をいただきました。正田はたくさんの本を読んでいましたが、その蔵書を全部私にくださるというのです。獄中で書いていた日記も差し上げたいということでした。正田は毎日の詳細な生活を日記にしたためていました。正田には文学への志もあって、『サハラの水』という小説は「群像」新人賞の候補になり、雑誌に掲載されたこともありました。このときは「死刑囚が小説を書いている」というので、ちょっとしたセンセーションが起こったものです。

私は、いただいた正田の獄中の日記をせっせと読みました。そしてまたもや驚きと痛打を受けました。私は正田昭を、迷いのない熱心なキリスト教信者として見ていた。けれども日記に書かれた彼は決して敬虔《けいけん》なキリスト教徒ではなかったのです。ときにはキリストはいないのではないか、作りものではないかと疑っている。

正田は洗礼を受けたカンドウ神父の死後、その弟のカンドウ神父に帰依するのですが、この神父がある日本の女性と同棲《どうせい》を始め、神父をやめさせられたという事件がありました。これは彼にとって大変なショックで、「どんなに信仰の厚い人でも道を誤っていくことがあるとすれば、私のように気の弱い人間はいつまで信仰を持ち切れるか」と自分の信仰のなさを嘆いていました。

私に対してはカトリックの信仰について詳しく書いてきた正田昭が、日記の中ではカトリックの悪口のようなことまで書いている。カトリックは神父がだめだからだめなんだ、私は信仰を失ってしまったんじゃなかろうか、天におられるカンドウ神父に申しわけないような気がすると、さまざまな迷いが書かれていました。

そして不思議なことに、信仰をなくしてしまいそうになった正田は、死を非常に恐れていました。今までは天国に行けると思っていたのに、地獄へ落ちると考えて死が怖くなってくると、とても平穏な状態ではない。信仰を取り戻すと、また安らかな落ち着いた状態になるのです。

人間の持ついろいろな顔

一方、美鈴への手紙には、このような心境は書かれていませんでした。「私のところへ来た神父は転んでしまった。お気の毒に思うけれども、非常に私はがっかりした」とは書かれていましたが、あっさりと、表面的にしか書いていない。美鈴はシスターになる決心をして、ご両親にも修道院に入る許可を受けていましたから、そんな人を傷つけたくないという気持ちがあったのではないかと思います。だから、本当に自分が悩んでいることは美鈴には隠していたのでしょう。

私自身が知っている正田昭。美鈴と付き合っている正田昭。一人で信仰について悩んでいる正田昭。人間はいろいろな顔を持つものだと、さらにわかってきました。この三つの違う正田昭の全ての手記を読み終わったのは、一九七三年（昭和四八）頃だったでしょう。それから私は憑かれたように正田昭をモデルにした長編小説を書き始めました。それが『宣告』（新潮社、一九七九年）という小説になりました。

三様に変化していく、哲学者の正田昭、おちゃめな正田昭、悩める正田昭。人間というものは絶えず変わりつつ、考えて、進化していく。それは、私がそれまで論文に書いていた「死刑囚の心理」などという表層の出来事ではなく、人間の生存に関わる、深く暗く温かい魂の動きでした。そして正田を通して知った信仰。キリストの死のような、人を救うために自分自身の命を捨てる死。『宣告』は、そのときの私自身の死に対する考え方を表現したものとなりました。

正田の死後、彼をめぐる人たちとの付き合いの輪が広がり、正田の内面をより深く知り、より深く考えるようになった。正田は生きているときより、死後さらに、私にとって親しい人となったのです。

「心理」だけでは言いあらわせない「魂」というようなものがある

『宣告』を書いた頃から猛烈に忙しくなりました。私はなぜか七〇歳までに自分は死ぬだろうと思っていた。『宣告』が出版されたのが一九七九年（昭和五四）でしたが、そのとき私は五〇歳。

七〇歳まで、あと二〇年です。二〇年で何が書けるだろう、あまり大したものは書けないのではないかと考えて、当時勤めていた上智大学をやめました。

その頃わかってきたのは、心理学というのは非常に重要な学問ではあるけれども、限界があることです。ある程度人間を、心理学用語で分類し整理しないと診断がつきません。ところが人間にはそういう既成の概念では整理できない、海の底のような深みがある。それは「心理」という言葉では言いあらわせません。「魂」というような、もう少し複雑なものが心理を支えているのではないかと思うようになったのです。私は魂の作家になりたい。人間というものの奥深いところにある死への態度、そういったものを中心にして小説を書きたいと思うようになりました。

V

小説『宣告』（一九七九年）より

一「第二章　むこう側　1」より

同じ金曜日の午前中のことだ。鉄格子《てつごうし》の前に来た近木《ちかき》は唇を噛《か》んで立止った。鍵《かぎ》が見つからない。白衣のポケットに入れておいたはずのが無くて、背広のポケットの底に手帳やライターやシガレット・ケースと混ぜこぜになっていたのを引摺《ひきず》りだした。細長い棒の先に小さな突起のついたドライヴァーのような鍵で、これを鍵穴に入れて不用意に廻しても手応《てごた》えなく空廻りするのみだ。それには要領があって、少し上方から押すようにするとうまく開く。開いた鉄格子は閉めれば自動的に鍵がかかる仕掛だ。雪明りの渡廊下は雪原に止っている列車のようだ。近木は走るようにして歩いている自分に気付き歩度をゆるめた。この渡廊下は病室の患者たちからまる見えで、走っている医官は見ばがよくない。で、気取った風に肩を振って歩いてみせた。患者たちはむしろ無関心を装い、週刊誌を読んだり駄べったりしていたが、近木はそれでも見られていると強く意識した。最初の建物が内科病舎、次が外科病舎、三つ目が精神科病舎である。彼は病舎の中から敬礼してくる担当たちに機械的に会釈《えしゃく》を返し足早に歩いた。何かボールを投げつけられては投げかえしている感じである。渡廊下のどん詰り、精神科病舎の入口に来て彼は息をついた。そこは〝避病〟と呼ばれた伝染病病舎を改造したもので、独居房が二十並ぶ小病舎である。待っていたらしい担当の山崎看守部長がすぐ鍵を開けてくれた。廊下の奥のほうで掃除をしていた看病夫が二人こちらにぺこりと頭を下げた。ここ精神科病舎は小さいけれどもともかく近木の管轄《かんかつ》であり、ここへ来ると彼は義務感とともに一種の権力をもった誇らかな感じを覚える。

「朴《ぼく》はどうですか」とまず尋ねる。

「はっ」外套《がいとう》で着脹《きぶく》れした山崎は担当台まで重々しく足を運び、机上のメモをとり、眼鏡をかけて報告をはじめた。朝の注入した流動食はほとんどもどしました。血圧は百十五と八十二、体温は六度七分です。昨日から御指示に従って一分間の呼吸数を数えておりますが十四乃至《ないし》十七で、馴《な》れぬものでときどき数え忘れましてと答える。耳の遠い彼は大声でしかも言葉がまわりくどい。

「要するに」と近木は自分も声を高めて言った。「変らないということですね。大田はどうですか」

「あれは、ずっと眠ったままです」

「そうですか。ほかに何か変ったことありますか」

「はっ」山崎部長は靴をかちっと合せて上体をちょっと前に倒した。「別に異常はありません」

「じゃ、朴からみますか。いや」鍵束をにぎって先に立った山崎を近木は制した。「まずそっと覗《のぞ》いてみましょう」

さっき医務部長とかわした会話を彼は思い出した。「近木先生、あの朴泰翊《たいよく》は執行停止にして松沢病院あたりに送ったほうがいいんじゃないでしょうか」「いいえ」と彼は答えた。「もうすこし、ぼくにまかせてくださいませんか。何とかやってみますから」

「しかしですねえ、先生。ここはよくお考え下さらないと……」医務部長の鄭重《ていちょう》な言葉遣いには拒否の気持が含まれていた。

一番端の病室へ行き、視察口から窺《うかが》うと猛毒ガスのような悪臭がまず鼻を打った。ベッドの端に一個の顔が、体から切離された頭蓋骨《ずがいこつ》といった具合に落ち窪《くぼ》んだ両眼を見せていた。その口のあたりから吐き出された食物が四周に飛んでいる。顎《あご》も額も、シーツも枕《まくら》も、ベッドも床も、すべて吐瀉物《としゃぶつ》でべっとり汚れている。しかもよく見るとすぼまった皺《しわ》だらけの口はまるで蛸《たこ》の口のように動き、そこから時折あらたな食物が吐き出されてくる。その食物は、けさ、近木がゾンデで鼻の穴を通して食道から胃の中へと流しこんだものなのだ。いったいどのような鍊成によって朴は自分の胃を自在に収縮できるようになったのか。彼は胃の中に入っている食物を、全部一度にではなく、ごくわずかずつ、自分がそうしたいと思ったときに吐き出すことができ、とがらした口の先からは吐瀉物を好みの方向へ吹き出すことができるのだった。〝入病〟してきた当初、朴は目許《めもと》のきつい精悍《せいかん》な朝鮮人で、「食べると吐きたくなる。胃がわるいんだよ」と訴えていたが、その吐きっぷりがいかにもわざとらしいので、思いあまった内科医が近木に相談してきた。近木は精神医学の教科書に出ている〝ヒステリー性の食道痙攣《けいれん》症〟ではないかと思い、自分の病舎にひきとったのだが、その直後から朴は何を尋ねても黙りこむようになったばかりか嘔吐《おうと》は次第に激しさを増し、どうかすると天井まで吐瀉物を飛ばすようになってきた。のみならず、朴は次第に食事を摂《と》らなくなり一月前からは何も食べなくなった。栄養剤やリングル液の注射で何とか栄養補給をはかったがそれでは足りず、鼻からゴム管を胃の中まで入れる鼻腔《びこう》ゾンデ法によって牛乳や卵を注入したけれどもそうして入れた物もたちまち吐き出されてしまった。日一日と朴は瘦《や》せてき、もしこのままで衰弱がつのると生命にも危険があるという事態になってから近木はときどき医務部長に呼ばれ、拘置所医務部の手におえない場合は外部の病院に送って〝適切な加療〟をおこなうのが得策と勧められるようになった。それに対して彼は、何とか自分の力で朴を治してみせると言い続けてきたのだが、ここ数日朴の衰弱はひどく、強気で通してきた近木も折れざるをえぬ状況となっていた。

近木が目くばせすると山崎部長が扉を開いた。床一面は牛乳と卵と胃液の混ざったどろどろの液体に覆《おお》われていた。足元に注意しつつ、ベッドから二メートルほどの距離まで来て彼は身構えた。相手が吐きだす汚物の弾をすばやくよけねばならぬ。彼は無駄と知りつつ「朴、気分はどうだ」と呼びかけ、深い眼窩《がんか》の底に小さな眼がキラリと動いたのを認め、そこから電気のような刺戟《しげき》性の敵意が伝わってくるのを頰に感じた。「朴、気分はどうだ」ともう一度尋ねたとき、彼は相手の口の形に危険を見解《みと》きベッドの下手に廻りこんだが、その直後彼のいた場所にむかって汚物が放射された。

「これじゃあ診察できないな」と彼は山崎に向って苦笑した。

「いま、看病夫を呼びます」山崎はあわてた様子でとび出そうとした。

「いいです」近木は快活に言った。「ぼく一人でやってみます」

「しかし……」

「大丈夫ですよ。ちょっと朴と話をしてみたいし。ここは二人だけにして下さい」

「はっ」山崎は上体を軽く折曲げて引きさがった。近木は、思い切って朴の顔に近付くとその口をタオルで覆い、吐瀉物でべとつくシーツと毛布をはぎとり、肋骨《ろっこつ》の上でサーカスの天幕のように波うつ乾いた皮膚をあらわにした。聴診器を当てると心臓の疲労した音が、壊れかかった納屋《なや》を修繕する釘音《くぎおと》のようにうらぶれて聞えてきた。トントンと打つと一回休む。またトントントンと打って、休む。よくない兆候だなと彼は思った。もし朴が死ねば何しろ外国人のことだから人権問題に加えて国際問題となり、医師の責任はまぬがれえぬ。元々監獄医となることを望んでいなかった彼にとっては馘《くび》になることは何程のこともないが、若い時より矯正医学界で飯を食ってきた医務部長にとっては一生の大事になるだろう。トントントンと打って、一回休む、この怠惰な働きぶりは予後の不良を証《あか》している。近木は朴の腹の皮をつまんで脂肪の厚みを調べ、皮膚が乾いたチリ紙のように頼りなく持ちあがったのを見てとった。提出すべき病況書の文章が出てくる。「診断　神経性嘔吐症　鋭意栄養補給につとめてきたが、ここ数日来栄養状態きわめて悪く脱水症状もみられ心臓搏動《はくどう》微弱で欠脈をおこし、このままでは生命の危険もあり……」汚物が顔にかかった。胃液の苦い味が舌に伝わってくる。油断をしている隙《すき》に朴のねらいが的中したのだ。が、近木は大して汚いとは思わない。その吐瀉物はけっきょく牛乳と卵と胃液の混合物に過ぎないと思う。彼は病況書の続きを考える。「……この際勾留《こうりゅう》の執行停止をおこない、外部の病院に入院させ加療せしめるのが適当と判断する」医務部長は、それみたことか、駆け出し医者のくせに上司の忠告をきかず、一月ほど無駄に苦労したな、という微笑で答えるだろう。しかし、と近木は考えこんだ。この朴という男、三十一歳の常習窃《せっ》盗犯《とうはん》が自己の命を危険にさらしてまで食餌《しょくじ》を吐き続けるその真の動機は何なのか。彼は一審で一年半の刑を宣告され、いま、控訴中だ。嘔吐症になれば裁判を有利にしうるもくろみでもあるのだろうか。たしかに病者として外部の病院に移管される可能性はあるが、そうしたからといって裁判はながびくし、裁判官の心証をかえって悪くするばかりだろう。それに一年半ほどの刑（彼はすでに一年前後の刑を五回うけている）ならば早く結審させて、未決勾留期間を刑期の中に算入させたほうが有利である。とすれば朴が吐き続けるのは裁判への思惑のせいではなく、まったく単純に拘置側の人間への敵意のためではないか。近木は或《あ》る日朴泰翊の前科身分帳を繰っているうち〝接見表〟に次のような妻との面会記録を発見した。

内――この前担当がチョーセンとばかにしたのでなぐりつけたらチョーバツをくった。

外――あんまりコーフンしないでよ。

内――おれはヤツラと口きくのもいやだ。いまにみろ、死んでやるから。

外――コーフンしないで。ガマンして。

内――おれには覚悟がある。見ていてくれ。

この日付の前後の〝動静経過表〟を彼は熱心に調べてみたが、囚人の看守暴行の報告もそれによる懲罰の事実も記載されてはいなかった。身分帳の記入ではその種の事実が最も重要視されることなので、朴は面会に来た妻に、看守への憎しみを誇張し、担当を殴ったというふうに誇張して語ったのかも知れぬ。しかし「いまにみろ、死んでやるから」と決心した時から彼は吐き始め、吐いて吐いて、ついに死の一歩手前まで来た。窪んだ眼窩の底に溜《たま》り水のように光る目が「いまにみろ、死んでやるから」という決意を示している。と、朴のすぼまった唇がこちらを狙《ねら》っているのに気付いた近木は攻撃が始まる直前に素早くよけた。が、余裕をもって脇《わき》によけたつもりがぬるぬると床を滑り、両脚を開いた無様な恰好《かっこう》で尻餅《しりもち》をついてしまった。あわてて起きあがったもののすでに足腰は冷たい汚物にまみれていた。嗤《わら》い声がした。朴の声だと思って振返ったが朴は無表情で、薄い唇をぱくぱくと開閉させているのみだ。近木は苦笑いして床にちらばった聴診器やハンマーなどの診察用具を拾いあげた。外に出ようとすると扉のところで物音に駆けつけた山崎部長と鉢合せしそうになった。

「どうなさいました」

「なあに、ちょっと転んだだけです」

「あらあ、先生、大変だ。おい看病夫」山崎部長は廊下の看病夫を呼びよせてどやしつけた。「きさまら、何をぐずぐずしておる。先生のお手伝いするんだ」

「いいですよ」近木は手を振って看病夫を追い払い、診察室に入った。洗面所で顔と手を洗ってから被害を調べてみると、白衣もズボンも上着も、いや下着まで濡《ぬ》れている。

「中まで透ってますか」山崎部長は心配そうに言った。

「ええ、しかし大丈夫ですよ、このくらい」

「いけません」山崎部長は年輩者らしい威厳をのぞかせて言った。「不潔だし風邪をひきます。下着やワイシャツなら、わしのを貸してあげます。なに、非番の誰かに頼んで官舎までとりにいかせます。背広は洗濯場で大急ぎでクリーニングさせますから」

「いいんですよ」近木は電話をかけようとした老人を押し止《とど》めた。「下着やワイシャツは厚生部で買いますから。上着とズボンはこんなこともあろうかと予備が医官室に置いてあるんです」

「そうですか」老人は青年の世話ができないのを残念がる風で、電話機を撫《な》でた。「しかしひどいヤツですな、朴は。先生がヤツの命をすくうためにどんなに骨を折ってきたか、考えんのですかね」

「もう馴れてますよ、こういうことは」近木は嗽《うが》いをしながら、老人に片目をつぶってみせた。まだ未経験な医者ではあるけれども、医者という職業が汚れ仕事であることは分っている。医者は他人の分泌物《ぶんぴつぶつ》や排泄物《はいせつぶつ》と常に接触しなくてはならない。血、淋巴液《りんぱえき》、唾《つば》、胃液、尿、大便、すべては気味の悪い有機物だが、こういった物を作りだす人間の肉体を不断に相手とするのが医者だ。近木は朴泰翊の光る小さな眼を思った。あの男の衰えた肉体の中であの小さな眼のみが生きている。あの眼は、丁度何か気味悪い分泌物のような憎悪《ぞうお》を示していた。自分はまだあの男の憎悪に馴れてはいない。が、あの男の胃液に馴れたように自分は憎悪にも馴れねばならない……。

くぐもった叫びが伝わってきた。何かを叩《たた》いている。乱打している。山崎担当は出ていき、すぐ戻ってきた。

「大田です。目が覚めてベッドから落ちやがった。泣いてます。どうしますか、先生」

「しばらくほっといてみましょう」近木は大田特有の甘ったるい泣き声を聞き分けた。あの男とも、これでもう一年四ヵ月の付合だと思う。

一昨年十月、彼が拘置所に赴任してきてまだ一週間も経《た》たぬ頃のことだ、あの小柄な男は看守二人に両腕を支えられまるで重病人のようにして連れてこられた。浅葱《あさぎ》の囚人服は洗い晒《ざら》しで、継ぎ目や端が白くほおけだち、男は寒そうに震えていた。「どうしたね」と尋ねた彼に男は全身を震わしながら、まるで謡曲でも唸《うな》るように節をつけて言った。「新しい、先生、かね。おれ、頭が痛くてよ、割れそうだよ、うん。もう、たまらねえだよ。こいつらにやられただよ。こいつらがいじわるするだ。先生かね、ええ、ほんとうに先生かね」彼が頷《うなず》くと男は青白い額の下で目を不安げにまばたき、ふいに顔をよせて早口で囁《ささや》いた。「ねえ先生、こいつら（看守を顎《あご》で差す）むこうにやってくれよ。本当のことしゃべれねえよ」彼が看守を室外に出すと男は急に親密そうに言った。「頭痛いのはうそだよ。おれ、ああ言わねえとよ、診察につれてってもらえねえからよ、ああ言っただよ。医務に今度大学から新しい先生が来たって聞いたからよ、いちど診てもらいたいと思ってよ、それでああ言っただよ。本当はね、先生、おれ女に気がねえのが困るだよ。朝、息子がちっとも立たねえだ。ふにゃふにゃでなさけねえったらねえだ。こんところ夢精もしねえし女の夢も見ねえし、見る夢ったらおっそろしいのばっかだ。困って内科の先生に診てもらったら、笑うばっかしでよ、とりあってもれえねえだ……」黙って聞いていると男はとめどもなく訴え続け、彼は男の饒舌《じょうぜつ》を簡単な医学用語に整理してカルテに記載していった。陰萎《いんい》、不能、多夢、入眠障碍《しょうがい》、食思不振、疲労感、倦怠《けんたい》感、胸部圧迫感、心悸《しんき》昂進《こうしん》、肩凝り、腰痛、背骨痛、下肢痛、頭重感、眩暈《めまい》……とおよそ神経症の症状として考えられるかぎりの訴えが続き、ついに彼は吹き出した。「要するに、きみ、頭が痛くないってことを除けば体中の具合がわるいんじゃないの」男はぎくりとして話しやめたが、すぐ近木の笑顔に応じて笑い出し陽気な口調に変った。「なにしろ忙しいだから。こんなに忙しくちゃ体を悪くすらあね。何しろよ先生、いつ殺されるかわからねえ。あすにでもよ、殺されるか知んねえとなると忙しいよ。よし、あすん朝までに俳句の三百もつくってやるだって決心すんとさ、ぱあって俳句ができてくるだ。そうなると頭中にじゃかじゃか火がついて、かっか燃えてよ、ぱっぱってあとからあとから俳句が飛びだしてきてよ、忙しいよ。おれ、いますぐ帰って作らねきゃなんねえだ……」男は笑いながらいまにも駆け出しそうに足踏みをしたが、その激しいゴム草履の音に隣室で待機していた看守がのぞき見たほどである。しかしこの陽気な話っぷりはしばらくすると出し抜けに陰気な湿った訴えに移り、ついに泣き声まじりの愚痴となった。「たすけてよ。もうたまらねえだよ、うん。もうがまんできねえ。ああ、たすけて、たまらねえだよ、苦しいだよ。アアア……」男は歯痛に泣く幼児のように泣き、叫び、ついには床をころげまわった。ほんの三十分ほどの間に男は、笑ったり泣いたり囁いたり叫んだり、ひっきりなしに変容を続け、いったいどれがこの男の本当の姿なのか分らず、近木はあきれて男を見守るのみであった。大学を卒業してから大学病院で一年半ほど臨床の勉強をしただけの彼は、まだこのような患者に出会ったことがなく、その驚きはすぐに強い興味へと変った。

男が帰ったあとで内科医の曾根原《そねはら》が「あの男はゼロ番囚ですよ。ゼロ番にはああいう感じのがよくいるね」と言った。近木はゼロ番囚が何を意味するかを知らず、この拘置所にもう十年は勤めているという曾根原の解説を熱心に聞いた。「ああいう感じっていうと、どういう感じのことですか」「つまりね、何て言いますかなあ、その、泣いたり笑ったり、てんで落着かない。まあ出づっぱりの興奮状態とでも言いますか」「なぜああなるんですかね」「切羽詰ってるんでしょう。いつ殺されるか分らないってえことになれば誰でもああなるんじゃないですか。引かれ者の小唄《こうた》っていうじゃないですか」「なるほど……」近木は呟《つぶや》き、曾根原の、まだ四十前だというのに綺麗《きれい》に禿《は》げあがった頭をいくらか尊敬する思いで見た。

それからである。近木は暇をみつけては四舎二階のゼロ番区にある大田の房を訪れてみた。診察という名目で医官は拘置所内のどんな場所にも自由に入りこめ、時間をかけて囚人と話すこともできた。その特権を利用して、彼は大田を治療するというよりもむしろ相手から学ぶために訪問を続けたのだった。しかしつい二週間ほど前、彼は突然所長から呼び出しを受けた。

「先生は時々大田長助の房に行かれるようだが、何か目的があるんですか」

「はい」近木は質問の裏になにがあるかを読み取ろうとしたが、所長の表情は微笑の仮面の下に匿《かく》れていた。「目的って診察のためです」

「医務部で診察はできないんですか」

「できないことはないです。しかし精神科というのは一対一で話をしないとよく診察できないんです。医務部には精神科専用の診察室もなくて薬品倉庫を空けてもらって使ってるんですが、やっぱりうまくなくて、けっきょく独居房のほうがしやすいもんですから。あのう、何か不都合でも……」

「いやいや」所長は何だか顔に刻み込まれたような整然とした微笑を続けた。「事情がよく分りましたのでそれで結構です」

「しかし」近木は眉《まゆ》をあげ、自分の不快を悟られぬように気をつけながら所長を注視した。

「ところで」と所長は吹き消したように微笑をおさめ、それが本当の表情と思われる険しい目付で切り込むように言った。「大田はこの頃何か妙なことを言ってませんか」

「妙なことといえば、彼の言うことは妙なことばかりです。何しろ体中が痛いっていうんですから。とにかく会えば山のような訴えです」近木は微笑《ほほえ》んだ。

所長は含み声で笑った。「山のような訴えか。ねえ、先生、ああいうのをノイローゼっていうんですか」

「ええ、それにはちがいありません。拘禁ノイローゼ」

「まああの男の境遇からみて可哀相《かわいそう》なところもあるんだが……ところで、先生にはイケン訴訟のこと話しませんか」

「何の訴訟ですか」

「違憲ですよ。死刑が憲法違反だというわけです。第三十六条の〝残虐《ざんぎゃく》な刑罰〟に相当するっていう訴訟を提起してるんです」

「え、あの大田がですか」

「あの大田がですよ」所長は歯を見せて笑ったが、それは入れ歯らしく真白に整いすぎ、そうすると黒々とした髪も染めたもののように思えてきた。

「ヤツは、先週、東京地裁に訴え出ましてね。それで調べてみたら、先生が繁々《しげしげ》と大田を訪問しておられるので、何か事情を御存知かと思って、来ていただいたわけです。訴訟について大田のヤツ何か言ってませんでしたか」

「いいえ。その話は、いま、初めて聞きました」

「ああ、先生は御存知なかったのか」所長は三度頷いた。「そうか。いやそうするとあの大田長助も大した役者ですな」

「本当です。驚きました」

「まあ、何かあったら教えてくださいよ。違憲訴訟となるとこちらも神経を使わにゃならんのでね」

それから二週間ほど近木は大田に会いに行かなかった。自分の行為を所長に監視されているようなのがいやだったし、大田が自分に断りもなく訴訟を開始したことが不愉快でもあった。ところが、けさ突然、大田が運動場で吐いたという電話に驚かされたのである。近木は保健助手に命じて大田を医務部に運びこませた。しかしそこで何を問いかけても大田は返事をせずまるで人形のように動かなかった。ためしに太股《ふともも》の内側（そこは知覚神経が密に走り痛みに敏感なところだ）を抓《つね》ってみても反応がない。が、気を失っているわけではなく、瞳孔《どうこう》に懐中電燈の光を当てると意識のある人のようにいきおいよく縮むことがわかった。とにかく入病させて様子を見ることに彼は決めた。

叫びが少し弱まった。叩いているのは扉らしいが、それも跡切《とぎ》れがちだ。扉を叩くのをやめた。泣き声らしいのが聞えてくる。何だかわざとらしい。いったいに大田は日頃からわざとらしい所作が多く、何をしても大袈裟《おおげさ》な男である。そう言えば運動場で倒れて吐いたのも、医務部で人形のように動かなくなったのも、どこかわざとらしい。それを入病したいための演技とも疑える。そしていまは、病棟に来た近木の足音を聞きつけ、何とか自分のところに来てもらおうと騒ぎたてているとも考えられる。いったい本当の病気なのか演技なのか、両者の区別が曖昧《あいまい》だ。近木は爪先立《つまさきだ》ちで足音を忍ばせ、大田の部屋に近付いた。

扉の内側にうずくまり「アアア……」と泣いている男が見える。近木は視察口に目をつけたまま息をひそめる。大田は目をこすった。病衣のはだけた胸が光っているのは涙で濡れたためらしい。近木は、音をたてぬよう慎重に鍵《かぎ》をあけると唐突に扉を押して中に入る。大田はびくっと身をひいてこちらを見上げた。

「どうした大田、寒いのか」

大田は頭を振ったが、体全体が小刻みに震えているのでそれが彼に答えたのか無意味な動作なのか判定できない。

「なぜ泣いてるんだ。話してごらん」

大田はしきりと頭を振り、紫色の口を尖《とが》らした。それが朴泰翊が唾を吐くときのすぼめ口にそっくりで近木は用心したが、出てきたのは切れぎれの声音であった。

「コ、コ、コ……」

「そうか。まあ落着いて話しなさい。さあ立って、そうそう、さあベッドに横になって……あ、大丈夫です」近木は扉口から覗《のぞ》いた山崎部長に会釈《えしゃく》した。「ぼく一人にしてください」

横になった大田は土の上に放りだされたミミズのように体をくねらせていたがそのうちひょいと起き上り、また小刻みに震え始めた。しきりと着物の襟《えり》を合せている様子はいかにも寒そうだ。小柄で瘦《や》せた体が栄養不良の子供のようで、涙が鼻の孔《あな》から流れて上唇を濡《ぬ》らしている様子がこの男の幼年時代を連想させる。やせっぽちで小さいためみんなから莫迦《ばか》にされたというその時代に、いま、彼は戻ってしまったかのようだ。或《あ》る日彼は溜息《ためいき》をつきながら言った。「おれは、よう、学校、きれえだったなあ。ほんとにきれえだったよう、先生。いやでいやでいやで、もう大きれえだったよう。いじめられたもんなあ。みんなしていじめやがっただよう。オヤジがブランブランだっていうだよ。オヤジは土工にいって腰にツルハシとおされて足がブランブランで百姓できなくて兎《うさぎ》の飼育やってたから、ブランブランていわれてただ。おれのことをブランブランの長助ていいやがるだ。小学校へ行ったらその日によ、友達がみんなしておれを圧《へ》しつけてよ口んなかに糞《くそ》をつっこみやがった。誰かが兎の糞を用意してやがっただよ。泣きながら家に逃げてけえったけどよ、すぐ先生が連れにきてよ、学校の廊下に立たされただ、うん、おれが悪いんじゃねえのによ、立たされてよ、みんながまたそれをはやしたてるだよ。だから学校、もう大きれえだっただ。だけどよ、家に逃げてくりゃオヤジにぶったたかれるし、学校へいきゃ先生に責められるしよ、もうどうしようもなくて山へ逃げるとよ、おれの村は谷間にあって山なんてうんとこさあったから、山へさっさと逃げるとよ、放課後友達がみんなして山探しに来るだ。ブランブランの長助はどこだ、ブランブランの長助出てこいって、竹竿《たけざお》だの木刀だの持ってほっつきに来ただね。おれはとっつかまんねえように逃げて逃げてかくれるだがよ、ときたまへマしてとっつかまっただよ。そうするとみんなはおれをまる裸にしてよう、藁《わら》縄《なわ》でぐるぐるまきにしてよう、ケツの穴に砂つめこむだ。泣くと口んなかにつっこまれるからぎゅっと口をむすんでよう、痛いのを我慢してるだ。うん、いたかったよう、それはそれはもうヒリヒリするよう。ある時なんかケツが破れて血がドクドク出たらみんなぶったまげてよう、逃げてっただね。先生、おれのケツ見てくれよう。いまだって変にひっつれて、よく閉らねえで、糞がとびだすだから」そして近木は外科医の滝に頼んで大田長助の肛門《こうもん》を診察してもらった。

「これは痔《じ》じゃないですね。何かで肛門を無理にひろげた跡ですね。括約筋が一つ切れてます。手術してつなげれば治りますが」近木は、いま、大田の涙に濡れた紫色の唇から紫色の尻《しり》のくぼみにあった歪《ゆが》んだ紫色の肛門を思いだした。この小柄で痩せた栄養不良の男の中心に一本の管がとおっている。くたびれて弛緩《しかん》したあわれな管。

「ねえ、大田。ぼくだよ、チカキだよ。わかるかね。そう、こっちを向いてごらん」

「コ、コ、コ……」

大田は物言いたげに口を尖らしたが言葉は出てこない。近木は辛抱して待った。こういう場合性急に話させようとしても効果はない。ながいあいだ沈黙していた男が、いま、やっと何かを語りたがっているのだ。待っていれば男は語り始めるにちがいない。五分間待ってみよう。彼は腕時計を見た。十一時二十二分。そう、きりがよく十一時半まで待ってみよう。それにしてもこの部屋は寒い。最近内科と外科の病舎にはスチーム暖房を入れたのに精神科病舎は危険だから入れないということだ。危険とはすなわち錯乱患者が暖房器具を破壊する危険を指すらしいのだが真意は精神病者は心の病気であって体は健康なのだから、健康な者がいる舎房に暖房がない以上ここにも入れる必要がないというわけだ。このことでは拘置所に赴任早々医務部長と議論した。新任の弱輩が小生意気なという口調、物を知らぬ年少者をあわれむ苦笑、どうやら自分はあの時から医務部長の心証を害したらしい。十一時二十四分。窓が少し開いていて雪が舞い込む。こんなに寒いのはそのせいだ。汚物に濡れた脚が、背中が腰が冷えこむ。はやく着換えぬと風邪をひくだろう。朴泰翊を執行停止で外に出せば医務部長は喜ぶ、喜ぶとともにおれを軽蔑《けいべつ》するだろう。はじめから自信がなかったのに空威張していたと思うだろう。思っただけで彼はあからさまには何も言わぬだろう。あと五分、まだ大田は何も言いだせず口を尖らすのみだ。近木は大田に頷《うなず》き、背中を撫《な》でてやった。病衣の下にあると予想した背中はなく、五センチ下にやっと骨張った肩甲骨《けんこうこつ》に触れた。ここが上腕三頭筋の位置だがほとんど肉がない。

「コ、コ、コ……コ、コ……」

大田が顔を近付けてきた。何を言いたいのか。近木は相手の表情を読もうとした。何か秘密を打明けようとする時の不安な目の動きを見ているうち、彼は大田が或る日そっと耳元で囁いたことを思いだした。「楠本《くすもと》てのがいるだろう。T大卒のえらぶったやつだよ。あいつは確定者のなかじゃたしか二番目に古いのによ、まだ生きてるのはあいつの兄貴が法務大臣と知合だからだってえ話だね。うん。なにか、うんとこさ金を使ったらしいよ。だからあいつだけにゃお迎えが来ないだね。担当だって楠本の前じゃ、一目置いてらあ。ほんとだよ」大田はさらに口先を近付け「楠本は隣の房にいるだよ。おれがこんなこと言ったって、あいつには内緒だよ。ぜったい言っちゃ困るよ。あいつににらまれたらおしまいだからなあ」と言った。それは彼が暮に河野の隣に転房する前だから秋のことだったと思う。一年ほど付き合ったすえ、大田は何かと近木の機嫌をとろうとしてゼロ番囚たちの噂《うわさ》を好んでしだしたが、楠本のことを話す時だけはとくに声をひそめるのだった。楠本の兄が法務大臣の知合かどうか近木には調べる方法がなかったけれども、それはありそうにもない話と思え、むしろゼロ番囚たちに楠本が特殊な人間と看做《みな》されていることに興味を持った。『夜想』という評判の本の著者であるインテリの死刑囚という世間一般にひろまった噂に加えて、囚人たちの間では何か冷たい傲慢《ごうまん》な人、孤高をてらって同囚と付合わぬ変人、衒学癖《げんがくへき》のため看守に煙たがられる人物と取沙汰《とりざた》されていた。とくに大田が強調したのは楠本が金銭に恵まれている点である。「楠本は金持だから、おれみたいなぺいぺいとは身分がちがうだよ。おれなんかよう、金がなくてよう、こうやって毎日朝から晩まで請願作業でよう、坐《すわ》ったきりの荷札つくりでかせいでかせいでやっと菓子をすこし買えるだけだのによ、あいつときたらおふくろがしょっ中面会に来て、やれセーターだやれ缶詰《かんづめ》だやれ本だってうんとこさ差入れがあんだろう。小遣銭だってありあまるほど貰《もら》ってやがるだ。おなさけの請願作業でうんうんうなってるうちらとは御身分がちがうだよ。ねえ、先生、おれなんか生れつきの貧乏人だから、つらくて、金がほしくてとうとう事件おこしてよ、こんなざまになっただよ。うん、金が欲しいよう。ああ、一生で一度でいいから、こんな作業しなくてすむ身分になりてえよ」近木は腕時計を見た。十一時二十六分。大田は俯《うつむ》いて黙っている。近木は立上り、冷えきった体から寒気を払い落そうと歩いた。さっき診察した楠本のことを思い出す。何だか学生のような男を想像していたが小肥《こぶと》りの中年男だった。近眼なのか時折目を細めて物を見る癖がある。やわらかな微笑と礼儀正しい物腰ではあるが、どこか人とへだたりを作ろうとしている。何かの拍子に、ほんの一刹那《せつな》眉間《みけん》を走る皺《しわ》が内心の不快を、拒否の姿勢を、示す。とにかく今日になって突然診察をつけてきたあの男の本当の気持は何だろう。眩暈《めまい》を診察して欲しいといいながら処方してやった薬はいらないという。「自分で治してみたいんです。自分で何とか努力すれば治るような気がするんです」と後で言うくらいならわざわざ診察などつけねばよいのだ。

「コ、コ……」と大田が言った。「コ、コ、ワ……」

近木は時計を見た。二十七分。五分を経過した。

「コ、コ、ワ、ドコ」と一語一語を区切って言う。

近木は微笑した。五分間待った成果がこの一言だ。彼は大田の方を向き、大田の口調を真似《まね》て言う。

「コ、コ、ワ、ドコダ。ドコダ、ト、オモウ」

大田は首を振った。

「わからないのか。それじゃ大田。オ、レ、ワ、ダレダ」

「センセ、ダ」

「そう、何ていう先生だ。え、この医者は誰だ」

「タ、キ、センセ、ダ」

「おやおや、この先生は滝先生じゃないよ。困ったね。それじゃきくが、オ、マ、エ、ワ、ダレダ。お前の名前」

「オ、オ、タ、リョウ、サク」

「冗談じゃないよ。大田良作はお前の大嫌いな伯父さんじゃないか。良作のために罪に落されたとあれほど悔しがっていたじゃないか。ええ、大田、お前、自分の名前がわからんことないだろう。もう一度言ってみろ。オマエワダレダ」

「オオタ、リョウサク」

「まてよ」と気合を入れたように叫ぶと近木は腕組みし、部屋の端から端まで素早く歩いては身をひるがえした。そして何度か靴の爪先《つまさき》で壁を蹴《け》った。脳の中を血液が流れていく感じがする。エネルギーの補給を受けた脳細胞が熱して活動しはじめたのがわかる。大田が陥っている状態について考える。わざと間違った応答をしているのか、それともはっきりとした病的状態か。仮病か、それとも本当の病気か。ふと適当な質問を思いついて、大田を睨《にら》まえた。

「3タス2ワイクツダ」

大田は考え込んだ。近木は同じ質問を繰返した。

「6」

「よし、それならば」近木は組んだ腕を胸に押し付けながら襲いかかるように言った。

「5タス3ワイクツダ」

「7」

「はは、そうだろうね。そうだろうとも」近木は笑い出し、次の質問を投げつけた。

「生れはどこだい。ウ、マ、レ、フルサト」

「グ、ン、マ」

「ああ群馬県だね。長野県じゃなくてね。正解から少しずつ違いますね。お前の名前は良作で長助じゃなく、3タス2は6だと言いたいんだね。正解を知っているのにわざと間違った答をする。いや、間違った答をせざるをえない状態ですね。ええ、お前はガンゼルじゃないか」

目の前にいる大田が前世紀にドイツの医師ガンゼルが記載したガンゼル症状群と名付けられている症例と一致する、この小さな痩せた死刑囚が多くの古典的症例の一例となる、一人の独自な人間がその独自性を失って或る名前のついた症状群に一般化される。こういった具合に精神科医が診断を下すときに体験する安堵《あんど》を近木は覚えた。彼は教科書の一節を正確に思い出そうとした。一八九八年、医師ガンゼルは四例の奇妙な囚人を発見した。いままで何等知能に欠陥が認められなかった囚人が、或る日とつぜん簡単な質問にも答えられなくなる。囚人は質問の内容をかなり正確に理解しているらしくみえるのにわざと間違った答をするかのようだ。この場合、答は莫迦《ばか》げた誤り方を示すが、答は一応質問の目指す方向にはある。一種の意識障害があって、囚人はまるで子供にかえったように退行現象を示し、言葉づかいも子供じみている。

身体症状として必発するのは皮膚知覚の異常、とくに痛覚の減弱である。しかしこれらの異常な症状は多く短時間で正常な状態に戻る。要するにガンゼル症状群とは拘禁された囚人のおこす特異なノイローゼ発作である。

「そうだよ。お前はガンゼルじゃないか。ええ」近木は今度は後手を組み、彼の大学の虻川《あぶかわ》教授がやるように胸をそらせて首を少し傾《かし》げた。そうすると得意な気持がおこってきた。この男はガンゼル症状群の特徴をすべて備えている。太股《ふともも》を抓《つね》っても反応がなかったのは〝痛覚の減弱〟であるし、ふざけたような応答も子供じみた身のこなしも、すべてガンゼルだ。それがガンゼルであるからには〝短時間で正常な状態に戻る〟はずだ。何も心配はいらぬ。この男は放っておけば自然に治ってしまう。

ノックがあった。アルミの盆にのせた昼食を持って看病夫が入ってきた。続いて山崎部長が顔をのぞかせた。

「食事はテーブルに置いて。山崎さん、わかりましたよ」近木は後手を解かずに微笑した。

「はっ」山崎は遠慮深げに入ってくると看病夫を叱《しか》りつけた。「何をぼんやり立っとる。早く行け」

「大田はガンゼルですよ」

「はっ」老人は黄色い目をしばたたいた。

「これ、拘禁反応の一タイプで刑務所では時々見られるとされている。山崎さん、前にこんなのご覧になったことない」

「いいや、わしはどうも……」

「そうですか」近木は機嫌よく言った。「実はぼくも初めて見たんです。文献には載ってるんですけどね」

「看病夫に命じて食餌《しょくじ》摂《と》らせますか」

「食餌ですか。まあしばらく置いたままにしておきましょう。本人、食べたければ食べるでしょう」

近木は山崎を押して廊下に出てから囁《ささや》いた。

「なに、ガンゼルってのは拘禁ノイローゼの一種なんです。しばらくすると目が覚めたように普通に戻りますから」

「しかし先生、これ大丈夫かね」山崎は自分の喉仏《のどぼとけ》に右手を当てた。三ヵ月ほど前この病舎でノイローゼ患者が首を括《くく》ろうとして未然に発見されたことがあったのだ。

「大丈夫ですよ」近木は老人を励ますように大きく頷《うなず》いた。「同じノイローゼでも大田のは死ぬのがこわくてノイローゼに逃げ込んだ口ですから。それよりね、山崎さん、彼が違憲訴訟についで何か口走ったり要求したらぼくに知らせて下さい。彼は死刑の憲法違反についての訴訟を始めたばかりなんですから。じゃ、あとお願いします」

十二時まで二十分ほど間があった。昼食時で混雑する前に厚生部へ行き下着とワイシャツを買っておこうと彼は急いだ。

二 「第五章　死者の舟　4」より

大学の門を入ると右手に付属病院の建物が小都市のように居並び、左に車を向けると基礎医学教室の古びた建物が大木の銀杏《いちょう》や欅《けやき》の並木のむこうに低く這《は》っていた。二時の犯罪学研究会にはまだ一時間余の間がある。虻川《あぶかわ》教授の浅黒い大きな顔、名取千弦の頬のホクロ、大古場助教授の禿《は》げあがった額、それらの映像がフラッシュ・バックのように脳裡《のうり》をかすめたあとに、車のトランクに入れてあるフランスとドイツの雑誌が二週間の貸出期限をとっくに過ぎていることを思い出した。医学図書館の前で近木《ちかき》は車を停めた。

昼食時のせいか館内はすいていて、館員の数も少ないように思われた。雑誌を返却してから、書庫に入り鋼鉄の階段を登っていった。戦前に刊行された雑誌のある三階へ着くと、手帳にメモしてあった読みたい雑誌と論文名を見た。一九〇四年の『ドイツ医学週報』の目当ての年のを探し当て、ずしりと重い大型の製本綴《とじ》を抜き出すと窓側の机に持っていった。K. Bonhoefferの Über den pathologischen Einfall という論文はすぐ見付かった。いつもそうだが、何十年も前の昔の論文を読むとき、紙の間に閉じ籠《こ》められていた時間が紙面の上に脹《ふく》れあがり解放の喜びをもって流れ出てくるような感銘を覚える。近木は、自分の書いた論文を、五十年、百年後の若い学者が読む場面を想像し、学問とは何と奇妙な伝達をとげることかと思う。いま、読んでいるこのボンフェッハーの『病的着想について』という論文の存在を近木は蚯川教授の『拘禁状況の精神病理』で知ったのだが、おそらくこの論文を日本で読んだのは蚯川が最初であろう。それほど特殊な問題を取扱っている論文なのだ。しかし〝病的着想〟に興味をもった蚯川にとっては至極大事な必読文献であったには違いない。そして近木は、おそらく日本で二人目の読者としてそれを読んでいる。昨日、大田良作から大田長助の幼い頃の虚言癖について聞いたとき、デルブルュックの空想虚言、デュプレの神話狂についての報告とともに、ボンフェッハーのこの論文のことが頭に浮び、大田長助を理解するのに必要な情報がきっと書かれているに違いないと予想した。近木は論文を一ページほどざっと読んでから、ノートに要点を書き取りつつもう一度注意深く読み返した。やはり読むべき論文であった。ドイツの学者は六十数年後に、極東の若い精神科医が自分の論文に読み耽《ふけ》るなどと考えもせず、極東の若い精神科医は自分が偶然診た患者と同じ症状の患者をすでに六十数年前にドイツの学者が報告していたことに驚く。精神医学という学問は全体として大きな殿堂を形作るが、その殿堂の部分部分はごくわずかな専門家が年月や国の隔りを越えて協力して作りあげたものである。これから先、近木が大田長助について症例報告を書くとすれば、それは、ボンフェッハーや蚯川の業績と響き合って、殿堂のどこかに取付けられる飾りとなる。その飾りは、先人の作品に、あとから来た者が少しずつ鑿《のみ》を加えていったものである。この場合、その飾りに注目するのは、鑿を加えようとする少数者のみなのであって、この点が万人に向って公開され、万人の観賞にさらされる文学や絵画の殿堂との差である。このように、大きな殿堂の極小部分に帰属するという喜びは、おそらく科学者に特有な感情であって、芸術家には無いであろう。芸術家は一人一人が一つの殿堂を作りあげる。彼らは一つの殿堂を完成したという喜びをもつが、その殿堂が後世まで永続するかどうかは全く予測できない。そこに芸術家の恍惚《こうこつ》と不安がある。しかし、科学者の喜びはもっと控え目なものであり、同時に確実に後世に残ると予測できるものだ。近木は思う、自分は科学者である、科学者の道を選ぶ、芸術、とくに音楽は大好きだが、それにしても芸術家にはなりたくない、芸術家の恍惚と不安、とくに不安には耐えられない、と。

出し抜けに竹刀《しない》が高鳴り、鋭い気合が響いた。学生たちがそばの武道場で練習を始めたのだ。一時になっていた。まだ論文の三分の一しか読んでいない。武道場の屋根に残っていた雪が何かの合図のように軒端《のきば》まで滑り落ちた。近木は、ノートの一ページを破って栞《しおり》とし、雑誌にはさむと書架に返しにいった。このような大型の雑誌は借り出すのが億劫《おっくう》だ。単に読むためにはコピーをとればよいのだが、このコピーという発明品が性に合わない。せっかく古い雑誌を読むのに、古い紙の触感や匂《にお》いなしに読むのは味気ない気がする。またにしようと階段を降りた。

図書館を出て犯罪学研究室のある脳研究所へ向った。車を使うほどもない近さである。薬学部の薬草園にはまだ雪が積っていたが、欅の並木道はすっかり乾いて、陽光が眩《まぶ》しく映えている。欅は裸の枝模様が美しい。青空にひろがる、脳細胞の顕微鏡像さながらの、繊細で意味ありげな網の目は、歩くに従って刻々にあらたまり、快いリズムを生み、マーラーの交響曲を誘いだしてきた。昨夜、入眠用の音楽としてカセットコーダーで聞いた第四交響曲の第一楽章で、フルートと鈴の刻む音楽が晴れやかに延びていく。通常のテンポより大分速い演奏で、そのリズムに乗って足早に行くと名取千弦の白い顔が目の前に思い描かれた。相変らずマーラーなんかに熱中しておかしな人ねという顔付で、嗤《わら》っている。クレンペラーやバーンシュタインならもっとゆるやかなテンポだから、これはオイストラッフ指揮のモスクワ交響楽団の演奏だな。ロシア風の力強い表現で、愛する人に向ってトロイカで駆け付ける熱情をもつ人物のタクトだ。メロディを口ずさみながら脳研究所に入った。廊下の端から足早に来る白衣の人が手をあげた。大古場助教授だ。髪の毛は薄いが張りのある頰やくるくる動く眼に精彩がある。

「やあ、きみか、元気にやってるかい」

「ええ、まあまあ」

「まあまあにしちゃ、何だか楽しそうだね。いいことでもあったの」

「いいえ」近木は赤面した。いまの口吟を聞かれたらしい。

「研究室にいくんだろう。一緒に行こう」二人はエレベーターに乗った。途中で試験管を満載した手押車の男が乗り込む。劇薬と印のある赤いラベルの瓶《びん》を持つ女の子が乗ってくる。たえず白衣の人々が乗ったり降りたりした。この脳研究所は、解剖学、組織病理学、脳波学、臨床心理学、脳外科学、神経内科学、犯罪学など、いろいろな研究室に分れている。人々の間にあって、近木は久し振りに学問の香りを嗅《か》いでいた。拘置所の、型に嵌《はま》ったお役所風の生活とはまるで違う、自由で活気のある雰囲気《ふんいき》だ。手術着を着た若い女の襟足《えりあし》に気をとられると大古場が降りた。プロフェッサーはあわててあとを追った。六階の犯罪学研究室だった。

「プロフェッサーが待ってたよ。今度のヤクザ被告の調査に関したことらしい」

「きょうはその関係の被告リストを持ってきたんです」

「そうか。じゃ、まずそれを届けて、あとでぼくの所に来てよ。うまいコーヒー御馳走《ごちそう》するから。そう、なるべく早く来てよ。実はきょうの研究会のことで、きみに教えてもらいたいことがあるんだ」大古場助教授のなめらかなテノールは廊下の隅々まで届いて反響を返してきた。

「なんでしょう」

「ちょっと複雑なことなんでね、まああとで言うよ。じゃあね」

大古場は、忙しげに白衣を翻《ひるがえ》しながら去った。蛇川教授室の前だった。

ドアの磨硝子《すりガラス》を透して人影が見える。先客がいるらしい。貼紙《はりがみ》に〝御用の方は秘書をお通し下さい〟と几帳面《きちょうめん》な楷書《かいしょ》で書かれてある。蛇川は来訪者に不意打されることを極度に嫌い、自室のドアにはいつも鍵《かぎ》を下し、隣の秘書室からしか入れぬようにしているのだ。秘書室のドアをノックしようとして再びマーラーの旋律が聞えてくる気がしたが、ドアを開くと静まった。

名取千弦が随分久しぶりじゃない、という批難の目付を向けた。白くなめらかで、右頰にホクロのある、さきほど思い出していた通りの顔である。

「このところ何だか忙しくてね」と言い訳をしつつ近木は教授室へ顎《あご》をしゃくった。

「相原先生」と彼女が教えた。

「じゃ、待つとしよう」彼は机に腰を下した。彼女のホクロの下で濡《ぬ》れた歯があだっぽく光っていた。彼が目をしばたたくと、彼女はこそばゆげに首をすくめた。

「おみかぎりだな」と彼女が睨《にら》んだ。

「本当に忙しかったんだよ」

「その指どうしたの」彼女は気掛りなふうに言った。

「いや、ちょっと」彼は曖昧《あいまい》に答えた。死刑囚に嚙《か》みつかれたということが至極滑稽《こっけい》なことのように思え、躊躇《ちゅうちょ》したのだ。

「デモ隊にやられたのかな」

「え」

「昨日の拘置所のデモ、新聞でもテレビでも大騒ぎだったけど、でも近木先生がデモ隊と渡り合うなんて、考えられないもんね」

「無論さ。ぼくは文弱の徒だから。なに、患者に、いや、或《あ》る死刑囚に」彼は名取千弦の顔がかすかに歪《ゆが》むのを感じた。「嚙みつかれたんだ。油断した時にやられた」

「まあ」彼女の面に脅《おび》えた影が走った。

「嚙みつかれたあとが化膿《かのう》した。しかも指が化膿した時には嚙んだ死刑囚はすでに処刑されていた。けさのことだ」

「指を噛んだため、罰として処刑された」

「まさか。殺される前の興奮状態でぼくの指を噛んだんだ」

「ひどく痛む」

「いまはそれほどでもない。午前中はあまり痛んだので、切開してもらったけど」

「いやだな」彼女は電気でも通じられたように激しく身震いした。血の気の失《う》せた今にも倒れそうな面持が彼を驚かせた。

「どうした。大丈夫。こんな話するんじゃなかった。きみは案外、気が弱いんだねえ」

「わたし、痛いこと大嫌いなんだ。想像しただけで耐えられない。それに、気味がわるいよ、もう死んだ人に噛み付かれたなんて」

「仕方がないよ、職務上の事故なんだから。それよりもどう、今夜、死人に噛み付かれた男と飲みに行かない」

「それはいいけど」彼女は小さな声で言った。

「じゃ決った」彼はわざと息を弾ませ、相手の肌に、ゆっくり血がのぼってくるのを見た。「ところで、先に助教授《ズブプロ》に会っておくかな。何かぼくに聞きたいことがあるって言っていた」

「待ちなよ」彼女は目顔を混ぜつつ「彼が言ってたよ、あなたが来たらすぐ知らせろと」

「相原先生は長っ尻《ちり》だから」

「構わないよ。入っちゃいなさい」

「そうもいかん」蛇川は誰かと面会中に第三者が入室してくるのを嫌がるし、相原鐘一という老学者は苦手だった。

「助教授《ズブプロ》ていえば、ここのところ大変だったよ、例の連中が押しかけてきて」

「例の連中……」

「学生たち、昨日拘置所を襲った〝河野晋平を救う会〟の連中」

「どうして」

「知らなかったのかなあ。大古場先生は河野晋平の精神鑑定人なんだ。何でも鑑定結果が連中に気に入らなかったらしいよ。十数人で何回も押掛けてきて鑑定を撤回せよ、なんて騒いだけど、先生は頑固で全然受付けないもんだから、連中も粘って大騒ぎだった。先週なんか、助教授室を封鎖して、封鎖といっても貼紙で封印して〝これを破ったら脳研の教授会に乱入する〟と威《おど》し文句を書いたんだけど、やはり先生、平気で破いちゃってね、情勢ますます険悪、そこへ昨日のデモで、わたし本当にたまげちゃった」

「どこの学生だろう」

「先生のとこに来たのは本学の学生らしい。いつもヘルメットに手拭《てぬぐい》で覆面してるんで顔はわからないけど、女子学生もいるよ。医学部が多いみたい」

「知らなかった。卒業して四年も経《た》つと学生のことが、もうさっぱり分らない」

「それに、拘置所に一年半もいると娑婆《しゃば》のことはもうさっぱり分らない」

「ちがいない」と近木は笑った。

電話が鳴った。隣室にいる虻川教授からだった。

「はい、わかりました。それから、近木先生が見えてます」

余計なことを報告すると思っていると、すぐ靴音がして虻川教授が姿を現わした。浅黒い大きな顔に、髪を綺麗《きれい》なオール・バックに撫《な》でつけ、小さな金縁眼鏡をかけていた。青いワイシャツに鬱金色《うこんいろ》のネクタイが鮮かな対照を示しているのは、いつもながらのこの人の御洒落《しゃれ》である。

「何だ、来てたのか。きみを待ってたんだ。例のリストはもらえそうかい」

「もらってきました」近木は鞄《かばん》から〝暴力集団関係者リスト〟を取出した。

「さすがきみの仕事は素早いな」虻川はざっと目を通した。「総数は何人になる」

「二百八十三名です」

「随分いやがるな」虻川は若い人の前でわざとする伝法な言いまわしになった。「大物の名前も目につくあ。浅草の××組の親分、ほら、ぼくの論文に引用した男、組を結成した昔に大岡越前守《えちぜんのかみ》からもらったという御墨付を見せてくれた面白い爺《じい》さんでね、喧嘩《けんか》の仲裁を専門にしていて、そのたんびに指を切り落しやがるもんだから左手なんか指が二本しか残ってねえんだ。こんなのまでとらまえちまったんだね。警視庁も今度は徹底的にやったあね。どうやって調査するかだが一度作戦会議といこう。なんだろうね、覚醒《かくせい》剤中毒なんか大分混ってる筈《はず》だが、幻覚妄想《もうそう》をもったヤツがきみんとこに診察つけてこなかったかい」

「そういえば一名、警官に追われるという被害妄想で、夜な夜な房の壁へ警官の顔が現われるんで、恐いというのがいました」

「面白えな。もっといると思うよ。ぼくの若い頃、ヒロポン中毒てえのが大流行したが、近頃はあれがまたぶり返して来たんだね。熊本大学の立津教授の書いた覚醒剤中毒の本読んだ」

「そんな本があるんですか」

「ありますよ。戦後すぐでた本だが名著でね。是非読まなくちゃいけねえよ。ぼくも一冊持ってるが、何だったら……」

「いえ、図書館へ行って読みます」蛇川は自分の私本を他人に貸すことはしない主義だった。近木は、知らない本の名前を聞いたときの癖で、すぐ手帳にメモを取った。そこには朴泰翊《ぼくたいよく》の症状が記述してあり、それを書いた時の大田長助の病室の情景がまざまざと思い出された。

「さっき図書館のボンフェッハーの Über den pathologischen Einfall を読みかけてきました」

「へえ、珍しい論文に興味をもったんだなあ。あれは十数年前、ぼくがきみと同じように拘置所の医官をやっていた頃、読んだことがある」

「論文の名前は先生の『拘禁状況の精神病理』で教えていただいたんです。きのうガンゼル症状群を示す一例を診ましてね。その男の基礎性格が、どうも病的虚言症のようなんです。幼い頃から平気で嘘をつき、人を騙《だま》くらかすのがうまかったらしいんです」

「ガンゼルか。そいつは貴重な症例だぜ。そうだ、さいわい、相原先生が来ておられる。先生は日本で第一例を報告された方だ。お話ししてみたら喜ばれるよ」

「はあ」近木は生返事をした。相原鐘一といえば、犯罪精神医学畑の大先輩で蛇川教授の恩師だが、それだけに近木のように駆け出しの研究者には偉すぎて近付き難い気がする。それに、相原は、こと学問学説については自説を堅く守り、反対者を仮借なく批判する人である。一昨年の精神医学会で〝性格異常〟のシンポジアムが開かれた。会場には性格異常なる概念を抹殺せよと叫ぶ学生たちが大勢押しかけていた。学生たちの主張は性格異常なる概念は差別概念だから存在せずという。つまり、性格の偏《かたよ》りは別に異常とみなすべきでなく、むしろその偏りのために、独創性を発揮し、ときには体制を批判する革命家をつくる正常な機能である。ところが性格異常という概念は独創的な人物を異常として差別し、革命家を性格異常者として保安処分、すなわち精神病院に閉じ籠《こ》める危険な概念であるという。学生たちは性格異常の存在を主張する演者を弥次《やじ》り倒していたし、シンポジアムの演者の大半は、性格異常という概念を否定する発言をして学生たちの拍手を浴びていた。とくにJ大学の真船教授は、犯罪の要因を性格の異常にありとする相原学説を暗に批判しながら、いまや性格異常という時代おくれの概念を精神医学の全体系から抹殺すべきだと主張した。

「はっきり言って、性格異常者などは、この社会に存在しない。性格異常と診断するような医者は、体制側の人間であると断言しうるのであります」

会場に盛んな拍手がおこった。と、聴衆の中にいた相原が立上った。痩《や》せ細った老人の姿は、若い学生たちで満員の会場の中で、痛々しいほどにみすぼらしく見えた。しかしそれだけに、かえって意表をつかれた学生たちは沈黙し、相原の発言に耳を傾けることになった。

「ちょっと、伺いますがね、性格異常という概念がないとすると、精神病でも正常でもない中間状態は何と呼ぶべきなんですか」

「はあ、それはですね」真船は、さすが学会の長老である相原に敬意を払った口調で言った。「そのような中間状態は、精神病か正常かのどちらかに属させればよいと思います」

「しかしですね。精神病というのは或る年齢に発病するものです。高度の性格異常が幼い頃よりあって、発病の時期を決定できない場合、それを精神病と診断するより、性格異常というべきではないですか」

「その場合は、幼年時代に発病した精神病とみなすべきと思われます」

「しかしですね」相原の声がすこし掠《かす》れ、半白の口髭《くちひげ》が震えて光った。「それは精神病という概念を拡大しただけではないですか。ぼくは三十年間、多数の犯罪者を診察し研究してきて、彼らの中に或る型の異常な性格傾向を持つ人間が多く出現する事実を確かめています。たとえば、殺人犯には、いつも上機嫌で陽気でお喋《しゃべ》りで、刹那《せつな》的な快楽を追いもとめ、一見人当りのよい好人物を思わせながら、他人を害することを何とも思わない人間がいる。クルト・シュナイダーの性格類型で言えば、発揚型と無情型との合併した性格異常者です。彼らは決して精神病者ではないし、また正常者でもない。両者の中間にいて、性格の偏倚《へんい》が著しい者と看做《みな》さざるをえません」

「その場合は、正常者としていいのではないですか」と真船が言った。「正常な人間の中で、或る性格傾向が目立ったと考えればいかがでしょう」

「目立った、とは何です」相原の声は一層掠れて聞き取りにくくなった。「目立った程度ではない。はっきり或る性格傾向が偏っている。つまり異常である。この場合、性格異常と呼んで何故《なぜ》わるいか」

「ナンセンス、異常は差別だよ」と弥次が飛んだ。学生たちが一時に喚《わめ》き始めた。「犯罪は革命的行為じゃないか」「殺人者はだな、革命家なんだよ。だから政府の犬のお前は、殺人犯は性格異常だなんて差別しやがるんじゃねえか」「異議なし」

しかし相原は少しも怯《ひる》まず自説の開陳を続けた。彼の言葉は、学生たちの騒ぎにまぎれて全く聞こえなくなったが、なお十分ほど彼は頑として坐《すわ》ろうとせず喋り続けた。

「なに、心配はいらないよ、きみ」と蛇川は、まるで近木の内心を透視したように言った。「先生は、きょう、珍しく御機嫌がいいから」

「はい」渋々近木は蛇川に従って教授室へ向った。相原はソファの端に何だか子供みたいに小さな感じで坐っていた。組んだ脚が一本にまとまったように見えるほどに痩せた人で、だぶだぶの背広の肩が両側ともずり落ちていた。髪の毛は房々して黒く、口髭が半白でなかったら、随分若く見えたろう。タイプされた横文字の論文に読み耽《ふけ》っていて、二人が入ってきたのに気付かない。

「先生、近木君ですが」と蛇川が言った。

「ああそう」と相原は顔をあげ、さらに老眼鏡を持ちあげた。初対面の人に向けられたように無表情である。

「近木です」と頭を下げても、数回会った近木を忘れているらしく、相原は助けを求めるように蛇川を振向いた。しかし、蛇川が口を開くより先に、近木は拘置所の医務部にいると自己紹介をした。相原は「ああ、きみでしたか」と頷《うなず》いた。

「まだ勤めてから二年にもなりませんから、いろいろとわからないことがあります。とくに拘禁反応は大学病院では診たことがなかったのでまごつきます。それから死刑囚に、どうも拘禁反応が多いような気がしてなりません。何か激烈で動揺の大きい、何て申しますか、〝熱いノイローゼ〟みたいなタイプが目に付きます」

「死刑囚にね、ふむそうですか、それは面白い」相原は老眼鏡を毟《むし》り取ると組んだ脚を解いて針金細工が前に倒れてくる感じで身を乗り出した。「で、その熱いノイローゼというのはどんなタイプですか」

「まだ、そう症例が多くないのではっきりは言えないんですが、興奮状態が続く騒々しいタイプ、反応性躁《そう》状態とでもいえるようなのが目立ちます」近木は大田長助をはじめ数人のゼロ番囚を念頭に置いて言った。「一日中滅多やたらにいそがしがって、上申書を書いたり、俳句を作ったり、医務に診察をつけたり、一刻も落着いていられず、溢《あふ》れるように喋り、笑い、唱《うた》うという状態なんです。そうかと思うと、急に泣き出し、まるで駄々っ子みたいに暴れまわります。笑ったり、泣いたりの変化があまり急激に来るので、時には泣笑となって、本人も悲しいのか嬉《うれ》しいのかわからないみたいです。全体に子供っぽい状態への退行が顕著で、これはほんの昨日診たんですが、ガンゼル症状群も現われます」

「ガンゼル、ふむそうですか」相原は窪《くぼ》んだ目を鳥を思わせる皺《しわ》だらけの目蓋《まぶた》で閉じ、深く頷いた。「死刑囚のガンゼルか、まことに面白い」

「どうでしょう」と虻川が恩師に媚《こ》びるように言った。「先生はガンゼルの本邦初例を報告されたし、その後数例発見されたんですが、この近木君の症例は報告する価値があるでしょうか」

「ありますよ、それはもう、きみ」相原は小さな目を一杯に見開き、何か咀嚼《そしゃく》するように下顎《したあご》を上下させた。「死刑囚という研究対象が貴重なんだ。いや、全くのところ死刑囚の心理についての科学的研究は世界でも少ないんです。むしろ稀《まれ》といっていいな。一九三四年にアメリカのベイカーという人がシン・シン刑務所で、死刑になる可能性のある〝第一級被告《ファースト・ディグリー》〟について調査したのがあるが、あれは簡単な統計でね、五十名中三十名が無実を主張したとかいうんで、あまり学問上の発見はない。第一次大戦後、ドイツで処刑前日の死刑囚に面接した報告があるが、これはごく浅い考察しか行なわれず、恐怖におののくのもいたが、案外平気なのがいたなんて常識的な記述しかなされていない。そうそう、戦前、たしか一九二八年頃、ロウイズという人、法律のＬＡＷにＥＳをつけたロウイズだ、その人のLife and death in Sing-Singという本が刊行されてね、これは死刑囚の生活を看守の立場から見たもんでね、記録として重要だが、精神医学的または心理学的に対象をつっこむというわけにはいかない。しかし、この本は面白いから一読に価する。ぼくがこの研究室の図書室に寄贈しておいたからあとで見て下さい。まあこの種の手記なら牧師や神父や詩友やのがかなり発表されていて、ぼくの蒐集《しゅうしゅう》でも数十冊にはなるし、それはそれとしてかなりの参考にはなるが、書いた人の立場によって死刑囚の或《あ》る側面しか見ていないという欠点はある。牧師が書けばどうしても信仰厚き死刑囚となるし、詩友が書けばすぐれた詩人死刑囚となる。それでは死刑囚自身の手記はどうかとなるが、これにもよいものが少ない。帝銀事件の平沢貞通のや、三鷹《みたか》事件の竹内景助のや、歌人では大堀昭平とか島秋人とか佐藤誠とかあって、それぞれ教えられるところがあるが、われわれ精神医学者の目差す領域、すなわち人間の無意識まで錘《おもり》を垂らして探り、精神病理と正常心理の相互関係まで吟味するという所にまでは到《いた》らない……」

「楠本他家雄の手記があります」と虻川が言った。「並木宙先生が編集された『夜想』はその点で非常に興味深いと思います。楠本てのは本学出で、法学部ですが、獄中で精神医学の本を読んだり、神学、心理学の造詣《ぞうけい》も深く、縦横の自己省察をしてますね。あそこまでいくと学問的資料としては立派なものと思いますが」

「そうだ、近木君、楠本はこの頃どうしていますか」不意に相原から声をかけられて近木は一所懸命メモをとっていた手帳からあわてて目を離した。「この正月に年賀状をくれた時は元気でやってるってことだったが」

「実は、わたくしは昨日初めて会ったところでして……」

「ああ、そうでしたか」

「近木君は、一昨年の秋、拘置所に勤務したばかりですから」と虻川が言い、近木を向いた。「相原先生はね、楠本他家雄の精神鑑定をなさったんだ」

「はい、存じあげてます」近木は虻川と相原とを等分に見て「『夜想』は読みましたから」と言い、並木宙の序文に紹介してあった相原の精神鑑定の内容をあれこれ思い起した。相原は楠本他家雄を無情性精神病質者と診断している。それは良心、同情などの高等な精神能力をもたぬ異常性格者の一類型で、この種の人間は道徳感情に欠陥があるが、しばしば知能は優秀であり、その異常傾向は生れつきで改善困難であるという。近木は、『夜想』に見られた信仰告白や静謐《せいひつ》な獄中生活や死刑を迎える覚悟などが、相原の鑑定結果とどこかちぐはぐな気がしていたが、楠本に会ってからは一層その気持が強くなった。昨日、キリストの復活について語ったあの男が無情性精神病質者という異常者なのだろうか。

「昨日、何かあったのですか」と相原。

「はい。本人が診察をつけたんです。奇妙な墜落感覚を訴えてきまして、床が傾《かし》いで奈落に落ちていく、体が下のほうにどんどん沈んでいくというんです。眩暈《めまい》に似ていますが、いわゆる三半規管性のと違って廻転感覚がなく、純一に落下感覚だけがあるんで、多分に精神的な症状と思われますが」

「精神的というと……」

「はい。彼の存在の基盤そのものが崩壊していく予兆とでもいいますか、要するに日々の生活に支えがなく、どこか深淵《しんえん》に落下していく恐れが、彼にはあるようです。それを、わたくしは死の恐怖と単純に考えていたんですが、どうも少し違うようでして……」

「死の恐怖、そう言ってはいけないのかな。ぼくは、あんたのように死刑囚を拘禁状況に於《おい》て直接調査したことはないが、何人もの死刑囚と文通もし、文献は、これは年の功で相当手広く読んでいる。一つ言えることは死刑囚は、常に、目前に迫った死を恐れていることだ。死の恐怖ですよ、それなしに死刑囚の心理は解明できんのじゃないか」

「一般的にはそう言っていいと思うんです。わたくしの拘置所では、死刑執行を当日、または前日に本人に予告します。どちらの方法をとるかは所長の判断で、当日告知される人間は、死の恐怖をなるべく短くしてやったほうがいいと思われる人間、つまり、恐怖に対する耐性の弱い人間、前日告知される人間は、多少耐性の高い人間というわけですが、どちらにしても朝の目覚めにおいて、自分の生命は、きょう限り、あるいは明日の朝までと思いこまされることは確かです。つまり彼の時間が、高々二十四時間ぐらいの先に暴力的に切断される恐怖は一般的です。しかし楠本の場合は、こういった死刑囚一般の状況とかなり懸け離れたところがあるんです。彼の墜落感覚は、彼独自の症状で、ほかの死刑囚には見られない」

「なぜですか」相原の窪んだ目が鋭く近木を射た。

「それは……」近木は射すくめられ急に唇が強張《こわば》るのを覚えた。楠本の体験が死刑囚一般の中で独自だと主張できるほど、彼はまだ多くの死刑囚に出会ったわけではなかった。

「死の恐怖と言ってもですね」相原は細い体全体から無理に絞り出したような掠れ声になった。これは夢中になった時の彼の癖で、学会での発言の際などにも見られた現象である。「死刑囚の死の恐怖は、われわれの死の恐怖と質的に違う。われわれだって、いつかは死ぬという恐れは持っている。しかし死刑囚の場合、死はいつも、確実に手の届く未来、フランスの心理学者ピエール・ジャネのいう〝感情に彩《いろど》られた近い未来〟にある。それは明朝ジェット機で旅立つ人が出発を考えるのと同じ確実さと近さで感じられる恐怖です。生の終りまでの時間を彼は、具体的な計画で充《み》たすことができる。この三時間は手紙を書き、一時間はお祈りをし、二時間は俳句を作り、一時間は洗濯をし、五時間は眠ろうという具合です。毎日、毎日、死を間近にして生活している彼らが、絶えず忙しがっているのはそのせいで、彼らの時間とは濃縮された時間なんだ。この濃縮された時間こそ、ドストエフスキーが『白痴』の中で、ムイシュキン公爵《こうしゃく》の話として、天才的な洞察でもって報告したことなんです。ええ、そう、銃殺されるまでの五分間が、果しもなく長い時間に思われたというあれですよ。五分間が莫大《ばくだい》な財産で何でも出来るという感じになる。あれがまさしく濃縮された時間の発見でしょう。ドストエフスキーが自分の体験を書いた証拠はソーニャ・コヴァレフスカヤの自伝に、ドストエフスキーが同じ話を自分の体験として語るシーンがあって認められます。しかし兄ミハイル宛《あて》の書簡にはごくあっさりとしか書いてない。やはり小説となると、体験だけじゃ書けなくて、自分の体験を普遍的な表現に純化することが出来るから、つまり、われわれ精神医学者が個々の患者の症状から普遍的な法則を取出すような操作がおこなわれるから、それでかえって、われわれの個別的具体的な現実にぴたりと対応することになるんでしょうね。死が迫ると時間が濃縮するというのは、『白痴』のなかに登場するイッポリトという少年の手記にも見られます。あと、二、三週間しか生きられない肺結核患者の、わくわくとした落着きのない、それでいて生命力が凝縮し、歓喜を爆発させるような体験は、どうですか、あんたの死刑囚にある熱いノイローゼと似通っていませんか。イッポリトは笑ったり泣いたりするんですよ。本人は嬉しいやら悲しいやらわからないでいる。確かなことは彼の時間が異常に濃縮しているということだけです」

「ドストエフスキーは読んだことがないのです」と近木は率直に頭を下げた。

「近木君は」と蛇川が補足した。「文学書はあんまり読まないんですね。精神医学と哲学とには詳しいですけど。ところが、相原先生はね、大の文学好きでらっしゃる。学生時代小説をお書きになったこともあるんだ。ドストエフスキーをはじめ、ヴィヨン、ランボオと犯罪者めいた文学者がお好きで、それで犯罪学をおやりになったとか」

「いや、蛇川君、そりゃ大昔のことさ」相原はすこし狼狽《ろうばい》して頭を振った。厳格な学者然とした眉宇《びう》に、昔、文学青年だったらしい、ちょっと無頼な面影が現われた。科学者というものは芸術家と根本的に違った目的と喜びを持つと考え、〝文学的〟ということを悪い意味の形容詞に使っている近木は、相原鐘一ほどの科学者が若い頃に文学に興味を持ったことが意外に思えた。すると相原が言った。「犯罪精神医学をやるのに文学は必要ないし、近木君、あんたも別に文学なんか読む必要はありませんよ。まあドストエフスキーは例外で、彼自身が死刑囚になったり、シベリアに犯罪者として流刑されたりして、体験の質が凡百の小説家とまるで違う。彼の作品が、われわれの精神医学的犯罪学的穿鑿《せんさく》に充分に耐え、立派な学問的資料となりうるのはやっぱり体験のたまものでしょうね。それは決して、空想だけで、頭の中で恣意《しい》に作り出された文学ではない。死刑囚を描いた文学はいくつもあって、ヴィクトル・ユゴーの『死刑囚最後の日』だとかレオニード・アンドレーエフの『七死刑囚物語』なんか、文学としちゃ面白いのかも知れんが、拘禁心理学という立場からは、愚にもつかぬ空想に過ぎないですからね。ところで、ぼくの言う濃縮された時間について、あんたはどう思われるかな」

「まだ、それほど症例を診てませんので、自信をもっては申せませんが」近木は大田長助と砂田市松を思い較《くら》べながら答えた。「彼らの反応性躁《そう》状態を理解するには時間の濃縮という基本症状を仮定するのが妥当と思われます。そうですね、彼らは実に忙しい生活を送っています。短い時間のあいだに能《あた》う限り沢山のことをしようとして、山火事の焔《ほのお》に追いかけられている動物みたいに駆けずり回っています。むろん、人によってニューアンスは違って、まことの勤勉家や、纏《まとま》りを欠く単なる斑気《むらき》の人間や、原始本能だけで動く下等動物になった人や、それはもういろいろですが、とにかく彼らの時間が濃縮していることは確かです」

「さっきのガンゼル症状群の症例にも、いまの濃縮された時間は当て嵌《は》まりますか」

「当て嵌まります。その症例は、頭痛、不眠といった心気症状《ヒポコンドリー》をもち自分は共犯者に強盗殺人の罪をなすりつけられたと主張し、判決に対して終始一貫した不満を表明していまして、さらに死刑は違憲だという訴訟をおこし、何か大層忙しげに意気ごんで活動していた男なんですが、今年になってからそんな濃縮された時間に疲労困憊《こんぱい》してきた様子で、ついに耐えられなくなってガンゼル症状群という幼児《おさなご》の心事に逃避したと見られます」

「それが面白いね。死刑囚の心理とガンゼルとが、ヤスパースのいう〝発生的了解関連〟をもって繋《つな》がっている。あんた、ぜひその症例を報告して下さい。貴重な一例報告になる。ガンゼル関係の文献ならぼくも集めてあるし、第一、蛇川君がその方面の大家だから」

「いやあ、とても先生には及びませんせん」と蛇川が鬱金《うこん》のネクタイの位置を直しながら言った。

「ところで……」相原は、しばらく下顎《したあご》をもぐもぐとさせ、話の接穂《つぎほ》を探すようにしたすえ、近木に言った。「どうも年をとって、昔のことはよく覚えているが、今聞いたことを忘れてしまう。何でしたっけね、さっきの、ほれ、楠本他家雄の奇妙な症状……」

「墜落感覚ですか」

「そう、それそれ。その墜落体験というのが楠本独自の症状とあなたはおっしゃるが、そこがどうもよく納得できない。どうでしょう、死刑囚一般の濃縮された時間と墜落感覚とは関係があるのではなかろうか」

「はい。そうおっしゃられてみると関係があるような気がします。楠本はおそろしく勤勉な男でして、房内では終日読書に耽《ふけ》り、絶えず物を書き、という生活を送っています。身分帳によりますと、この暮しぶりは入所以来十六年間一貫しております。十六年間の読書量は厖大《ぼうだい》なものでしょうし、書いたものも未発表分を入れれば夥《おびただ》しい。房内捜検をした担当の報告では、彼は秘《ひそ》かに『悪について』という手記を書き続けているし、獄中日記も大学ノートで数十冊にのぼります。あの勤勉努力は、考えてみれば、濃縮された時間のせいとも言えますね。ただ、その濃縮された時間が、十六年間、何か鋳型《いがた》に嵌《はま》ったように休まず持続した点が、ほかの死刑囚と違う。彼は、わたくしの言う熱いノイローゼには一度も陥っていないんです。終始冷静で、興奮もせず、他囚とトラブルもおこさず、従って、十六年間に反則行為なんかただの一度もありません。もっとも十五年前、つまり入所直後、隣房の死刑囚が脱走したとき、鉄格子《てつごうし》を切った帯鋸《おびのこ》を神父から手渡されたと疑われて十日ほど取調べられたことがありますが、本人は犯行を否定し、懲罰にもなりませんでした。彼の場合、何かあんまり冷静な日常で、死刑囚らしくない。わたくしはその原因をキリスト教の信仰のせいと思ったりしていますが」

「その点には異議がある」相原は近木の話を断ちきるように言ったが、すぐ穏かに言葉を継いだ。「楠本の信仰は本当ではないとぼくは思いますよ。彼は、たまたま死刑囚という極限状況に追いやられたから、何かこう仕方なしに信仰に入ったという気がする。あの『夜想』は母宛に書かれ、いたる箇所に〝お母さん〟の呼びかけがあって母への愛を表しているけれども、そして聖書の引用が多く宗教的な関心はみられるけれども、とどのつまりは、信仰不能の表白と思われる。あの美文は、神を求める者にそぐわない。ぼくは最近は年に数度文通しているだけだが、精神鑑定のときは松沢で二ヵ月とくと観察し、そのあとも音信は密に行なわれたから、楠本他家雄について、とくにその信仰について見当はつくんです。丁度、精神鑑定となる少し前からショーム神父が彼を訪れ始め、松沢に鑑定入院しているあいだ彼に洗礼を授けたのだから、ぼくはショーム神父にしばしば会う機会があった。神父は、楠本の信仰が、まだ底の浅い、頭の信仰だと言っていた。あのような美文で自分を飾るのは真の宗教者にあるまじきことでしょう。そう、これは、はなはだ疑問な点なんだが、楠本はなぜ、自分を、自分の宗教心を美化する のか、あるいはせざるをえないか。端的に言って、彼は殺人者であり凶悪犯罪者であり死刑囚である自分自身への反省が少ない。『夜想』の中には被害者とその家族への謝罪の言葉がただの一回も出てこないんだからね。ぼくは鑑定の時、被害者の家族からも調書をとった。波川とかいったな、あの人は」

「波川という人は証券会社の外交員で横浜に住んでいたんでしたね」と近木が言った。

「そうだ、その波川の未亡人に会ったが、中学生と小学生の二人の子供を養うすべもないと泣き崩れていた。最近、或る週刊誌にその後の悲惨な生活の記録が出ていたが、殺人とは一人の人間の自由と可能性を暴力的に全的に奪う行為のみならず、被害者の家族や子孫の生活と心すべてを一生傷つける、決定的な悪なんだ。そこまでの省察のない信仰は、どこか大事な基盤の欠けた、きれいごとではないですか」

「はあ、しかしですね」近木は目の細かい投網を正確に投げていくような相原の話の隙間に潜り込むように急いで言った。「あの『夜想』という本の主題にとって、犯罪行為への反省はあまり重要でないと言えませんか。楠本が書こうと思ったのは、獄中の幻想であり、死に阻まれた極限状況を象徴的に述べることだったと思うんです。現実の生活や思惟を赤裸に述べるのではなくて、夢想の世界を暗示的に示す、そういう文章の方法ではないでしょうか」

「いやいやいや」相原は自分より三十も年下の若い医者の言葉を、激しく頭を振って否定した。その真率ではあるが子供じみた熱中に思わず近木は苦笑した。「あれはね、あんた、幻想とか象徴とかいう高級な表現ではない。単に美文に逃避しただけですよ。その逃避を支えているのが、獄中という閉鎖状況における、これはビンスワンガーのいうVerstiegenheitという意味で言うんだが、思い上りの心理です。外の世界からの情報は乏しく、他者との交流はない、隔離された状況では、人間は自分自身と対話を交すより方途がなく、結局は自分に都合のよい面だけを肥大させていく。自分ひとりが世界の中心にいて、他人よりも一段も二段も上にいるという思い上り、名付けてみれば拘禁性誇大妄想が、楠本に見られる。あの自信ありげな、自分が聖者だという筆致は、やはりただごとではない」

「お言葉を返すようですが、拘置所の生活は、それほど外部からの情報に乏しくも、他者と隔絶してもいないのですが……」

「一般社会と比較してみたまえ。拘置所の特殊性は歴然としている」

「それはそうですが」

「楠本の思いあがりも、拘禁反応の一種ですよ。あんたのいう死刑囚の、その……」

「熱いノイローゼ」

「そうそう、熱いノイローゼの、つまり濃縮された時間から来るノイローゼの一種ですよ。楠本だけが例外ではない。こう見てくれれば、楠本の墜落感覚も説明がつくでしょう。これはガストン・バシュラールも言ってるがね、墜落する人間というのは飛翔《ひしょう》している人間なんです。まあ正確に言えば、無理に、思い上って飛翔しているからこそ墜落の不安がおきてくる。楠本が奈落の底に、どんどん落ちていくような体験——これはね、ずっと以前、彼が洗礼を受けた頃にもすでにあった症状です。ぼくも何度か彼の相談に乗ったことがある——この体験をぼくは思い上りの代償として起きたと見るんです。おそらく楠本が真から謙虚になり、聖者意識を捨てたとき、時間の濃縮はとれ、従って墜落感覚は無くなる筈《はず》です」

「ええ、でも」近木はまだ何か言い足りぬ気がした。彼はとにかく話し出してみた。

「それにしても、楠本は、ほかの死刑囚と違うんです。終始落着き払って、乱れない。墜落感覚はたしかに異常ですが、ほかの死刑囚が示す爆発反応やガンゼル症状群みたいな激しい異常に比べれば、まるでおだやかで、むしろ正常です。彼がもし異常といえるなら、それは平均的な死刑囚と違って正常すぎるためです」

「それは信仰のせいだというんですか」

「わかりません。その方面にはわたくしうといものですから」

「彼の性格から来るのではないんですか。彼は生来冷酷な男でね、決して熱くならない、まあ典型的な無情性精神病質者です」

「はい。先生はそう御診断になっていますが……」近木は、自分の言いたいことが溶液中に結晶が析出してくるように形のあるものとして見えて来た感じがした。そう、この診断に疑義があるのだった。

「無情性の兆候はね」と相原は言った。「すでに幼年時代からあった。これは、幾久雄という彼の長兄から聞いたことだが、小学校一、二年の頃、楠本は生きた蛙《かえる》を鍋《なべ》で煮たことがあるんですよ」

「蛙を鍋で……」

「そうそうそう。それも一匹ではなくて、二三匹、何でも彼が住んでいた天神丘の家の近所に野っ原があり、そこに小さな沼があって蛙が沢山いたらしい。或《あ》る時三匹つかまえて帰り、得意になって長兄に見せていたが、しばらくすると台所に籠《こも》ったんで長兄がそっと行って見ると、ガス焜炉《こんろ》の上で鍋の蓋《ふた》を細目にあけて、蛙の苦しんで死んでいくのを観察していた。調理用の鍋が汚れると叱《しか》ると、それは気味の悪い目付で、兄さん、どの蛙が最初に死ぬかわかる、と言った。長兄が知るもんかというと、一番大きいのが最初に死ぬのさと、それはけたたましく喉《のど》を鳴らして笑った。その時、一番大きい蛙が白い腹を膨《ふく》らまして浮いているのが見え、長兄は嫌な気持がしたそうだ。楠本は三人兄弟の末っ子でね、三匹の蛙で兄弟三人の運命を占ったらしいんだが、小学生にしちゃ、妙にこまっしゃくれて残酷で、しかも残酷なことをしながら平然としているところが、この話ではっきり分る。小学生時代は学校の成績はよかったが、友達の少ない陰気な子でね、しかも盗癖があって母や兄の金を盗んだり、一度は学校の工作室から新品の大工道具一式をそっくり盗んだりしている。この時、学校からの問合せで本人の本箱に盗品がしまってあったのを母が発見したが、本人の将来のためにと学校には黙っていたそうだ。大きくなると、何かの折に狂暴性があらわれ、兄を殴ったり。母を縛ったり、兄や母の貯金を盗んだり、およそ善悪の観念はかけらもなく、そこから殺人までは一直線でね、まあ典型的な無情性精神病質者で、その性格異常と殺人との因果関係ははっきりしています」

「ですが、逮捕されてからは、とくに入信してからは、別人のようになった。少くとも今、あの人は柔和で、深い思索家のおもむきがあります。無情性の特徴は私には見えませんけどもね」

「それが曲者《くせもの》なんですよ。彼ほどの知能高き者は自分の無情性を秘匿《ひとく》できる。演技できるんです。とくに拘禁環境のように、生活の変化の乏しい場では、無情性を発揮する機会はまずないし、それに、キリスト者として思い上っているとすればなおさらです」

「ですが……」近木は口を開こうとして虻川の目顔に制せられた。

「近木君、先生はお疲れだから、その辺で。今さっきから、先生にぼくのドイツ語の論文を読んでいただいていたんだ。いや、きみの話はなかなか面白かったし、それはそれとしていいんだけどね。まあ、ガンゼルの一例報告をものにするんだな。ねえ、先生、〝死刑囚にみられたガンゼル症状群の一例〟という小論文が書けますよね」

「そう、あんた、ぜひ書きなさい」相原はテーブルに置いてあった論文を手に取り読み始めた。

近木はそれをしおに席を立った。


秘書室は空虚であった。裏革の青いハンドバッグが机上に置かれ、蓋の留金がはずれていた。その中身をこっそり覗《のぞ》きたいという気持が不意におこった。莫迦《ばか》げたことだと打消しながら近木はあたりに残るかすかな女の匂《にお》いを嗅《か》いだ。たぶん彼女は小講堂で開かれる研究会の準備に出掛けたのだ。あと、二十分以上の間がある。と、大古場助教授から来いと言われていたことを思い出した。

助教授室では高笑がして、ノックをするとドアの磨硝子《すりガラス》が震えるような大声で返事があった。壁はすべて書棚にしつらえられ、まるで古本屋のような部屋だ。書棚を溢《あふ》れ出た本は、机の上、スチール・ボックスの上、床の上とダスト・ルームのように積み重ねられている。冷蔵庫、食器戸棚、電動タイプライター、電子計算機がごたごたしたなかに埋れて大古場は電話をかけていた。受話器に手で蓋をすると「きたな。ちょっと待って、電話をすましちゃうから」と言い、冷蔵庫の上の電気コーヒー沸かしをすぼめた口で差した。

「コーヒーが出来てるよ。きみが遅いんで、香りが逃げちまったかも知れん。茶碗《ちゃわん》を出してのみなさい。砂糖は……いらないんだったね。どうぞ」

近木は、言われた通りにして立ったままコーヒーを飲んだ。大古場は電話口で笑いながら喋《しゃべ》っている。近木は書棚に近寄り、ずらりと並ぶ洋書の背に目を通した。雑然としているようだが整理は行き届いていて、著者名のＡＢＣ順に並べられてある。助教授室は、この犯罪学教室の図書室を兼ねているのだ。Ｌのところを素早く探し、LAWES著LIFE AND DEATH IN SING-SINGを引出した。黒表紙に赤い文字の本だ。見返しに〝寄贈　相原鐘一〟とある。扉にシン・シン刑務所の鳥瞰《ちょうかん》写真があり、矢印で刑場が示されている。刑場から独房まで盲壁《めくらかべ》の渡廊下があり、この渡廊下と壁に仕切られた死刑囚用の狭い運動場が四つ見える。近木はＫ刑務所に作られたという刑場をまだ見ていないが、昨年暮に東北のＳ拘置所に受刑者の押送《おうそう》で出張したとき、刑場を見てきた。変哲もない木造の貧相な平屋は、〝刑場〟と書かれた木札がなければ物置と見間違えるところで、シン・シン刑務所のように刑場にふさわしい威容を備えてはいなかった。立付の悪い引戸を明けるとコンクリートを敷き詰めた解剖室のような部屋があり、そこが死刑囚に最後の時を過させる仏間である。荒びた白木の須弥壇《しゅみだん》と安物の五具足の前に囚人を坐《すわ》らせ経を読む。所長の合図で、囚人に目隠をし、介添役の看守二人が両脇《わき》をかかえて立上らせる。白いカーテンを開くと、そこは三方に窓の明るい広い部屋だ。滑車からさがった麻のロープと四角い刑壇と把手《とって》とが、この広い部屋の少なすぎる調度である。囚人は、それと知らずに刑壇の上に立たされている。というのは黒い鉄板の刑壇は床と同じ水準にあるということだ。囚人の背後からロープの輪がそっと、まるで愛撫《あいぶ》するようにやさしく、囚人の首に掛けられる。次の瞬間、熟練した手がロープの輪を引き絞る——把手をひく——刑壇が落下する——囚人は一本の棒となって落ちていく——それらが、ほとんど同時に起る。不意に、お役目御免とばかり読経《どきょう》が中断される。静寂の中にピンと張った白いロープがぐらぐらと揺れている。近木は階段を降りて地下室に行ってみた。コンクリートの狭い部屋である。断末魔の囚人は、段々に力無い痙攣《けいれん》を繰返すのみとなる。薄暗い電燈が囚人の赤黒い顔を照らしだす。口元から乳のような吐瀉物《としゃぶつ》が糸を引く。頰の赤らみが蒼白《そうはく》に変ったとき、動きはやみ、彼は死ぬ。この死を生産するために刑場という粗末な設備の一切がある。近木は黒表紙の本を閉じた。大古場助教授が電話を終えてこちらを向いた。

「まあ、きみ、かけたまえ。そこの折畳椅子《いす》を出して。そこにちょっと空間があるよ。そう、それでよし。ところで早速の質問だが、拘置所に楠本他家雄というのがいるだろう。会ったことないかしら。なに、どうして笑うの、何かおかしいかな」

近木は笑を抑えて弁解した。

「いましがた、その楠本について相原先生と話をしたばかりなんです。ぼくが先生の鑑定結果に疑問を呈したら、すこし議論になっちゃって、それでプロフェッサーに追い出されたところです」

「ああそうか。そいつは愉快だ。ついさっき、ぼくも相原長老と診断についてやりあったばかりなんだ。で、きみは何と批判したんだ」

「楠本は、無情性精神病質者ではなくて、正常な人間だと思うと」

「正常か」大古場は、パイプをくわえて唸《うな》った。「そうかねえ、いま、彼には別に変った症状は何もないというのかね」

「ぼくも、きのう初めて診察したばかりでよくは分りません。彼には墜落感覚があるんです。体が下に沈んでいくという、眩暈《めまい》に似た異常感覚です。一種の拘禁反応だと思うんですが」

「それだけかい。何かこう精神分裂病を思わせるような症状はないかい。幻聴とか被害妄想とか人格の崩壊現象とか」

「そういう類《たぐい》の症状はありませんね」近木はパイプの煙に包まれた大古場にきっぱりと言った。

「そうかねえ。まあそれでも構わない。実は、ぼくは、楠本がかつて分裂病に罹患《りかん》していたと想定してるんだ。これは、きょうの講演〝初期分裂病者の動機不明の殺人について〟で述べようと思ったことだが、ぼくは楠本の犯罪を分裂病者の殺人例として論を進めようと考えている。ぼくは彼に会ってないし、相原長老の精神鑑定書を読んだだけの印象診断なんだが」

「ですが、犯行の動機は、精神病という病的なものではなく正常心理学で了解出来る範囲内のものと考えられませんか」

「そう言えるかい。なるほど検事や裁判官の説明の文脈では利欲のための犯罪とされた。四十万円の金が欲しかったため、被害者をバー・トロイメライに誘い込んだという説明は一応説得力があって、彼は責任能力のある強盗殺人犯として死刑の判決を受けたけれども、その説明だけではあの犯行の動機は言い尽せないんで、まず、犯行前の異常な乱費はなぜかが明らかにされない。いいかね、四月から犯行のあった七月末まで、彼は四十万円、すなわち彼が殺人で得たと同額の金を紙屑《かみくず》同然に使い捨てちまった。もし、金欲しさの犯行なら、犯行などせずこの四十万円を持ってさっさと逃亡すれば事足りたはずだろう。しかもこの四十万円は別に返済を要求されていたわけではなく、黙って消費しても当分発覚はしなかっただろう金なんだからね。葉山の家を担保に八万円借り、恋人の叔母から現金十万円と株券二十万円がその内訳だがね。つぎに、犯行の手口が通常の強盗殺人者の場合と違って間が抜けすぎている。もしも金を盗《と》るのが第一の目的なら、発覚を予防し、出来るだけ逃走に有利な手立を講じるべきだろうが、一切そんな配慮はないし、共犯者は軽薄なバーテンダーと臆病《おくびょう》な友人だし、屍体《したい》をすぐ発見される天井裏に押込んだり、犯行後やたらとタクシーを乗り回したり、到底、検事が言うように〝生活費に窮したため、熟慮の上犯行にいたる〟という経緯じゃあない。それでは何が真の動機かということになるが、ぼくはそこに分裂病の発病を推定できると考えるんだ」大古場は顔を顰め、消えかかった火を掻《か》き立てるようにパイプを力一杯に吸い、やがて煙を立てるとにっこりとした。

「相原長老ときたら鑑定書に重大な症状をちゃんと書き留めたくせに、それを分裂病と結びつけて考えなかったんだな。恋人、そう、宮脇美納《みやわきみの》とかいう女性に裏切られて絶望した楠本がヤケをおこしたと正常心理学の枠内《わくない》で解釈している。しかし、それ以上の何か異常な出来事が起っていたとぼくは思う。大学生時代に彼は女装して外出してるんだよ。化粧して口紅を引き、赤いマフラーをして夜の盛り場をうろうろしたというのなんか、分裂病者の奇矯な行為と解すべきじゃないのかね。真夏だというのに窓を閉め切った室内に何日も閉じ籠《こも》り、自閉症的な生活を送っていたこともある。大学で目に見えぬ追跡者に後から見詰められたり、追いかけられたりする注察観念や追跡妄想があった。とくに、犯行前の三箇月間の異常は目に立つんで、さっきも言った目茶苦茶な浪費生活がある。なにしろ十六年前の四十万円は相当の大金だからね。それはもう破滅へ突入していると言えるんで、その破滅をさらに完全なものにしたのが殺人だ。そうさ、破滅への志向が楠本にはあった。四十万円を浪費することが彼には喜びだった。人を殺すことは喜びだった。浪費と殺人の瞬間だけ、彼は自分の力を自覚し、この世に生きている実感を抱きえたんだ。ぼくはね、鑑定書を何度も読み返してみて、犯行前の三箇月間に、楠本が陥った袋小路を実感できたよ。彼は、恋人に裏切られただけじゃなく、兄弟からは疎《うと》まれ、母からは拒絶され、会社の人にも入れられず、すなわちこの世で完全に孤立していた。誰もが彼を冷眼視し、迫害すると信じていた。彼は全人類を敵と思い込んだ。あの絶対的な人間不信の状態は、きみ、分裂病の被害妄想に間違いないよ。フランスの精神医学者のいうpersécuté-persécuteur（被害的加害者）に彼はなったんだ。被害的加害者である彼の相手、つまり被害者は誰でもよかったろうよ。別に波川という証券会社の外交員でなくてもいいので、彼に必要だったのは抽象的な一人の被害者なんだ。彼の敵であった全人類、薄情で、嘘《うそ》つきで、残酷で、自分勝手な人々の代表者であれば誰でもよかった」

「はあ、でも……」近木は、大古場の話の間に次第に頭を持上げてきた疑問を述べた。「もし、分裂病が犯行の時点で発病していたとすれば、逮捕されてからも病気がどんどん進行したはずと思いますが。楠本は十六年にもわたる長い拘禁期間を通じて、ずっと平穏な生活を送ってきましたし、現在も、少くとも分裂病と思わせる症状はないんです」

「それそれ、その点が大事なところなんだ」と大古場は灰皿にパイプの灰をもどし、タバコを詰めながら言った。「その後何らかの事情で病気の進行が停ったと考えるべきか、それとも最初から病気なんか無かったと考えるべきかだが、ぼくはね、彼は犯罪をおこしたために彼の病気が質的転換をとげたという風に考えてるんだ。全人類が加害者となって彼を破滅させるというのが被害妄想の世界だとすれば、彼は被害妄想の世界を飛び越して、さらに先の誇大妄想の世界にまで突入しちゃったんだ。弱々しい被害妄想者は殺人を媒介にして力強い誇大妄想者に転化した。いいかね、殺人の直後ほど彼が自分自身を取戻し、陽気に元気一杯に笑ったことはなかった。血まみれの体を洗いながら、共犯のバーテンダーと腹の肉が捩《よ》じれるほどに笑い合ったなんていうのは象徴的じゃないか。事件は大騒ぎになり、新聞なんか、麻雀《マージャン》、ダンス、女、酒、賭事《かけごと》にふけったアプレ青年としてすべてを説明しようとした。しかし楠本にとっちゃ、そんな説明ほど的はずれなことはなかった。彼には、世間の大騒ぎなんかもうどうでもよかったんだ。だから人々の言う通り、安っぽいニヒリストに自分を仕立上げて、人々に誤解されるにまかせた。彼は人々の前で演技してみせ、人々が彼の嘘に騙《だま》されれば騙されるほど、内心で冷笑していた。十月に京都で逮捕されたとき、彼は逮捕されたことで自分が少しも傷ついていないことに気付き、限りもなく自由を感じたというね。すでに破滅し尽した聖なる人間にとって、世間が用意する破滅の条件、たとえば逮捕、取調、裁判、死刑の判決なんてことは、ちゃちな茶番に過ぎなかった。被害妄想者でいた間、世間の人々に縛られ身動きも出来なかった彼は、殺人によって誇大妄想者になったとたん、この束縛から放たれ自由になった。殺人は彼を聖化したんだ」

「なるほど」近木は幾らか皮肉に言った。「聖なる殺人者というわけですか」

「その通りだよ、きみ」大古場は真面目《まじめ》くさった顔付で頷《うなず》いた。「まあ、きょう研究会で話そうと思っていることをちょっぴり話しちまったが、きみ、どう思うね」

「どう思うって……先生の御意見は非常に面白いと思いますよ。楠本の犯罪を独得の視点から考察しておられる。ただ……」

「ただ、どうだというんだね」大古場は、ぎょろりとした眼差《まなざし》で近木を見詰めた。

「現在の楠本には先生が今言われた誇大妄想はすこしもないということなんです。少なくとも狂気との結びつきを思わせるような症状は彼には見られません。いや、ぼくには以前彼が分裂病様の症状を呈した男であったとはどうしても思えないんです」

「それはどうかな。楠本という男は利巧だからねえ。自分の病的な症状を隠す、つまり疾病隠蔽《ディシムラチヨン》の可能性はあるんじゃないかな。まあそこまで疑わずとも、彼には自分を一人高しとする誇大傾向は確実にあるだろう。あの『夜想』という本を読んでみて、そりゃ彼が獄中で信仰に生き、熱心に精進した努力は認めるけれども、苛酷無慚《かこくむざん》な現実の牢獄《ろうごく》からチャンネルを切替えて、甘い孤高な宗教的幻想にひたすら漬っているのは、高度の自閉症的態度といえる。すなわち極めて分裂病的だ」

「『夜想』については相原先生も同じような現象を認めておられました。何か、自分ひとりを高しとする、思い上り、ええと」近木は手帳のメモを見た。「ビンスワンガーのいうVerstiegenheitですか、この思い上りが獄中という閉鎖状況において逃避としてあらわれたとか」

「へえ、相原長老がそんなこと言ってたの。そのビンスワンガー用語は、ぼくがさっき先生に話したばかりだ。しかし、どうも先生は大学者なもんだから、学者の粗忽《そこつ》で早のみこみしちゃうんだな。ビンスワンガーのVerstiegenheitというのは、拘禁環境にみられる現象ではなくてね、そもそも『失敗した現存在形式』という論文に書かれてるんで、分裂病者の生が行きづまりになった場合、その行きづまりを打開する方途として出てくるんだからね。まあしかし、『夜想』

について先生とぼくとで、結局は同じ現象、思い上りの心理を認めたことは喜ばしいね。きみ、あの本では著者が、現実世界を何か遠い幻のように見ていることに気が付かないかい。なるほど死刑囚の獄中生活は一応描写されてはいる。しかし彼がもっぱら緻密《ちみつ》な筆を向けるのは自己の内面のみでね、〝内なる神秘の花園〟とか〝平和な沙漠《さばく》〟とか〝カルメル山〟とか、まるで実在するかのように鮮明に描き出されている。それに比べて、現実の人間の稀薄《きはく》なことはどうだ。同囚、看守、所長、母、面会者、ショームとかピションとかフランス人の神父、シスター、その他大勢の人物が登場するが、みんな実在感が乏しくて、何だか影のようにしか描かれていない。自分が神の近くにいるという自信はもう大変なものでね、自負心の肥大と自分の能力への過剰評価が、うんざりするほど書かれている。この世の中心に自分がいて、他人はすべて自分のまわりを廻転してると言わんばかりだ。この、自分がこの世で最も鞏固《きょうこ》な存在者だという自信が、どこから来たかが問題だが、ぼくはね、そいつの源へと溯《さかのぼ》っていけば、結局は殺人の瞬間に行き着くと思うんだ。その瞬間に獲得した歓喜と笑が、その後の彼を決定し持続させ励ましてきたと、きみ、そう思わないかな」

「要するに、先生の御意見では、楠本は犯行時も現在も分裂病という狂気にとりつかれている男であるということですね」

「まあそうだ。しかし、現在、彼が分裂病者でないというきみの意見を尊重すれば、こう言ってもいいよ、彼は殺人と引替に狂気を捨ててしまった男だ、今の彼は古い狂気の脱殼《ぬけがら》にすぎないんだと」

「いずれにしても、分裂病者の犯罪だとは考えておられるわけですね」

「そうだ」

「ふつう分裂病の初期には動機なき殺人があると言われていますが、もし楠本が分裂病だったとすると、ひろくそのカテゴリーに属することになりますか」

「ヒヤア」と大古場は笑った。薄い脳天が汗で光った。「きみは仲々のしたたかものだね。〝もし楠本が分裂病だったとすると〟ということは、ぼくの説を単なる仮説としてしか受入れてないことを意味するよ」

「そうです」近木は生真面目に言った。

「まあそう頑固な所が、きみのいいところだ。学者になるにはその位の頑固さがないといかん。ところで、いまの設問だ。分裂病の初期に動機不明の衝動殺人が多いといいだしたのはカール・ウィルマンスだが、この場合、病者の不機嫌、不安、心的緊張が注目されている。楠本の場合も、やはりウィルマンス説を裏付けてはいる。ただし、ウィルマンスが動機不明としたところを、楠本の事例は説き明すのが面白いじゃないか。まったくのところ、きょう話したい要点はそこにあるんだ。分裂病初期の犯罪は、動機不明なんじゃなくて、その動機があまりに重層しているために、一定の定式に単純化できないということをぼくは強調したいんだよ。しかも犯罪が病気の経過に突然変異をもたらすこと、被害妄想の代りに犯罪がおこること、これらの点をぼくは言いたかったんだ。あ、ちょっと」一気に話していた大古場は不意に黙った。誰かがドアをノックしていた。「どうぞ」と呶鳴《どな》る。

名取千弦が入ってきた。さっき秘書室で近木に向けたきびきびした表情とはまるで別の、取澄ました顔付である。いつもは、愛敬と見えるホクロまでが陰気な黒い点のようだ。彼女、大袈裟《おおげさ》に澄ましこんで助教授をからかっているな、と近木は思った。

「先生、きょうスライド、お使いになりますか」

「あ、あります。そうそう、スライドをすっかり忘れていた」大古場は机上に堆《うずたか》い書籍の間を探ったが目当ての物を発見できず、抽出を掻回して、定規や鉛筆をつかみだした末、やっとスライドを入れた紙箱を取出した。「これだ、全部はとても見せられないな。まあ、いいや、名取さん、番号順にパッパと映してよ。映しながら取捨選択しよう」

名取は紙箱を受取ると行きかけて振返った。

「先生、そろそろお時間です」

「まだ十分もあるじゃないの」大古場は腕時計を見た。「人は大分集ってるかしら」

「みなさん、大分見えてます。J大学の真船教授も見えてますし、虻川先生も相原先生も来られています」

「なんだ、プロフェッサーがもう行ってるの。チェ、気が早いなあ。行きますよ、定刻までには必ず行きます」

名取が出て行くと大古場は再び机の上を探し始めた。今度は、きょうの講演の草稿がどうしても出て来ないという。「畜生め」と散々自分に悪態をついた末、鞄《かばん》の中に入れた状袋に気が付いた。

「あった。さっき持ってくためにわざわざ鞄の中に入れたんだった」大古場は薄い脳天の汗をハンカチで拭《ぬぐ》い、苦笑した。「何だかこんところ、やけに忙しくてね。今年に入ってから精神鑑定が三つもあったうえ、年末の研究報告書を書き、新年度の予算請求も出さなくちゃならない。それに……」

「学生たちの騒ぎですか」

「それそれ、ウヒャー」大古場は悲鳴をあげてみせた。「ヤツラにはもうまいったよ」

「〝河野晋平を救う会〟の連中だそうですね」

「そうだよ。連中、ぼくの精神鑑定が全く河野の犯罪の革命的意義を見落しているというんだ。で、鑑定を自己批判する上申書を裁判所にあてて呈出せよとデモってくる。きみ、河野晋平に会った」

「いいえ」

「何でも昨日は拘置所も大変だったらしいじゃないか。もっともあの騒ぎで指導者層を一網打尽にしてくれたんで、こっちは大助りだがね。学生たちも当分気勢をそがれて、押し掛けて来んだろうな。しかし、きみが河野にまだ会ってないってのは残念だ。最近どうしてるか様子を知りたいと思ってね。ぼくは鑑定の時に会って、その後もずっと文通を続けてはいたんだが、ここ二年ほどは音信不通でね。すっかり彼に嫌われたらしい」

「革命家気取で、いろいろ拘置所側とやり合ってますよ。例の集団リンチ事件の唐沢道夫に獄中で洗脳されたらしいんです。でも精神医学的に興味のあるのは、奇妙な妄想がある事実です。友達の内科医が一昨年の暮に診察したんですが、何でも寝ている間に看守が針金を項《うなじ》から背骨の中に挿入《そうにゅう》したと信じて騒ぎたて、レントゲンを撮ってやっても写真が嘘《うそ》だと信用せず、本人はこの迫害行為について拘置所側を告訴すると息巻いたそうです。妄想内容が突飛で空想的なことから推してビルンバウムの妄想様構想じゃないかと思うんですけどね」

「そいつはそうだろうな。妄想様構想にはそういうファンタスティッシュな内容のが多いんだ。するともっといろいろな症状があるんじゃないか。妄想が次から次へと多彩な変遷《へんせん》を続けていくのが特徴だからね」

「しかし、河野の場合、ビルンバウム型の可変的妄想のほかに、終始一貫した被害妄想が見られることが特徴なんです。つまり拘置所に代表される国家権力の迫害行為を糾弾するというわけで、所内の規則を無視し、職員の注意や指示に全然耳を傾けず、自分は不当に逮捕され断罪された革命家であり、このような人間に独居拘禁を強いる拘置所のほうに非があると主張しています。もっともこれを被害妄想と呼ぶべきか、革命妄想と呼ぶべきか問題ですが」

「きみはどう思うの」大古場はパイプを盛に燻《くゆ》らせながら言った。

「先生だから告白しますが……」と言いかけた近木は、人差指の繃帯《ほうたい》に目を停めた。そこから痛みが二の腕を伝わって心臓のあたりに到達したのを感じ、同時に昨日から襲ってくる胸の底に無数の穴をあけたような空虚感にとらえられた。心が一つ一つ鉛の塊となって落ちていく。下へ、暗黒へ、虚無へと落ちていく。近木は目を瞑《つむ》った。昨日の午後、女区からの戻り道、廊下で見たほんの一刹那《せつな》の不思議な現象が思い出された。花道のように伸びている麻の絨毯《じゅうたん》がずれ、床がまるで水面のように漣《さざなみ》をおこした。それは自分の立っている足元がもろくも崩れさる予兆のように思えた。目を開くと大古場の真顔が間近にある。近木は無理に微笑《ほほえ》んだが、何だか自分自身に向って嘲笑《あざわら》っているような気持であった。

「その指が痛むの」

「ええ、すこし」

「どうしたんだ」

「ちょっと怪我《けが》しただけです。大したことはなかったんですが化膿《かのう》しちゃって切開したもんですから」

「で、きみは一体何を告白しようというんだね」

「あ、告白ですか」近木は当惑した。昨日から廊下で医官室で病舎で体験した空虚な、灰色の、下へとのめりこんで行くような感覚を、相手にわかるように微細に表現することは不可能な気がする。彼は、結論だけをごく概念化して言おうと決心した。「まあ、大したことではないんです。

拘置所の医官でいることは、どうしても国家権力の側に立たざるをえない、嫌なことだと、この頃つくづく思うんです。といって拘置所に医者がいなかったら、また困ったことだとも思うし、そのあたりに迷いがあります」いや、もっと明瞭《めいりょう》に言うべきだと彼は思った。医官であることの疑問の底には、精神科医であることの疑問が重苦しく蟠《わだかま》っていた。終日坐《すわ》って何千枚もの宇宙船の絵を描いている男が「おれはちゃんとした仕事をしてるよ」と言ったとき、彼にはそれを否定する根拠がないのだった。

「そんな曖昧《あいまい》な自己認識じゃ、いまの学生たちの糾弾に耐えられやしないよ」と大古場が言った。「彼らは自分の立場をいつも極点に置き、相手を対極点に置いて議論をすすめる。中間の立場はないんだからね」

「ええ、そうらしいですね。しかし……」

電話が鳴った。大古場がすばやく取上げた。近木は腕時計を見た。二時十二分だった。

「行きますよ。すぐ行きます」大古場は講演の草稿を手に立上った。「名取君からだ。ぼくがあんまりおそいんで、プロフェッサーがオカンムリだとよ」

三 「第七章　裸の者　8・9」より

青黒い霧から抜き出て赤い塔が立っている。てっぺんの丸い、窓のない、のっぺらぼうの塔だ。表は濡《ぬ》れて、ぬるぬるした粘膜を思わせる。おれはそこから逃げてきた。追手がいないか霧へ向って目を凝らす。渦を巻いて動く霧に追手がかくれているらしい。

塔の一室におれは保存されていた。かつて処刑された死刑囚の医学標本としてホルマリン漬にされて水槽に浮いていた。ところが何かの拍子におれは生き返り、看守の隙《すき》を見て逃げだした。塔の出口は開いていて、誰もいなかった。おれは沼地にたゆたう分厚い霧をかきわけて駆け、この丘へ登ってきた。

赤い塔は霧にかすみ、やがて消えてしまった。足音が迫ってくる。数人の重い編上靴の音だ。おれは斜面に建つ家々の狭間《はざま》を縫って逃げる。しかし、おれは赤裸のままなのだ。通行人に見付かったら事だ。で、電信柱やゴミ箱の陰に身を隠しながら進んで行く。

昼か夜か、太陽は見えず空は密雲に閉ざされ、あたりは薄暗い。木賃アパートや棟割長屋が連なり、道には植木鉢が並んでいる。よく見知った街だ。脇道《わきみち》に入りこみ、家々の裏側を横目に行く。三味の爪弾《つまび》き、ラジオのニュース、子供たちの歓声。おれは人に会わないように念じつつ、ひた走る。おれ一人だけがみっともない裸で、人々の通常の生活の外にはじき出されている。

さいわい人には会わずにすみ、門の内側へと入り込む。病院の黴菌《ばいきん》じみた建物を通り過ぎると時計台のそばだつ広場に出る。時計は血管の赤い網もあらわな大きな目玉となり、ギョロギョロおれを見詰めている。追手が迫ってきた。数人の男たち、権力で身を鎧《よろ》った、制服の看守たちが敷石に圧倒的な黒い影を落す。

建物に飛びこむ。一直線に登る長大な階段、剣岳の雪渓、いやヤコブの見た天への階段にそっくりで真白に輝いている。むこうから看守たちが降りて来る。ロシアの兵士の服装で、剣付鉄砲を構え、一列横隊に並び、おしなべて無表情で、指揮官が刀をあげると一斉射撃を繰り返し、『戦艦ポチョムキン』のオデッサ階段の場のように降りてくる。地に伏せ、屍体の真似をしていると、兵士たちはおれを踏みつけ踏みつけ、行ってしまう。跳ね起き、横へ、穴へ、廊下へ、迷路へ逃げる。兵士たちの一人がおれに気付き、射ってくる。弾が頭に打ち込まれたが、頭蓋《ずがい》骨《こつ》の穴から粉がこぼれていくようで、つまり紙袋が破れたようで痛みはない。手にとってみると黄粉にそっくりの粉で、食べてみるとホルマリンの臭《にお》いがする。

おれはどこかで学生服を手に入れて着て並木道を歩いている。何人もの通行人が怪しみもせず行き交うのを見ると、おれは学生にみえるらしい。黒い風が吹いてくる。黒い風をハンカチで拭《ぬぐ》い去ってみると、飯沼高太郎が立っている。腕力のありそうな厚い肩と、額に垂れた無精な髪の毛をものうげに手で払う所作は昔と違わない。親しみをこめた微笑とも、冷たい嘲笑《ちょうしょう》ともとれる表情で、おれを逮捕でもするように乱暴に手を差し出し、握手した。飯沼は「きみはすっかり有名になったな」と意味ありげに目くばせし「相変らず若々しい」とお世辞を言う。「あれから十年経《た》ったな」と彼が言うので、おれは、いや十六年だと訂正した。

二人は電車に乗る。使い古しの車輛《しゃりょう》で干割れた吊革《つりかわ》がゆれ、破れた網棚が垂れる。それは江ノ電だ。トンネルから出た所で降り、丘を巡る道を歩いていく。とある急階段を登った先が飯沼の家で、海を見渡すロビーでは女がピアノの演奏をしている。若い男女が行儀悪く、酒を飲み、談笑し、麻雀《マージャン》に興じていて、これでは演奏している女に気の毒だ。女は飯沼高太郎の妹の菊乃だ。長い細っそりとした胴が椅子《いす》の上で軽快に前後に揺れる。香水の香りが近寄ってくる。振り向かなくてもそれが玉置恵津子だとわかる。二人は庭に出る。棚にからむ蔓草《つるくさ》に橙《だいだい》色の花が咲いている。ノウゼンカズラ、真夏の花。「あなたのほうがピアノは上手だな」「あら、菊乃さんのほうがお上手よ」「いや、きみのほうが上手だ」風が強まり、恵津子の髪が投網《とあみ》のようにひろがっておれの顔を覆《おお》う。恵津子の耳が唇の前で白い。触れると、女は体をくねらせて、おれを避ける。おれの前身はホルマリン漬の屍体であった、その前は処刑された死刑囚であった、さらにその前には殺人犯であったと女が知っていて、おれを嫌っているに違いない。「ぼくがきらいなんだね」「いいえ」「実は、ぼくは……」「黙って。『十人の死刑囚』を読んで、あなたの素性はよく知ってるわ」その本には、おれの一部しか書かれていない、できるなら最近刊の『悪について』を読んでほしい、そう言おうとすると女が「海に行きましょう」と誘う。

油色の海が岸を舐《な》めていた。砂浜に散った海藻《かいそう》や木片で素足が痛む。走りながら水着を思い描いて女を見ると黒い喪服姿であった。「船に乗るのよ」と女が命令し、おれは従う。従わずにはおれない明るい響きが女の声にあり、その一言一言がおれの体の奥にある洞窟《どうくつ》で木精《こだま》する。船は重い波を押し分けてゆっくりと動く。体格のよい船頭が艪《ろ》をこぎ、ギッコギッコと艪臍《ろべそ》が鳴り、この船は死者の船で、船頭はカロンだ。

長い時間が経過し、船は遠く旅をし、おれが闇《やみ》と揺れに慣れた頃、墨汁のような水平線の上に空が明らんできた。夜が明けると思ったとたん異常な恐怖が襲ってくる。夜は明けてはならない。永遠の闇こそ、おれは欲している。

眩《まぶ》しい白がひろがった。おれは女の影に隠れようとする。が、女がいない。船頭もおらず、ついにおれは虚空《こくう》に一人だ。たった一人で痛いような光の棘《とげ》に貫かれている。

仄暗《ほのぐら》い。いまの光はまやかしであった。仄暗い房内に、牢獄《ろうごく》の固い寝床に、おれは横たわっていた。壁、壁、壁。水銀色の窓の上で、空は、乳白のままでいる。夜はまだ、さいわいに続いている。朝、未知の出来事がおれにおこる。朝の一角に深い断崖《だんがい》があって、その光は、朝ではなくなる。生れて初めて経験する半分の朝が、やがて来る。なつかしい夜よ、平安の住家よ。おれは壁にかこまれて、居心地よく、憩《いこ》っている。カカカカカ、時計が威嚇《いかく》する。三時四十四分。おれは時計を停めようと手を伸ばす。しかし、一杯に巻かれたゼンマイは、何としても停らない。カカカカカ、時計が嗤《わら》う。ついに時計を段ボール箱の底に入れ、その上に衣類を積んで音を消した。まだ睡い。脳髄が疲労の液に漬ってふやけている。けれども起きねばならない。母と恵津子に書かねばならない。

おれは起きて机に向い、手紙を書くが、それが夢の中の出来事だと知っている。そこでもう一度、蒲団をはねのけて起きあがっていく。二度、三度、何度起きて手紙を認《したた》めても、それは夢でしかない。体から夢の体が離れては立っていくが、体は横たわったままだ。

空中に持ちあげられる。壁も床も上昇を続け、まるでエレベーターの中にいるようだ。ぐいぐい昇る。壁も床も消失し、横たわったままで中空を昇っていく。体から衣服は脱がされ、裸となっている。おれは何も持たずに〝あちら側〟に行く。母の腹より出で来《きた》りしごとく、また裸にて帰りゆくべし。喜びとともに〝あちら側〟の出現を待っている。高く高く昇って、稠密《ちゅうみつ》な闇に浮いている。

と、落ち始めた。闇の底へ、巨大な井戸の底へと落ちていく。それだ。おれは、独居房の中に、憐《あわ》れにも横たわり、壁がたわみ、床が傾《かし》ぎ、下へ下へと落ちる。墜《お》ちる。堕《お》ちる。床が融《と》けて消え、もはやおれを支える物は何もなく、暗黒へと降下の一途だ。〝あちら側〟とは、ほかでもない、足元に開いていたと悟る。

胎児《たいじ》のように丸くなって、着地の技術を考える。うまく〝あちら側〟に降り立たねばならぬ。下のほうに天神丘の町並が見えてきた。それは、さっきの夢の続きだと気がつく。落ちるのをやめ、飛ぼうとする。宇宙船が地上に帰還するように、おれは落下の速度を減殺しようと上方へ飛ぶ努力をする。ついに空中に、居心地よく漂っている、素裸で、子宮の胎児さながら水のような空気に浮いている。

天神丘のわが家が近付く。二階の窓から幾久雄の書斎へと入る。きちんと整頓《せいとん》された書棚と机がある。おれは忍び足で、隣の八畳間との境の扉に行き、聞き耳を立てる。むこう側に誰かいる。おれは扉の隙間から八畳間へと入っていく。蚊帳《かや》がつってあり、夏だとわかる。蚊帳の中で、人がうごき、おれは欲望を覚える。蚊帳の中に男と女が性交している。若い幾久雄が若い母を組み敷いている。幾久雄の欲望が弾《はじ》けそうに昂《こう》じている。

目が覚めた。奇妙な夢のせいで、睡気《ねむけ》は吹っ切れた。いま、おれはうつつに戻っている。濃紺の空がすこし白み始めている。わずかな空には雲一つない。鴉《からす》が鳴き、犬が遠吠《とおぼ》えしている。どこかで夜通しの工事をしていたのか釘《くぎ》を打つ音がする。車は、まだ通っていない。刻、一刻、白味が増す。蒲団を畳み腰掛ける。

母と幾久雄の関係について考えてみるが、思考は燃え尽きた無力な言葉の灰となって映像の周囲に落ちていくだけだ。なぜか深い悲しみが胸を閉している。主よ。母を許したまえ。兄を許したまえ。夢を見た私を許したまえ。

聖書を開き、福音書のゲッセマネの章を次々に読んでいく。わが心いたく憂《うれ》ひて死ぬばかりなり。見よ。時近づけり。御旨のままに。時は来たれり。脆き、公教会祈禱文をとり、主禱文《しゅとう》とデ・プロフンデスをとなえる。主よ、われ深き淵《ふち》より、主に叫びたてまつれり。主よ、わが声を聴きいれたまえ。

いま、空は鈍青《にぶせい》だ。サルビア・ブルー。いよいよ明るい。時は来たれり。おれは机にのぼり、素通し硝子《ガラス》より目を凝らす。高いコンクリート塀の上に、アパートが、アパートとアパートの間より、遠くのビルが屋上の赤燈を鼓動のように点滅させている。窓を開くと、寒気が、刑場の床を釘打つような音とともに入りこむ。悲しみがどっと流れ出し、景色がウロウロとゆがむ。われ、一心に悔みて、御あわれみを請いたてまつる。おれのとなえる臨終の祈りが朝の冷気と混じり合う。その朝である。星は消えた。鴉が啼《な》く。その朝だというのに雀《すずめ》も鳩《はと》もやってこない。ヒマラヤ杉の梢《こずえ》で鴉が啼く。例の顕示欲の強い一羽が挨拶《あいさつ》に来てくれたのかも知れない。

きのう、ピション神父より聖体を拝領した。神父はやさしく言った。「タケオ、すぐすむからね。痛くないよ」南仏風の朗かな笑はさすが神父の顔から払拭《ふっしょく》されて、灰味青の眸《ひとみ》には憐《あわ》れみの影のみがあった。神父は正式の教誨師《きょうかいし》ではないので、きょうの最期《さいご》には立ち会えず、教誨師の花村神父が来るとのことで、花村神父はきのうもピション神父と一緒にずっとおれのために祈ってくれた。クリスマスや復活祭のミサを拘置所の信者たちのために司式する若い神父で、そう馴染《なじ》みはないが、声の大きい熱心な人だ。

ショーム神父様。私はすでに旅に出ました。もうすぐおそばに参ります。〝罪の増すところには恵みもいやませり〟そうです。神父様。いま、私にはよく分ります、死刑は恵みであることが。〝主あたへ主とり給ふなり。またほむべきかな〟

ビルが遠近を区分けして立ち並んでいる。ひえびえとした空気に息が白い尾をのばす。この空気は母や恵津子まで続いている、丁度、海の水が遠くの国々まで結ぶように。悲しみの水面に、かすかな喜びが水蒸気となって立ち昇ってくる。

おかあさん。おはよう。

きょうは、〝きょう〟です。きのうは、よくねむれましたか。ぼくは、ぐっすりねむりましたよ。もっとも目覚めぎわにいろんな夢を見た。天神丘の夢をまた見ました。やっぱりぼくにとっては、天神丘がふるさとです。そのことが今になってやっと身にしみて感じられます。葉山の海らしい所も見ました。船に乗っていくのですが、船頭が誰かどうしても顔が見えないの。ショーム神父様のような気もしたけど、また、そうであってくれればいいけれど。

きのう、おかあさんに会えてうれしかった（これはもう書いたかしら）。でも何度でも書きたい。ぼく、ほんとうにうれしかった。おかあさんが、「お前と代ってやりたい」とおっしゃったとき、ぼく、本当にうれしかった。そして心の底から悪いと思いました。心配かけてごめんなさい。不孝な息子でごめんなさい。

でもね、これだけはぼくでなければならないんです。ぼくがこの道を選び、主が許したもうたのですから。きのう、ピション師は御聖体をくださり、安心して旅へ出なさいとおっしゃった。〝安心して〟、そう、眠るように、自然に、ぼくは出かけるつもりです。きのうだって、自然にねむってしまいましたよ。

おかあさん。体を大事にしてね。ちいにいさんが咳込《せきこ》んでいたのが心配です。おねえさんの病気が早くなおるといい。大にいさんの一家にも平安がありますように。幾太郎君が無事に育っていきますように。

おかあさん。目がさめてから、おかあさんをはじめみんなのために何度もいのりました。そしてみんなに感謝しました。

この一年、ぼくはほんとうに幸福で、いまがぼくの四十年の人生で、いちばん幸福です。おかあさんのおかげです。

さあ、お別れです。

さようなら。

そう書いてから、何か言い忘れてはいないかと考えています。いま、すべてはいいらしい。

さようなら。お元気で。いつまでも。

ぼくが無事、ふわふわとのぼっていけるようにおいのりしてね。

何度も、何度も、さようなら。

他家雄

おはよう。いま、七時半。

食事をおわったところです。ワカメの味噌汁《みそしる》に沢庵《たくあん》。きのうあんなに食べたのに、もう空腹、だからおいしかった。

腹ごしらえだ。あと三十分で出立ですから。いま、母に書いた。これからは全部きみの時間です。何をあげようか。ロザリオは入れたし、もう何にもあげるものはないな。あたりはさっぱりしたものです。

洗濯をした下着を着て、きみのトレーニング・ウエアをちゃんと着ていますよ。上着のポケットには御文も子猫たちも入っています。ちょっと見ようか。ベエ、ナイ、コケ。フフフ、かわいい子供たち。

晴れて寒い日。かなり風があるらしいけれど、一階のこの部屋からはどの程度かは分らない。でもね、きょうが晴れてくれて嬉《うれ》しいのです。きのうのように雨が陰気に降っていたのではやりきれないからね。

薄暗いうちに起きてずっと祈っていました。はずかしいけれど、チョッピリ泣きました。でも、これは自分への涙、悲観の涙ではありません。何というか、人間という存在への涙です。

人々がみんな可哀相《かわいそう》。母も、きみも、兄たちも、立ち会って下さる人々も、誰も彼も。そのようにしかありえず、そのようにして死んだり殺したりしなくてはならない。人間が悲しいのです。ぼくの心は、きみには通じると思う。

きみは若い。青春の日々には死は遠く、まるで問題にもならないでしょう。若い人々が老人たちの老いや病気や死に嫌悪《けんお》を覚え、時にはあざけるのも、自分たちと死が無関係だと錯覚しているからです。

でも、二十年、三十年なんて、すぐ過ぎ去ってしまう。

やがて、きみも死にます。もう、これほど確実な預言はありません。けれども、もし死の時に、あちらに、たった一人の愛し信じ頼れる人がいれば、死は平安に充《み》たされるでしょう。

きみがこれからどんな人生行路をたどるかを想像しています。どこへ行こうとぼくはきみを護《まも》ってあげますよ。困った時苦しむ時にチョッピリぼくを思い出して下さい。奇妙な死刑囚と文通した年月をどこかにしまっておいて下さい。

恵津子君。あまり泣くとね、きみのすばらしい大きな目が赤く脹《は》れちゃいますよ。いつもの調子でいきましょう。けさは特別な朝なんだけれど、よく眺めればいつもの朝と変りはしない。変っていると思うのは心の迷いです。

しかしね、ぼくは弱い人間です。きのうはいろんな夢を見ました。きみと一緒に船に乗ったんです。途中でカロンの艀《はしけ》だと気付いたらきみの姿は掻《か》き消えていた。やはり、きょうの旅を無意識に思って寝たらしい。

おや、朝の電車だ。幼い頃、家のすぐ傍《そば》を通った電車を思い出します。夢の中では、ぼく、どんどん小さくなって、まるで幼い子、やがて赤ん坊になって、生れる前の何も無い状態に戻る、そうなりたい願望が現われているみたい。

日が昇ったらしい。建物の上部の軒に日が射しこんだのが感じられます。不思議でしょう。ぼくは建物になりきって、風の向きや光の具合まで感じる超能力をそなえています。嬉しいな、雀たちが来てくれましたよ。もうすぐ鳩たちもやって来るでしょう。

あと十分。この時計は一度、段ボール箱の下へ入れて見ないようにと思ったのだけど、また見たくなって取り出したんです。

時計て愉快なヤツですね。無感動にせかせか動いている。ぼくがいなくなっても動いている。非情だけれど、さっぱりとしたヤツです。

さあ、もう筆を置かねばならない。

恵津子君、きみのおかげでぼくの死は豊かになりました。ありがとう。そして、さようなら。幸福になるんですよ。幸福を探すんですよ。探せば、大丈夫、かならず見付かりますからね。さようなら。ぼくは、いま、きみに手を振っています。

足音がします。わあ、すごいぞ、大勢だ。

さようなら。

9

正面玄関前に三台の車が、彫り込んだような長い影を落して、待機していた。灰色の護送バスには、すでに五、六人の看守が乗り組んでいる。二台の乗用車は、馬が足踏みするように、しきりとアクセルをふかした。正門のあたりは、常より大勢の守衛が固め、ものものしい雰囲気だ。

「寒いなあ」曾根原はソフト帽をおさえ、襟巻《えりまき》を直した。邪魔になった往診鞄《かばん》を菅谷看守部長が持ってやった。「先生は外套《がいとう》もなしで、よく平気ですね」

「ええまあ」近木は曖昧《あいまい》に頷《うなず》いた。車で通勤している彼には外套が必要なかったのだ。しかし、けさの肌寒さは身に沁《し》みた。せめて、セーターを着てくればよかったと思う。

「さてと、どの車にするかな」

「いつものように所長と行かれますか」と菅谷部長。

「いやあ、気詰りでかなわんから、所長は教育課長にまかせて、われわれで一台もらいましょうや。ね、先生」

「ええ」

「乗りましょうや」曾根原は、後の車のドアを開き、さっさと乗り込んだ。菅谷看守部長が鞄を差し入れる。一緒に乗るのかと思うと部長はバスに向って歩み去った。保健助手のうちでは若手で、歩き方も大股《おおまた》で元気がいい。近木はドアを閉めた。暖房がよく効いている。風が車体を揺さぶった。

「出てきた」と曾根原が言った。

玄関の広い階段を、一塊りの集団が降りてきた。口髭《くちひげ》の目立つ保安課長が先導だ。手錠に腰縄の楠本を、ローマン・カラーの神父、所長、教育課長、十人ほどの看守たちが囲んでいる。看守たちは一様に帽子の顎紐《あごひも》をかけていて、戦闘でも始めるようだ。人々は列も作らず、全員がばらばらに歩くと見えて、実は楠本の歩度に合わせて緊密な集団を作っていた。

楠本は、きのう舎房で会った時と同じく、運動着の上に紺の背広を着ていた。ちょっと運動にでも出掛ける気楽な出で立ちである。陽光を一杯に受けた横顔は健康そうに輝いたが、眼鏡の蔓《つる》のあたりに皺《しわ》が吸い寄せられ、そこに疲労が貯留しているようだった。車内から会釈《えしゃく》を送った近木は、楠本のバスの昇降口を見詰める強い視線に拒まれた。寝不足なのか結膜が充血している。目の前のステップを登るのに失敗してはならじという律儀《りちぎ》な一所懸命な表情を作っていた。

ステップへ足を掛けた時、楠本は、踏みはずしたようによろけ、手錠で不自由な両手をよじって平衡をとろうとした。それを、保安課長が巧みに支えた。一行が乗りこむと保安課長は、濃い口髭を手の甲で撫《な》で、忘れ物でもたしかめるようにあたりを見回した。楠本は左側の窓側に坐《すわ》った。鉄格子《てつごうし》にはばまれ、顔の仔細《しさい》は見分けられない。

小柄な所長は、肥満した教育課長にうながされて、何だか押し込まれるような感じで、車に乗った。正門の鉄柵《てっさく》が地響きをたてて開かれる。バスが先頭で、二台の車が続いた。その時である、黒外套の裾《すそ》を脹《ふく》らませた、修道女を思わせる老婆《ろうば》が、柱の蔭《かげ》からバスの方に走り寄った。警笛が鳴らされ、あわやと思われたが、バスはタイヤを軋《きし》ませながら横へとそれ、老婆は車道に立ち尽していた。皺にまみれた、惚《ぼ》けた面立が見る見る小さくなった。

「あぶないなあ」

「誰でしょうね」

「きっと近所に住んでる老年痴呆《ちほう》の婆《ばあ》さんですわ」

「ひょっとすると楠本のお母さんじゃないですか」

「まさか」

「そうですよ、きっと」近木はそう言ってみると、にわかにそう思えてきた。楠本の目で見ると、遠くの侘《わび》しげな黒点から、懸命な別れの挨拶《あいさつ》が伝わってくるようだった。

この世の最後の街である。楠本は目を凝らして眺めているだろう。何もかもが強い意味を持って迫ってくる。なぜ、街路樹はプラタナスなのか。あのプラタナスの根本にはどうして紙屑《かみくず》と吸殻が落ちているのか。セーラ服の少女が赤い頰でバスを待っている。サラリーマンが新聞を読む。少年が運動靴で走っている。人々の間を異形の護送車が行く。あれは何だ。警察か刑務所のバスだよ。狭い窓と鉄格子と制服たち、中でひとり項垂《うなだ》れているのが逮捕された凶悪犯か何かだ。交叉点《こうさてん》だ。人々が横切っていく。おや誰も気付かない。すぐ傍のバスの中に一時間後に処刑される死刑囚がいるとは誰一人として気が付かない。黄色い旗を振って交通整理をしている男、ランドセルの小学生たち、パン屋に群れる人たち、警官、教員、主婦、銀行員、職人、工員、失業中の男、大工、誰も気が付かない。人々は都会は朝の光は無関心だ。護送車の持っている本当の意味が消えてしまった。銀行、理髪店、信用金庫、駐車場、喫茶店、硝子《ガラス》窓を拭《ぬぐ》う女の尻《しり》、娘たちの眼鏡、鉄材を満載したトラック、タクシー、バス。すべては相互に親密に結ばれ、朝の都会を構成しているのに、灰色の護送車だけは無関係だ。それは〝むこう側〟にいる。人々が護送車に対して注意を払わないかぎり、護送車は人々にとって存在しない。明るい朝には闇《やみ》は無縁なのだ。明るい朝は夜を忘れてしまった。けれども朝の光を支えているのは、実は深い闇であることを、いつか人々は知るだろう。今にして思えば、楠本は、随分以前、宣告を受けた瞬間から、〝むこう側〟の人間だった。それなのに近木は、まるで彼が、〝こちら側〟にいる人として話していた。彼は、〝むこう側〟が〝充実した闇〟だと知っていた。そして近木は楠本によって支えられていたのだ。いま、彼は自分にとって親しい友人だ。見たまえ、あの護送車は充実した闇の重みで傾《かし》いでいる。不意に曾根原が笑い声をたてた。

「何がおかしいんですか」近木は、自分の想念を盗み見られたような気がしてあわてた。

「所長ですわ。さっきのザマったらなかったでしょう。蒼《あお》い顔をして足元が震えて。いったいどっちが死刑囚なんだか」

「そうでしたっけ……」近木は運転手の前で、あけっぴろげに所長の悪口を言いだした曾根原に気圧《けお》されていた。

「あれ、気がつかなかった。いつもそうですわ。刑の執行が決まると、その日から毎日絞首台の夢で眠れなくなる。で、胃が悪いとか言って、医務に睡眠剤と精神安定剤をもらいにくる。先生ンとこにやって来ないの」

「いいえ」

「ぼくンとこは、しょっちゅう。所長が来ると、あ、近々執行があるなとわかる。あの所長は気が小さすぎるんですわ。変に神経質で細かいくせに、失敗ばっかりしてる。何しろ自殺事故が、土曜、日曜と二日続きなんて前代未聞《みもん》だもの。これで完全に、四月には更迭《こうてつ》でしょ。あの人、去年の四月に来たんだから、たった一年の命だ」

「前の所長の時はよかったですな」と制帽の下で白い髪を光らせて運転手が言った。

「四年いたけど自殺事故なんか全然なかったです」

「そうなんだ。へへへ」曾根原は同意を得て、愉快そうに笑った。「前の所長は、太っ腹でね、細かいことは何も言わない。そのかわり懲罰はきびしかったね。懲罰房や鎮静房はいつも満員だ。防声具や革手錠なんかジャンジャン使ってたもんね。ところが、今の所長は、なるべく人道的に取り扱えてんで、職員のほうに厳格だ。あれじゃ、士気はおとろえ、在監者はつけあがる一方ですわ。この分じゃまだまだ事故がおこるよ」

「おこりますかね」

「おこりますよ。あの人は、元々、法務総合研究所の学者でしょ。刑務所の調査や統計には通じていて『犯罪白書』なんか作った御仁だ。犯罪の現状について法務省の生字引といわれた人ですよ。しかし、現場を踏んでないから、下々の気持がわからない。もう医務部長なんて、すっかり嫌気がさしてね。きょうだって来てないでしょう」

「そういえば、姿が見えませんね」

「砂田市松の件で所長から叱責《しっせき》されたんで臍《へそ》を曲げたんですわ」

「砂田の件て何です」近木は尋ねた。

「砂田が刑場で大あばれしたんですよ。仏壇はぶっこわす、教誨師《きょうかいし》は投げとばす、助けてくれって悲鳴はあげる。それを看守総掛りで縛りあげ、刑壇まで運んでいった。所長はその責任は医務の医官にある、こういう興奮性の男に鎮静剤を投与しないのは、非人道的だというんです。砂田は前の日に診察を受けてたらしいですわ」

「ええ、ぼくが診たんです」近木は、人差指の繃帯《ほうたい》を見た。忘れていた痛みが指先に甦《よみがえ》るとともに、何とも言えない不快で胸苦しくなった。砂田に鎮静剤を与えなかったのは自分だ。それを医務部長は何も咎《とが》めなかった。日頃、何かと議論をしながら、その実、医務部長は小生意気な若い医官をかばってくれていたのではないか。後悔とも屈辱とも言えぬ奇妙な気持だった。

「おや、あなたでしたか。これは驚いた」曾根原は、とうに事実を知っていたことを示すように、別に驚いた気色も示さずに言った。

「そうなんです。つまり砂田の興奮は、ぼくの誤診によるわけで」

「まあ、そうでもないでしょうけどね。ところで、あなたは変ってますわ」

「ぼくがですか」

「ええ、刑場へ行くなんて、誰だっていやがるのに、わざわざ見物しようってんですから」

「見物……」近木は、いま、腹を立てる勇気もなく、小声で言った。「そんなんじゃないんですが。まあ、何となく、砂田の件で責任を感じたし、楠本もぼくが診てた男だし……」

「だからあなたは変ってるんですわ。自分の診た患者は見たくないてのが、普通なんで、ゼロ番区の看守たちなんか来たがりませんものね。ゼロ番囚全員を舐《な》めるように知っているあの藤井区長にしてからが刑場には絶対に来ませんものね。またそうでもしなけりゃ気持の整理がつかんですわ。いや、先生の場合は違うんです。ぼくは先生をほめてるんですよ。死刑は国家の現実です。もし国民が殺人を憎むのなら、死刑を見る義務がある。丁度、動物愛護主義者が一度は屠場《とじょう》を見る必要があるようにです。それは別に、死刑反対とか肉食反対なんて主義の問題じゃなくて、そういう現実を平気で受入れるためです」

「でも……何だか……いい気持じゃない」

「はじめはね。でも、何度も見物してるうちに慣れてくる。この慣れが貴重なんですわ。人間という現実に慣れるんですよ」

「現実に慣れる……」

「ええ、真理に近付くってことですよ」

「はあ」近木は相手の真意を量りかねて外へ目をそらした。

車が混み合い、護送バスとの間に十数台の車が割り込んでいた。道と平行に走る線路に都電が来て、踏切の警鐘がのんびり鳴った。背丈の低い木造の家ばかりで、大分場末に来た感じだ。K刑務所が近いと思うと近木の胸苦しさが増した。

急に街全体が沈み込み、広々とした視界が開けた。川岸の土手の上を走っている。拘置所のある繁華街が遠くに固まり、箱根、丹沢の山なみが襞《ひだ》を深くして浮ぶ上に、白い富士が颯爽《さっそう》とそばだっていた。巨大な富士にくらべれば、繁華街のビルなどまるで小さい。人工はとるに足りない。自然は比較を絶する大きさであった。楠本も、いま、富士に気付いたに違いない。いま見る富士の美しさが、どんなに彼の心を慰めることか。よかったね、きみ、と近木は楠本の方向に頷いた。

橋を渡った。土手下に道はさがり、富士は見えなくなったが、かわりにK刑務所が見渡せた。時計塔を首と見たてれば、陰気な怪鳥が獲物《えもの》を襲う形だ。煉瓦《れんが》塀沿いの細い道に来てほかの車が抜け、やっと三台は一緒になった。看守たちが警戒している道を、スピードをあげて進み、すぐさまコンクリート塀の内側に入った。面会所、舎房と刑務所らしい建物を通り過ぎた先、錆《さ》びが陽光に目立つ大きな鉄扉《てっぴ》をくぐると、立方体のいかつい建物があった。コンクリートの二階建である。その入口に三台は並んで停った。制服の看守たちとともに背広姿の男たちが立って待っていた。

「誰でしょうね」

「当刑務所の所長、立会検事、もう一人の若いのは事務官でしょう。執行の際は、両方の所長が立ち会うきまりなんですわ。さ、忙しいぞ」

曾根原は鞄をつかみ、小走りに入口に向った。近木はあとを追う。その時、護送バスから例の一団が降りた。楠本は手錠をはずされていて、地面に立つと手庇《てびさし》で青空を見上げた。保安課長の先導で、彼はつかつかと、何か自分の事務所にでも入る具合に、中に消えた。曾根原が菅谷看守部長に「ストップ・ウォッチを忘れないように」と念を押した。

看守たちの後から、曾根原と近木は中に入った。白壁の廊下は病院のようだ。階段を登ると再び廊下に出、突き当りの一室に人々は集った。壁に仏壇がしつらえてあり、仏間と見受けたが、いまは中央の小卓に蠟燭《ろうそく》が点《とも》っていた。楠本は神父と向きあって腰掛け、爾余《じよ》の人々は人垣を作って立っている。楠本は祈っていた。「天にましますわれらの父よ」で始まるカトリックの主禱文《しゅとう》である。人熖《ひといき》れで揺れる焰《ほのお》のため、楠本の頰が赤や黄に染った。

「……われらの罪を赦《ゆる》し給《たま》え。われらを試みに引き給わざれ、われらを悪より救い給え。アーメン」

「聖歌二番。みなさまも御一緒にお願いいたします」と神父が立ちあがった。前から順送りにガリ版刷りの歌詞が一同に手渡された。楠本の顔が看守の肩の上に迫上った。眼鏡がとられていて、つぶらな二重の目が剝《む》き出しになっている。充血した結膜は、磨かれた宝石のようによく光った。

「身もたまも、主にささげ、みこころに、ゆだねまつらなん……世にあるも世を去るもとこしえにみ手に頼らなん……」

ひときわ力強い声は楠本であった。なめらかなテノールが人々を圧して狭い部屋にピリピリと響いた。それはもう完全に死を覚悟した人の歌声だった。それを聴くのは耐え難く、出来れば近木は耳を被《おお》いたかった。空気は次第に粘稠度《ねんちゆうど》を増し、鳥黐《とりもち》のように人々をくるんでいた。鼓膜に楠本の歌が貼《は》り付いてくる。近木は痛みをやっと堪えた。

自分ではどうしても歌えなかった。

歌が終った。近木はそっと溜息《ためいき》をついた。銀の十字架を捧げ持った楠本に、神父は十字を切った。目、鼻、口、耳、手と小さな十字が切られた。ついで神父の祈りに楠本が唱和した。長い祈りだった。

楠本の頰に鼻の影が落ちて伸縮した。そこへ次から次へと涙が流れてくる。神父は太り肉《じし》の白髪の人だった。低い声には、その声を通じて誰か別人が遠方より語るような、不思議に奥深い抑揚があった。祈りが跡切《とぎ》れた。二人は息を大きく吸って、ともに称《とな》えた。

「……安らかに息絶ゆるを得さしめ給え」

神父が一礼してさがった。蛍光燈が明るく点り、飾りのない白壁が目に沁《し》みた。影を失った人々は平板な感じで立っていた。人々の中央に拘置所長が進み出た。

「楠本、何か言いのこすことはありませんか」

楠本は、まるで屍体《したい》のように蒼白かった。顔面筋が死後強直を来したように強張《こわば》り、そこにぎこちない微笑が出来ていた。

「神父様、どうも有難うございました。お蔭様で、キリスト者の旅立ちとして何もかも揃《そろ》えてくださいまして、これで安心して死ねます。わたくしは幸福者です。

それから所長さんはじめ皆様。いろいろと御世話になったうえ、わたくしのためにお集りいただき恐縮です。唯一《ゆいいつ》の心残りは、皆様がわたくしを手にかけるという嫌な役目につかれなくてはならなかったことです。どうも最期《さいご》まで御面倒をおかけします。申し訳ありません」

楠本は、ゆっくりとあたりを見廻し、近木に目を止めた。

「あ、先生、お世話になりました」

前の者が脇《わき》にどいたので近木は楠本の真ん前に出てしまった。

「先生に一つだけ御報告しておきたいのです。あれから、一晩、ごく普通にすごしましたが、明け方見た夢で、墜落していくのがありました。しかし目が覚めてからは何事もありませんでした」

「そうですか」と近木は掠《かす》れ声になった。咽喉《のど》にねばねばした痰《たん》がからまったようだ。「じゃ、眠れた……それは……よかった」

「先生、本当に感謝しています」楠本は右手を差出した。きのう握ったのと変らない暖かい、柔かな、生きた人間の手だ。楠本の表情も目の光も、さっき屍体と見えたのが信じられぬほど、こんどは自然できびきびと動く。

「では、所長さん」楠本は所長にも手を差しのべた。所長は、不意を打たれたらしく左手をあげ、あわてて右手に代えた。汗のせいか額がいやに光った。

「さようなら」楠本は一同にむかって深く頭をさげた。その瞬間、所長が額に皺を寄せて保安課長に鋭い目くばせをした。保安課長が右手をあげて合図した。あらかじめ楠本の両側に待機していた看守が手錠をはめ腰にゆわくのと、もう一人が背後から白布で目隠しをするのが同時だった。

　壁の中央で扉が音もなく穴をあけた。中腰になった保安課長が先にたち、三人の看守が左右と後から支えて、楠本は歩き始めた。足先で一歩一歩たしかめるような歩き方だが、安心しきって誘導に従っている証拠に、歩度に乱れはなく、靴は――それはよく磨かれて艶々《つやつや》と光っていた――規則正しく床を打った。

　前列にいる近木からは隣室の様子が目撃できた。装置は東北のS拘置所で見たのと全く同じである。部屋の中央に一メートルと一メートル半角の刑壇がある。真上の滑車から白麻のロープが垂れている。一人の看守がロープのたるみを小脇にかかえ、もう一人がロープ端の輪を鉄環のところで支えている。ロープの長さは、死刑囚の身長と体重によって微妙に調節されてある。落下したとき、足先が地面より三十センチ上に来るようにしなくては、処刑は成功しない。車の手動ブレーキに似た把手《とって》二つを二人の看守が一つずつ握っていた。二つのうちのどちらかが刑壇の止め金に連動している筈《はず》だ。

境の扉を看守が、焼却炉の蓋《ふた》でもするように、音高く閉めた。いよいよだなと近木は思い、これからおこる情景を順を追って想像しようとした。が、まだ何も考えぬうちに、グワンと鉄槌《てっつい》で建物を打ち毀《こわ》すような大音響がした。その音が何だかあまり早くしたので、いまのは予行で、これからが本番だと思った。しかし、芝居でもはねたようにそれまで沈黙を守っていた人々が俄然《がぜん》ざわめき立ち、二人の所長と検事を先頭に動き出した。

「行きましょう」と曾根原がうながした。いつのまにか白衣を着て、聴診器を胸に、血圧計を手にさげている。看守たちを搔《か》き分けて先を急ぐのに、近木は従った。

廊下の端へ来て左に折れると、広い階段を見下す場所に来た。折り畳み椅子《いす》が三脚並べられている。所長二人と検事が坐《すわ》った。振り返ると教育課長や神父はここまで来ずに、先程登ってきた狭い階段から降りていく。近木は迷った。が、検事の横に立って、ともかくとことんまで見ようと、腹を決めた。彼の後に看守たちが並んだ。

目の前の階段を曾根原は身軽にひょいひょいと下りた。右側の窓から充分な採光があるため明るい、ちょっと大学の臨床講義室を思わせる階段であった。下には菅谷部長がストップ・

ウォッチを手に立っている。曾根原は奥の白いカーテンを左右にゆっくりと開いた。人形劇でも始めるような何気ない動作である。が、むこうには銀のロープに吊《つ》りさげられた人間の姿があった。

それが、今話をしたばかりの人間とは到底思えない。くびれた頸《くび》の上では死んだ頭が重たげに垂れ、下では軀幹《くかん》と四肢がまだ生きていて苦しげに身をくねらせていた。それは、釣りあげられた魚がピンピン跳ねるのに似ていた。

落下の加速度を得たロープで頸骨《けいこつ》が砕かれ、意識はすぐ失われるけれども、体はなおも生きようとして全力を尽す。胸郭《ふく》は脹れてはしぼみ、呼吸を続けようと空《むな》しくあがく。腕は何かを摑《つか》もうとまさぐり、脚は大地をもとめて伸縮する。おそらく落下と同時にしたのだろうが、手錠と靴が取り除かれていたため、手足の動きは一層なまなましく見えた。

やがて筋肉の荒い動きがおさまり、四肢は軀幹と平行に垂れ、ぐっぐと細かい痙攣《けいれん》をはじめた。前後左右に激しく揺れていたロープが一本の棒となって静止すると、縒《よ》りを戻しながらじわじわと回転しだす。顔がこちらを向いた。汗に濡《ぬ》れた蒼白《あおじろ》い肌だ。目が潰《つぶ》れたように引き攣《つ》り、開いた口から固い舌先がのぞいている。流涎《りゅうえん》の幾条《いくすじ》かが顎に、切創からはみでた脂肪のように光っていた。そこには精神によって保たれていた表情の気品がかけらも無い。肉体の苦悶《くもん》が、そのまま正直に、凝固しているだけだ。

機をうかがっていた曾根原医官が、背広の上着を脱がし、トレーニング・ウエアの袖《そで》をまくりあげて脈をとった。それから血圧計のゴム布を腕に巻きつけた。それだけの仕事が、体が逃げるように回るため、大層やりにくそうだった。ゴム布に空気を送り聴診器を腕に当てて血圧を測る。数値を菅谷部長が手帳に書きとる。脈搏《みゃくはく》と血圧の測定が何度もおこなわれた。曾根原は禿《は》げ頭をせわしく動かし、白衣の襟を汗で湿して、懸命に仕事を続けた。こうすることがこの場合、最も重要なのだという自信が彼の動作に現われて、私語を交していた看守たちもいつしか黙りこみ、凝《じ》っと成り行きを見守っていた。

ついに脈が触れなくなったらしい。すばやく胸をはだけ、聴診器を押しつける。弱った心臓の最後の鼓動を聴こうとする。曾根原が頷《うなず》いた。菅谷部長がストップ・ウォッチを押した。

曾根原は階段上の所長たちと検事に一礼し、「九時四十九分二十秒、おわりました。所要時間十四分十五秒」と声高に報告した。

近木の後にいた看守たちが階段を駆け降りた。保安課長が下に姿をみせた。棺《かん》が運びこまれ、屍体がおろされた。

拘置所長が腰を浮かしながらK刑務所長に頭をさげた。

「お疲れさまです」

「やあ、きょうはスムースにいきましたな」赤ら顔の刑務所長は快活に言った。

「先週は、手子摺《てこず》りましたからね」

「きょうのは、すっかり諦《あきら》めてた様子でしたな。ああいう風にもってくのは大変でしょう」

「信仰があったんで、こっちは助かりました」

「握手をもとめられた時はちょっとあわてておられた」

「ええ、死人に触られるようなもんですからな、いい気持じゃありませんや」

「しかし、今度の法務大臣は、まあジャンジャン判子を押すもんですな」

「実は」拘置所長は左右を気にしながら声をひそめた。「今週、もうひとりあるんですよ。けさ、執行指揮が来ましてね」

「今度は誰ですか」

「それはですね……」所長は後にいる近木に気付いて言葉を切った。そんな所に医官が立っているとは思わなかったらしい。

拘置所長は刑務所長を脇に連れていって密談を続けた。事務官が迎えに来て検事が立った。おそろしく無表情な人である。処刑の間、近木は時々盗み見たが、昔自分が求刑し、今自分の意志が実行されている現場を前にして何を考えているのか、ついに読み取れなかった。

検事が所長たちに一礼した。所長たちは話しやめ、三人は頷き合いながら、歩み去った。

保安課長の指揮で看守たちが立ち働いていた。湯灌《ゆかん》がおわり、莫蓙《ござ》に横たえられた屍体に用意の経帷子《きょうかたびら》を着せている。課長みずから屍体の両腕をとり、掛声とともに白木の棺に移した。髪を撫《な》でつけ、表情を直す。両手を組む。「さあ、がんばれや」「もうすぐおわるぞい」課長は、絶えず陽気に声をかけた。その態度は、すこしでも声を休めると看守たちが働きやめてしまう、それほどこれは嫌な仕事なのだと示していた。

背広のポケットを探っていた看守が報告した。

「課長、こんなものが入ってました」

「どれ」保安課長は手にとって眺めた。「これはお袋さんの写真らしいな。こっちは女からの手紙かい。なあんだ、猫の漫画じゃ。みんな貴重品じゃない。よし、衣服と一緒に焼却にまわせ」

「待ってください」と近木は急いで階段を降りた。「それ、ぼくにくれませんか」

「ああ、先生ですか。こんなものどうするんです」

「記念にとっとくんです」

「気味がわるいでしょう、死人の汗が染みてますよ」

「いいです」

「それなら、どうぞ」保安課長は物好きな人だと言うように目を剝《む》いた。

近木は看守から遺品を受け取った。なるほど湿っている。封筒は玉置恵津子のだった。猫の漫画にもエツコと署名があった。きのう楠本が会ってほしいと言い残した。犯罪学研究会でも話し掛けてきた。彼女とは何かと縁がある。三匹の子猫のおどけた漫画から、まだ高校生とも見える若い女子学生の、茶目っ気のある顔が思い出されてきた。尻尾《しっぽ》をあげ昂然《こうぜん》と胸を張る猫の背中の絵具が汗で流れている。しかしあとの二匹には異常はない。楠本が最後まで持っていた大事な遺品を、ぜひ彼女に手渡してやりたいと思う。そう、楠本に頼まれた通り、彼は玉置恵津子に会うだろう。そして二人で楠本他家雄について語り合うだろう。彼が知っているのと全然違う楠本を、彼女は知っている。「温かくってユーモラスで、まるで無邪気な幼な子みたい」な楠本を教えてもらいたい。もう一枚は皺《しわ》くちゃの写真だ。書斎に坐っている中年の女性だ。楠本に目のあたりが似ている。近木は胸をつかれた。さっき拘置所の正門前に佇《たたず》んでいた老婆《ろうば》とどうやら同じ人らしい。

作業が終り、棺に蓋をするばかりになって、保安課長が号令をかけた。

「一列横隊に整列」

近木は棺の中を見るのが嫌で、離れて立っていたが、この時、見えぬ糸に引かれるように、そっと歩み寄った。

「黙禱」

最前苦痛にゆがんでいた楠本の表情は、なぜかいまは、すっかり安らかな寝顔に変っていた。死後、血が行き渡りでもしたように、肌がほんのり赤らみ、生きているようだ。唇がわずかにゆるんで真っ白い歯がのぞけ、何か物言いたげだ。憔悴《しょうすい》した病人の死ばかり看取《みと》ってきた近木には、窶《やつ》れの見えぬ楠本の顔艶が、どうも納得できない。もしこれが死だとすれば、それは余りにも不自然すぎる。

近木の目に涙が溢《あふ》れだしてきた。楠本の口元が、何かを話すようにウロウロと動いた。先生にはまだお分りにならないのです。わたくしは本当に幸福なのです。そう言っているようだった。近木は合掌した。

「なおれ」と保安課長が、非情に元気一杯の発声をした。

釘《くぎ》が打ち込まれた。

「それ行くぞ。重いから気張って」と保安課長は、まっ先に棺に手をかけた。どこからか黒い背広に黒いネクタイをしめた男が現われて、手伝っている。葬儀社の男らしい。

棺が廊下を進んだ。横から、ソフト帽に外套《がいとう》姿の曾根原が、ひょっくり出てきた。曾根原は、欠けた歯を剝《む》き出しにして笑い顔を作っている。それは、何か面白いことを話しだす時の彼の癖だった。

「いや、きょうはまいった。菅谷部長がストップ・ウォッチを押してなかったんですわ。なに、やっこさん、グワンと音がした時、押すことは押したんだが、あんまり緊張しすぎて、もひとつ余計に押しちゃったらしい。それで時間はと訊《たず》ねると、針が動いてない。大あわてで、も一度押さしたけど、きょうのデーターは使い物にならんのですわ。ぼくの腕時計で適当に誤魔化して、報告はすませたけど、まったく冷汗もんでした」

表では棺が、ピカピカに磨かれた黒い寝台車に運び込まれるところだった。検事の姿はなかったが、所長、教育課長、保安課長などが居並んでいる。

黒い背広の男が、後のドアを閉じると、一同にお辞儀をした。

「こんなとこまで葬儀社の人が入るんですね」

「いやいや」曾根原は、また吹き出しそうに、口をとがらした。「あれは大学から来たんですよ。ほら、T大学医学部解剖学教室とある。楠本も、これから二度目のお勤めというわけですわ」

近木の人差指がずきずきと痛みだした。指をさすりながら、彼は、日に照らされて光る、小さな旋風《つむじかぜ》のそばを、静々と遠ざかっていく車を、見送った。大きな鉄扉のむこうに明るい街がある。車は窓をキラリと輝かし、街に融《と》け込むようにして消えた。

解説　死刑囚と無期囚の時間恐怖を語り続ける

加賀乙彦『死刑囚の有限と無期囚の無限――精神科医・作家の死刑廃止論』に寄せて

鈴木比佐雄

加賀乙彦氏には、精神科医、小説家、クリスチャンとしての三つの顔がある。それらが分かちがたく三位一体化しているのが加賀氏という存在であり、多くの小説や評論の中にその不可思議な魅力が実現されているように感じられる。『宣告』などを執筆した小説家・加賀乙彦氏を知る以前に、私はフランスの哲学者でフッサールの現象学を発展させたM・メルロー＝ポンティ『知覚の現象学』（みすず書房）の翻訳者である本名の小木貞孝の名前を知っていた。なぜなら私は哲学科の学生時代にその翻訳書の文体に魅了されていて、一九七〇年代の半ば頃からその書を愛読していた。特にその長文の序文は、数えきれないほど再読している名文であり、両義的な哲学と言われたポンティの思索の本質的な課題だけでなく、現象学の哲学運動の試みを豊かに伝えていた。同世代の哲学に関心ある若者たちの間でもこの翻訳書は当時から話題になっていて、半世紀近い今でも版を重ねているロングセラーだと聞いている。その後に加賀氏の評論集の略歴を読んでいた時に、翻訳書の中に『知覚の現象学』があり、本名の小木貞孝が記されてあったのは衝撃だった。それを知った時に、なぜ『知覚の現象学』の翻訳が名文であるかという謎が、作家の加賀乙彦氏が翻訳に関わっていたことで解けたように思われた。加賀氏はフッサール、ハイデッガー、サルトル、メルロー＝ポンティなどの現象学や存在論などを読みこなし、特にフランス語のメルロー＝ポンティの翻訳にまで関わっていたことは、哲学に関心のあるものにとって幸運なことだった。

数年前に加賀氏が会長を務める『脱原発社会をめざす文学者の会』に入会したところ、加賀氏と親しく話す機会が何度もあった。その時に私の卒論を指導してくれた恩師である矢内原伊作氏とは、加賀氏がフランスに留学し精神病院で医師として働いていた頃に交流があったことを知り、当時の交流をお聞きできたことは、恩師の相貌を想起しながら不思議な巡りあわせを感じた。実は加賀氏の評論集、小説を拝読していくうちに、死刑囚と無期囚に関する精神科医・臨床医としての研究書『死刑囚と無期囚の心理』があり、その中で加賀氏が死刑囚、無期囚たちの現場の実態を踏まえているだけでなく、この書が「死刑廃止論」の理論的な根拠になっている画期的な書であることを了解できたのだ。ただこの書は専門書でありフランス留学中に当初はフランス語で書かれていて後に日本語に翻訳されたこともあり、一般には広く読まれることはなかった。けれども加賀氏の多くの評論集の中でその成果である死刑囚と無期囚についての詳細な研究から、死刑制度がもたらす様々な問題点を論じていた。また『宣告』などの死刑囚を扱った小説には、その論文をもとに精神科医の体験が生かされることによって、死刑囚の内面の表現に圧倒的なリアリティを与えていた。

本書は、加賀乙彦氏の評論集の中から死刑囚と無期囚について、どのように考えているかを中心テーマにしている批評文を集め、またその基礎となった『死刑囚と無期囚の心理』からも主要な部分を収録し、さらに小説『宣告』からも死刑囚と精神科医との交流場面を描いた箇所をV章に再録している。

この評論集は加賀氏の精神科医・長編小説家・クリスチャンとしての存在が生涯をかけて三位一体となって熟成されてくる構成になっている。Ⅰ章「刑死した友へ」の冒頭の「刑死した友へ」から紹介してみたい。

〈一九六九年十二月十二日、『あけぼの』のシスター山本からお電話で正田昭氏の他界を知らされた。驚きとともに涙があふれ出てきた。そばできいていた妻も泣きだした。なんと悲しいことだろう。なんというりっぱな友人を失ってしまったことだろう。（略）／十数年前、かけだしの精神科医であった私は東京拘置所の医務部に勤め、そこで氏と知り合った。暇をみては独房の氏を尋ね、しばしば長話をした。が、当時の私は拘置所側の医官であり、氏は死刑囚であった。親しく語り合ったとしても、ふたりの間には立場の差から来るこだわりがどこかにあった。私は、色白のもの静かな一死刑囚としての氏を記憶するにとどまった。〉

この死刑囚である正田昭が刑を執行された報告を受けた時の加賀氏の涙は、たとえ死刑囚でありながらも敬愛すべき一人の人間として加賀氏が接してきた人間性を示している。罪を犯した人間であっても、その後の獄中で被害者と向き合い、残された自らの生の時間を精一杯生きようとした死刑囚を分け隔てなく、対等の人間として接するだけでなく、「りっぱな友人を失ってしまった」とさえ語っている。加賀氏は死刑囚の内面を臨床で知ることによって、善悪を超えてしまった存在者の罪を償う姿勢に、いつしか敬意を抱いていることを率直に記している。そして次のように二人の死刑囚について語っている。

〈李は朝鮮の独立解放運動に目を開いていくのに、正田は神への祈りと内面の砂漠のような心象を凝視しようとする。にもかかわらずこの二人の死刑囚には多分に似通ったところがある。それは、切迫した死を前にして、たったひとりで濃縮された時間を生きる人間の、力強い思惟だといえよう。そうして、人間の思惟というものが、時空の暴力的な力への、一種へロイックな抵抗だということを、彼ら死刑囚が告げているように思えるのである。〉

小松川女子高校生殺人事件の李珍宇とバー・メッカ殺人事件の正田昭の共通点として「切迫した死を前にして、たったひとりで濃縮された時間を生きる人間の、力強い思惟だといえよう。」と死刑囚たちが残された有限の「凝縮された時間」の中に「人間の、力強い思惟」を発見していく。加賀氏は精神科医として死刑囚の様々な心身の悩みの相談を受けて助言するだけでなく、正田昭の内面に「神への祈りと内面の砂漠のような心象を凝視しようとする」高貴な精神性を感受してしまったのだろう。神とは無縁であった殺伐とした殺人の内面に芽生えていく「神への祈り」を知り、加賀氏は神を本当に必要とする存在を知り、殺人者たちの内面の変化に、「人間の、力強い思惟」を感じて敬意を抱くようになる。

加賀氏は「ドストエフスキーと私」で精神科医でありながら、なぜ小説家になったかの経緯を率直に語っている。

〈『死の家の記録』でと同質の感動は他の作品でもおこった。たとえば『白痴』では死刑囚についての透徹した分析を、後期の長篇群では犯罪者、異常性格者、アルコール中毒者についての深い洞察に私は目をみはった。こう書いてくると私は、まるで小説の世界と事実とを混同していたようだが、確かに当時の私にはそんな気持が濃かった。大体、私が精神科医になったのも、監獄医の仕事にたずさわったのも元をただせば、十代の末にドストエフスキーを耽読した結果だとも言える。かれの作品に影響された私は、精神病者や犯罪者について深く知りたいと思った、精神病者でもなく犯罪者でもなかった私は、精神科医で監獄医という道をえらんだ、むろんそれが唯一の動機ではなかったにしろ、そんな気もする。私の心には、ドストエフスキーの描いた世界の真実性をこの眼でたしかめてみたいということがどこかにあり、私なりの努力をしてこの世の現実を少し知ったあげくにドストエフスキーの作品の細部が自分の経験と一致したことに改めて驚いたふしがある。〉

この「私が精神科医になったのも、監獄医の仕事にたずさわったのも元をただせば、十代の末にドストエフスキーを耽読した結果だとも言える」という告白は、ドストエフスキーの辿った道を追体験するために精神科医・監獄医になっていく宿命を物語っている。「私の心には、ドストエフスキーの描いた世界の真実性をこの眼でたしかめてみたいということがどこかにあり」という動機は、牢獄での精神科医の視線が実はドストエフスキーのような創作者の視線を抱え込んだ二重の視線で観察をされていたのだろう。

Ⅱ章「死刑囚と無期囚の心理」の「一　拘禁反応の心因性」には次のような調査結果が記されてある。

〈私たちが最初に手をつけたのは、死刑確定者（以下死刑囚という）四四名、無期受刑者（以下無期囚という）五一名、および死刑か無期になるおそれのある重罪被告（以下重罪被告という）五〇名の比較検討であった。ここで私たちが驚かされたことは、これらの囚人において、いわゆる拘禁反応の発現率が、非常に高かったことである。拘禁反応は一般被告で〇・八七％、一般受刑者で〇・一六％であるのに、死刑囚で六一％（二七名）、無期囚で七一％（三六名）、重罪被告で六八％（三四名）にもみられた。もちろん、拘禁反応の内容をどこまで限定するかによって、これらの率は多少の上下はあるにしても、一般の囚人よりも、より困難な状況におかれた囚人が、拘禁反応を起こしやすいということは、明らかにいえる結果である。しかし、ここで注目すべきは、拘禁反応の発現率ではなくて、むしろその内容である。〉

加賀氏はこの一人ひとりの受刑者を統計的にその傾向を見ると同時に、その内容を世界中の研究者の学説と照らし合わせながら、新しい学説を作り上げて、拘置所の職員や受刑者の関係者たちにも理解可能とさせる分析を残したのだろう。「二　拘禁中の精神状態と行動についての心理的研究」の「1　反応型」では、「敏感型、誇張型、麻痺型、混合型」の四つに分類し、「敏感型は未決被告と死刑確定者に相対的に多く、麻痺型は無期受刑者に特に多くみられる。」とその傾向を指摘している。この章の最後の結論として次のように書き記す。

〈時間の恐怖症者は、時間において状況が変化していると主観的に感じており、これに反して神経症者は辛い現実を避けているわけである。前者は現在の空虚を恐れ、後者はこれを好んで選ぶのである。被拘禁者における時間についての感情を注意深く観察してみると、この二傾向が彼らにも見られることがわかる。すなわち前者は、心理的反応を示す「正常」な被拘禁者にみられ、後者は、拘禁反応を示す精神病理学的被拘禁者にみられるのである。制限された時間に対する恐怖が、死刑確定者や「零番」囚でみられた急性で不安定な心因反応をひきおこし、無制限の時間

に対する恐怖が、無期受刑者における慢性で安定した心因反応の原因となるのである。〉

加賀氏は、この論考の中で精神病理学者のタフトやフェニケルのいう時間の喪失を恐れる「時間恐怖」が、死刑確定者と無期受刑者で異なるという指摘について、自らの研究を解釈する上でも重要であると導いてくる。加賀氏は死刑囚が「制限された時間に対する恐怖」であり、無期囚が「無制限の時間に対する恐怖」であるという結論を導き、そのことを二十歳代後半にフランス語で執筆した。この時点で加賀氏は自らの精神病理学の学者としての先進的な仕事は、終えたのだと悟ったのかも知れない。その後は日本に帰国し学者で精神科医であり続けるが、小説において、次の『宣告』のようなドストエフスキーの小説に匹敵する作品を書き上げるようになっていった。

〈「近木君は、一昨年の秋、拘置所に勤務したばかしですから」と蛇川が言い、近木を向いた。「相原先生はね、楠本他家雄の精神鑑定をなさったんだ」「はい、存じあげてます」近木は蛇川と相原とを等分に見て「『夜想』は読みましたから」と言い、並木宙の序文に紹介してあった相原の精神鑑定の内容をあれこれ思い起した。相原は楠本他家雄を無情性精神病質者と診断している。それは良心、同情などの高等な精神能力をもたぬ異常性格者の一類型で、この種の人間は道徳感情に欠陥があるが、しばしば知能は優秀であり、その異常傾向は生れつきで改善困難であるという。近木は、『夜想』に見られた信仰告白や静謐《せいひつ》な獄中生活や死刑を迎える覚悟などが、相原の鑑定結果とどこかちぐはぐな気がしていたが、楠本に会ってからは一層その気持が強くなった。昨日、キリストの復活について語ったあの男が無情性精神病質者という異常者なのだろうか。「昨日、何かあったのですか」と相原。「はい。本人が診察をつけたんです。奇妙な墜落感覚を訴えてきまして、床が傾《かし》いで奈落に落ちていく、体が下のほうにどんどん沈んでいくというんです。眩暈《めまい》に似ていますが、いわゆる三半規管性のと違って廻転感覚がなく、純一に落下感覚だけがあるんで、多分に精神的な症状と思われますが」「精神的というと……」「はい。彼の存在の基盤そのものが崩壊していく予兆とでもいいますか、要するに日々の生活に支えがなく、どこか深淵《しんえん》に落下していく恐れが、彼にはあるようです。それを、わたくしは死の恐怖と単純に考えていたんですが、どうも少し違うようでして……」「死の恐怖、そう言ってはいけないのかな。ぼくは、あんたのように死刑囚を拘禁状況に於《お》いて直接調査したことはないが、何人もの死刑囚と文通もし、文献は、これは年の功で相当手広く読んでいる。一つ言えることは死刑囚は、常に、目前に迫った死を恐れていることだ。死の恐怖ですよ、それなしに死刑囚の心理は解明できんのじゃないか」／「一般的にはそう言っていいと思うんです。わたくしの拘置所では、死刑執行を当日、または前日に本人に予告します。どちらの方法をとるかは所長の判断で、当日告知される人間は、死の恐怖をなるべく短くしてやったほうがいいと思われる人間、つまり、恐怖に対する耐性の弱い人間、前日告知される人間は、多少耐性の高い人間というわけですが、どちらにしても朝の目覚めにおいて、自分の生命は、きょう限り、あるいは明日の朝までと思いこまされることは確かです。つまり彼の時間が、高々二十四時間ぐらいの先に暴力的に切断される恐怖は一般的です。しかし楠本の場合は、こういった死刑囚一般の状況とかなり懸け離れたところがあるんです。彼の墜落感覚は、彼独自の症状で、ほかの死刑囚には見られない」〉（第五章「死者の舟」4より）

近木は主人公の若き精神科医で、楠本他家雄は正田昭をモデルとしたクリスチャンになった死刑囚だ。「近い未来」や「濃縮された時間」や「死の恐怖」などの死刑囚の置かれている有限な時間を問い、死刑囚の楠本の内面をいかに解釈するかで、同僚や先輩の医師たちと絶えず激論をたたかわせている。近木は楠本の「奇妙な墜落感覚」を単なる「死の恐怖」と捉えることに満足できずにいる。そして仮説としてキリスト教との関係から考え始める。このような『宣告』を書いた加賀氏は、死刑制度がもたらす「時間恐怖」の様々な問題点を私たちに突き付けている。

加賀氏は本書の編集打ち合わせが終わり少しリラックスした際に最も重要なことを思い出す様に語られた。オウム真理教事件の麻原彰晃の精神鑑定を弁護士から依頼されて診察した際に、加賀氏は「拘禁反応の状態を示しており、言語による意思の疎通は不可能で訴訟能力はない」と診断したと言われた。そして「麻原は死刑囚ではよくある拘禁ノイローゼであり、その病気をしっかり治してから、彼が起こした犯罪の動機などを全て語らせるべきだった。その事を行なえば日本は宗教的なテロの原因を解明する重要な基礎資料を残したと、世界から尊敬されただろう。そのチャンスを失ったのは大きな喪失だった」と本当に残念そうに言葉を続けた。さらに最後に「キリストは磔されて、最も残酷に殺された死刑囚であった」し、またキリストは二千年以上もの間、死刑廃止運動を続けてきた存在だ」と私に語られた。私はこの加賀氏のクリスチャンとしての使命を語る言葉を決して忘れることができない。死刑廃止を考える多くの人びとや司法関係者、政治家たちにもこの本が読まれることを願っている。

初出一覧

Ⅰ章 「刑死した友へ」
一 『文学と狂気』より　『文学と狂気』　筑摩書房　一九七一年
二 『虚妄としての戦後』より　『虚妄としての戦後』　筑摩書房　一九七四年
三 『死刑囚の記録』より　『死刑囚の記録』　中公新書　一九八〇年

Ⅱ章 『死刑囚と無期囚の心理』より　『死刑囚と無期囚の心理』　金剛出版　一九七四年

Ⅲ章 『ある死刑囚との対話』より　『ある死刑囚との対話』　弘文堂　一九九〇年

Ⅳ章 文学・宗教から「死へのアプローチ」
一 『生と死と文学』より　『生と死と文学』　潮出版社　一九九六年
二 『科学と宗教と死』より　『科学と宗教と死』　集英社新書　二〇一二年

Ⅴ章 小説『宣告』より　『宣告』　新潮社　一九七九年

【編集付記】

本書は初出一覧に掲げた各書籍の一部を抜粋し、再構成したものです。収録にあたり、著者による加筆・修正を施しました。また、新たに書き下ろしの序文、鈴木比佐雄氏の解説を収録しました。

加賀乙彦（かが　おとひこ）

作家、精神科医。1929年、東京生まれ。東京大学医学部卒業。東京拘置所医務技官を務めた後、フランスに留学し、パリ大学サンタンヌ病院とサンヴナン病院に勤務。帰国後、東京医科歯科大学助教授を経て、上智大学教授。日本芸術院会員、文化功労者。著書に『フランドルの冬』、『帰らざる夏』（谷崎潤一郎賞）、『宣告』（日本文学賞）、『永遠の都』（芸術選奨文部大臣賞）、『死刑囚の記録』、『ある若き死刑囚の生涯』、『雲の都』（毎日出版文化賞）など多数。

石炭袋

死刑囚の有限と無期囚の無限
——精神科医・作家の死刑廃止論

2019年10月10日初版発行
著者　加賀乙彦
編集・発行者　鈴木比佐雄
発行所　株式会社 コールサック社
〒173-0004　東京都板橋区板橋2-63-4-209号室
電話 03-5944-3258　FAX 03-5944-3238
suzuki@coal-sack.com　http://www.coal-sack.com
郵便振替　00180-4-741802
印刷管理　株式会社 コールサック社　制作部

装丁　奥川はるみ　装画　藤森静雄

ISBN978-4-86435-408-0　C1095　￥1800E
落丁本・乱丁本はお取り替えいたします。